Neue
Kleine Bibliothek 208

Karin Leukefeld

Flächenbrand

Syrien, Irak, die Arabische Welt und der Islamische Staat

PapyRossa Verlag

2., erweiterte und aktualisierte Auflage 2016
1. Auflage 2015

© 2015 by PapyRossa Verlags GmbH & Co. KG, Köln
Luxemburger Str. 202, 50937 Köln
Tel.:   +49 (0) 221 – 44 85 45
Fax: +49 (0) 221 – 44 43 05
E-Mail: mail@papyrossa.de
Internet: www.papyrossa.de

Umschlag: Joachim Kubowitz, luxsiebenzwoplus
Druck: Interpress

Die Deutsche Nationalbibliothek verzeichnet diese Publikation in
der Deutschen Nationalbibliografie; detaillierte bibliografische
Daten sind im Internet über http://dnb.d-nb.de abrufbar

ISBN 978-3-89438-577-4

Inhalt

Vorbemerkung des Verlags

Die vorliegende Auflage ist um einen Jahresrückblick 2015, einige Er-
gänzungen in Teil III, ein Nachwort und einen Dokumentenanhang
erweitert. Geplant waren noch weitere Aktualisierungen, darunter
eine ausführlichere Vorbemerkung der Autorin zur zweiten Auflage.
Davon mussten wir Abstand nehmen, als uns Karin Leukefeld kurz
vor dem Drucktermin folgende Nachricht aus Damaskus sandte:

> »Die Arbeitsbedingungen hier in Damaskus werden jedes Mal schwie-
> riger. Die Stromausfälle sind häufiger und länger – jetzt sitze ich bspw.
> bei Taschenlampenbeleuchtung im ansonsten finsteren Zimmer bei
> ziemlicher Kälte. Der Generator wird in diesem Hotel nur selten an-
> geworfen, weil es zu wenig Heizöl gibt, um ihn zu betreiben, das außer-
> dem noch teuer ist. Der Winter macht es zudem schwierig…
>
> Aber immerhin funktioniert gerade das Internet – und einen war-
> men Tee habe ich auch. Meine Antworten unten.«

In ihrer Vorbemerkung beabsichtigte die Autorin unter anderem, den
noch weiter verschärften Konfrontationskurs der Türkei und Saudi-
Arabiens, die Lage im Irak, die jüngere Entwicklung des »Islamischen
Staates« und die Medienberichterstattung zu behandeln.

Vor allem wäre Karin Leukefeld auch darauf eingegangen, dass die
Bundeswehr seit Anfang 2016 mit in den Krieg eingreift. Resümierend
führen wir wenigstens eine Passage aus einem Beitrag an, den sie im
Nachrichtenmagazin *Hintergrund* (1. Quartal 2016) veröffentlichte:

> »Auf ein Jahr (!) ist der Bundeswehreinsatz an der Seite Frankreichs
> und Großbritanniens veranschlagt. Dabei geht es nicht um den Schutz

eines einzigen syrischen Kindes. Es geht um Einfluss in einer geostrate-
gisch wichtigen Region, die über Öl, Gas und Wasser verfügt, und über
Transportwege, die man kontrollieren will.

Vor einhundert Jahren waren es die ehemaligen Kolonialstaaten
Frankreich und Großbritannien, die zum Ende des Ersten Weltkrieges
den Mittleren Osten gegen den Willen der dort lebenden Bevölkerung
nach ihren eigenen kolonialen und nationalen Wünschen aufteilten.
Das steht den Bewohnern des einstigen ›Fruchtbaren Halbmondes‹
nun offenbar ein weiteres Mal bevor. Anders als im Jahr 1918, als das
Deutsche Reich zu den Verlierern gehörte, ist Deutschland dieses Mal
mit dabei.«

PapyRossa Verlag, Februar 2016

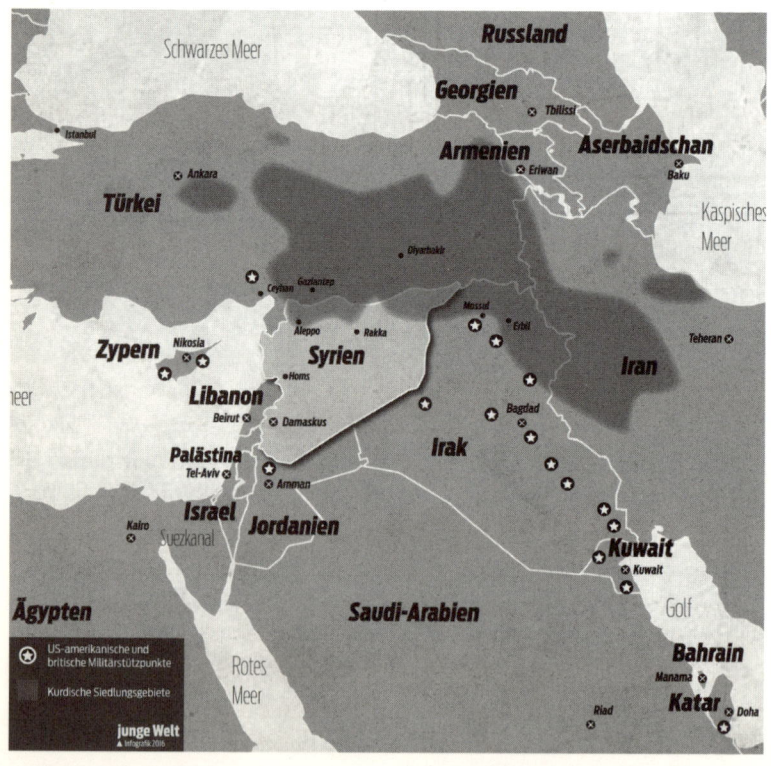

Vorwort

Seit mehr als 15 Jahren berichte ich über das »Leben hinter den Schlagzeilen« aus dem Mittleren Osten. In den Irak fuhr ich erstmals Ende der 1990er Jahre, als dort die Sanktionen der Vereinten Nationen herrschten und das Land wirtschaftlich und gesellschaftlich um Jahrzehnte zurückgestoßen wurde. Drei Kriege (1980/88, 1990/91 und 2003 bis heute) hinterließen tiefgreifende Schäden und eine traumatisierte Bevölkerung. Die Folgen eingesetzter toxischer und radioaktiver Munition (abgereicherte Uranmunition) zerstören bis heute die Gesundheit ganzer Generationen, mehr als 40 Gebiete im Irak gelten als verseucht und sind Sperrzonen. Als die Gewalt im Irak übergroß wurde, gab ich 2005 meine Wohnung in Bagdad auf, verließ das Land und beantragte eine Journalistenakkreditierung für Syrien. Fünf Jahre lang reiste ich mit offiziellem Journalistenvisum nach Syrien, 2010 erhielt ich die Akkreditierung.

Für europäische Staaten wurde Syrien – als Kooperationspartner – nach dem Tod von Hafez al-Assad (1930–2000) interessant, dessen Sohn Bashar trat im Jahr 2000 als Präsident ein schweres Erbe an. Er versprach den Syrern Modernisierung und leitete Reformen ein. Die EU nahm Verhandlungen für ein Assoziierungsabkommen auf, Syrien wurde in die Mittelmeerunion integriert, der Westen vermittelte Damaskus, dass man Partnerschaft statt Konfrontation suche. Auch von der Türkei und den Golfstaaten wurde Syrien umworben. Syrien veränderte sich rasch: Mobiltelefone und Satellitenfernsehen wurden zugelassen, Internet und Bankautomaten eingeführt. Der Tourismus boomte, bilaterale Studienprojekte und Medienkooperationen mit EU-Staaten schossen aus dem Boden.

Selbst als Massendemonstrationen Anfang 2011 in Tunesien und Ägypten die Präsidenten zum Rücktritt gezwungen hatten, blieben die Syrer gelassen:»Unser Land verändert sich schon«, sagte mir ein junger Mann, dessen Traum eine Karriere als Fotograf war.»Wir müssen alle die Reformen aktiv gestalten, die die Regierung eingeleitet hat«, meinte eine Künstlerin, die sich für die Rechte von Frauen und Kindern einsetzte. Ende Februar 2011 hatte ich viele Interviews in Damaskus gemacht und junge Leute gefragt, warum sie nicht, wie in Tunesien und Ägypten auf die Straße gingen. Anfang März 2011 bot ich dazu dem deutschen Hörfunk Reportagen an. Eine Redakteurin zeigte Interesse:»Gerne – wenn schön hintergründig mit schwerpunkt: was hat syrien anders gemacht, warum gibt es dort keine revolutionsanzeichen der jungen generation, wie unterscheidet sich die demokratische lage in syrien von der in anderen ländern...«. (Kleinschrift im Original, K.L.) Das war am 16.3.2011. Ich schrieb das Manuskript und schickte es am 23.3.2011 zu. Postwendend erhielt ich diese Nachricht:»ich denke mich trifft der schlag!! sie schicken mir einen beitrag über ›ach wie schön ist syrien‹ – wo doch alles an allen ecken und kanten brennt. also: das kann ich nun wirklich nicht gebrauchen. mit paste und copy finden sie zwei agenturmeldungen, die die lage wohl ziemlich gut beurteilen – was sollen wir also nun mit ihrem beitrag machen?« Der Beitrag wurde abgesagt.

Agenturmeldungen, Blogs, die»sozialen Medien« und»Aktivisten« galten fortan als glaubwürdige Quellen für das Geschehen in Syrien. Andere Stimmen fanden in Funk und Fernsehen kaum noch Gehör. Als in Syrien akkreditierte Journalistin wurde ich von syrischen Oppositionellen in Deutschland beschimpft, bedroht und als»Stimme des Regimes« bezeichnet, um meine Beiträge unglaubwürdig zu machen.

Auch Kollegen aus anderen Ländern hatten Probleme. Der Korrespondent des türkischen Senders TRT wurde aus Damaskus abgezogen, ein arabischer BBC-Reporter wurde bedroht, als er (Januar 2012) berichtete, dass der französische Kollege Gilles Jacquier (France 2) bei einem Mörsergranatenbeschuss von bewaffneten Oppositionellen in Homs getötet worden war. Der Tod von Gilles Jacquier wurde umgehend politisch instrumentalisiert. Die französische Regierung und die US-Administration machten die syrische Regierung und den syrischen Präsidenten persönlich dafür verantwortlich, denn es sei deren Verantwortung, die »Sicherheit internationaler Journalisten in ihrem Staatsgebiet zu gewährleisten«, so der damalige französische Außenminister Alain Juppé. Die Sprecherin des US-Außenministeriums Victoria Nuland erklärte: »Präsident Assad (…) geht weiter gewaltsam gegen sein eigenes Volk vor, anstatt für ein Klima zu sorgen, in dem Journalisten arbeiten und friedliche Proteste stattfinden können.« Ein halbes Jahr später bestätigte eine offizielle Untersuchung in Frankreich, dass tatsächlich die bewaffnete Opposition (aus Baba Amr) für den Tod von Gilles Jacquier und acht weiteren Menschen verantwortlich war. Diese Meldung fand kaum Aufmerksamkeit.

***

Das vorliegende Buch berichtet über die Ausbreitung eines Flächenbrandes, vor dem viele Stimmen 2011 gewarnt hatten. Es geht um die vorsätzliche Zerstörung Syriens – und in deren Folge auch um die seiner Nachbarstaaten. Wirtschaftliche Grundlagen und die Infrastruktur werden vernichtet, staatliche Souveränität und territoriale Integrität werden missachtet. Menschen werden gegeneinander aufgehetzt, politische Lösungsvorschläge werden ignoriert. Das Völkerrecht und die Vereinten Nationen werden verhöhnt. Einzelne Staaten beteiligen sich aktiv an der Demontage der weltumspannenden politischen Struktur, die nach der Erfahrung von zwei Weltkriegen im 20. Jahrhundert ein beachtliches Regelwerk für das friedliche Zusammenleben der Völker darstellte, die UN-Charta. In deren Präambel verpflichten die Mitgliedsstaaten sich,

> künftige Geschlechter vor der Geißel des Krieges zu bewahren, die zweimal zu unseren Lebzeiten unsagbares Leid über die Menschheit gebracht hat, unseren Glauben an die Grundrechte des Menschen, an Würde und Wert der menschlichen Persönlichkeit, an die Gleichberechtigung von Mann und Frau sowie von allen Nationen, ob groß

oder klein, erneut zu bekräftigen, Bedingungen zu schaffen, unter denen Gerechtigkeit und die Achtung vor den Verpflichtungen aus Verträgen und anderen Quellen des Völkerrechts gewahrt werden können, den sozialen Fortschritt und einen besseren Lebensstandard in größerer Freiheit zu fördern.

Die UN-Mitgliedsstaaten verpflichten sich dafür »Duldsamkeit zu üben und als gute Nachbarn in Frieden miteinander zu leben«.

In Syrien geschieht das Gegenteil von alle dem. Die USA, die als alleinige Weltmacht Führung über andere souveräne Staaten beansprucht, setzen UN-Resolutionen und das Völkerrecht nach eigenen Interessen durch – bzw. außer Kraft. Wer dem folgt, wird Partner, wer dem nicht folgt, gilt als Feind. Dass auch die »Partner« der USA eigene Interessen haben, ist in Syrien sehr gut zu verfolgen. US-Vizepräsident Joe Biden sprach offen aus, was viele lange schon wussten. Das größte Problem der USA in Syrien seien ihre eigenen Verbündeten gewesen, so Biden: »Die Türken, die Saudis, die Emirate waren so entschlossen, Assad zu stürzen und einen sunnitisch-schiitischen Stellvertreterkrieg zu starten, dass sie Hunderte Millionen US-Dollar und mehrere tausend Tonnen Waffen in jeden gesteckt haben, der gegen Assad kämpfen wollte.« So wurden auch »Al-Nusra und Al-Qaida« ausgerüstet »und die extremistischen Typen von Gotteskriegern, die aus allen Teilen der Welt kommen.« Was Biden nicht erwähnte, war, dass der US-Geheimdienst CIA und andere Geheimdienste darüber wachten.

Im ersten Teil des Buches über die Entwicklung und Lage in Syrien wird die Eskalation des Krieges von 2011 bis 2015 chronologisch nachgezeichnet und die vielschichtige Konfliktlage Syriens beschrieben. Die Wurzeln der innersyrischen Konflikte liegen in der Geschichte der Region, in ihrer Kultur, in der geographischen und geostrategischen Lage zwischen Europa und Asien, Ost und West und in der internationalen jahrhundertelangen Einmischung.

Der zweite Teil beschreibt die Beziehungen Syriens zu seinen Nachbarstaaten seit 2010. Als Knotenpunkt der Region wollte das Land die umliegenden Staaten zum wirtschaftlichen und politischen Nutzen aller verbinden. Die politischen Umbrüche haben die gemeinsamen Interessen der Staaten zerstreut und den Einfluss internationaler Akteure verstärkt. Die Türkei folgte der NATO und eigenen Interessen als Regionalmacht. Irak hat sich seit der US-geführten Invasion 2003 nicht erholt. Jordanien ist eine westliche Militärbasis und der Libanon droht unter den inneren politischen Differenzen zu zerbrechen. Israel nutzt die Lage, um – in Kooperation mit bewaffneten Gruppen – seinen völkerrechtswidrigen Anspruch auf die Golanhöhen zu behaupten, und profitiert davon, dass Syrien und die libanesische Hisbollah in einen Abnutzungskrieg gezwungen werden. Die Auswirkung des Krieges auf die Palästinenser, die nach ihrer Vertreibung aus Palästina 1947/48 und 1967 in Syrien eine Art Heimat gefunden hatten, ist katastrophal.

Die regionalen Konkurrenzen der arabischen Staaten, der Türkei und des Irans fachen das Feuer in Syrien an, wie das dritte Kapitel zeigt. Die »Freunde Syriens« versuchen als Parallelstruktur zu den Vereinten Nationen das Völkerrecht zu umgehen und die UNO als »handlungsunfähig« vorzuführen. Der selbsternannte »Islamische Staat im Irak und in der Levante« (Daesh)* verschiebt derweil Grenzen, die der Region nach dem Ersten Weltkrieg vom Westen aufgezwungen worden waren. Die verschiedenen nationalen, regionalen und internationalen Interessen haben aus Syrien ein Schlachtfeld gemacht, auf dem ein blutiger Stellvertreterkrieg ausgetragen wird – auf dem Rücken der Bevölkerung.

Das Buch erhebt keinen Anspruch auf Vollständigkeit. Es soll die vielen gegensätzlichen Interessen aufzeigen, die den Konflikt in Syrien chaotisiert haben. Hätten die Türkei und die arabischen Nach-

---

* Im Arabischen wird die Al-Baghdadi-Gruppe »Daesh« genannt, das sind die Anfangsbuchstaben von »Dawlat al-Islam fi al-Iraq wal-Sham«, übersetzt: Islamischer Staat im Irak und in Al-Sham / Levante / Großsyrien. Nach dem Überfall auf Mossul (Juni 2014) ordnete die Al-Baghdadi-Gruppe die Bewohner der Stadt und die Medien an, sie nicht mehr mit dem Kürzel sondern als »Islamischen Staat« zu bezeichnen. Während die meisten internationalen Medien dem folgen, wird die Gruppe von der UN (und der US-Administration) weiterhin als »Islamischer Staat im Irak und in der Levante« oder mit dem arabischen Kürzel »Daesh« bezeichnet.

barstaaten die Syrer bei der Lösung ihrer nationalen Probleme ernst-
haft unterstützt, würde das Land heute anders dastehen. Doch »gute
Nachbarn in Frieden« zu sein, wie es in der Präambel der UN-Charta
heißt, war nicht gewollt.

Dies ist kein Buch über die vielfältige Oppositionsbewegung, die
sich in Syrien und außerhalb des Landes mit unterschiedlichen Zielen und Interessen entwickelt hat. In Syrien bin ich vielen Menschen
begegnet, die sich für einen Dialog und eine friedliche Veränderung
der politischen Verhältnisse aussprachen oder je nach Möglichkeiten
einsetzten. Sie warten noch auf ihre Chance. Zu den ganz großen Pro-
fiteuren dieses Krieges zählen die Rüstungskonzerne, die im Februar
2015 in Abu Dhabi auf der größten internationalen Waffenmesse
IDEX (International Defense Exhibition) so gute Geschäfte wie nie
machten. Die USA haben mit der Ausbildung von zunächst 15.000
»moderaten« Kämpfen für Syrien in der Türkei, in Jordanien und in
Saudi-Arabien begonnen, im 21. Jahrhundert soll Krieg erneut Politik
und Diplomatie ersetzen. Im Krieg um die knapper werdenden Rohstoffe der Welt ist wieder alles erlaubt. Das ist die eigentliche Heraus-
forderung an die internationale Friedensbewegung.

TEIL I

Entwicklung und Lage in Syrien

1.
Fünf Jahre Krieg in Syrien

Ein Rückblick

2011

Daraa ist eine der südlichsten Provinzen Syriens und grenzt an Jordanien. Es war Anfang März, als in der gleichnamigen Provinzhauptstadt Schuljungen in ihrer Schule eine regierungsfeindliche Parole an die Wand schrieben. Normalerweise hätte der Direktor die Eltern über die Sachbeschädigung informiert und sie aufgefordert, die Wand neu zu streichen und auf ihre Kinder mäßigend einzuwirken. Doch der Mann rief nicht die Eltern an, sondern die Polizei. Die Jugendlichen kamen ins Gefängnis und wurden misshandelt. Als die Eltern beim Polizeipräsidenten die Freilassung ihrer Kinder forderten, begegnete dieser ihnen mit Hohn. Ähnlich erging es ihnen, als sie den Gouverneur um die Freilassung ihrer Kinder baten. Anders als früher hielten die Eltern nicht still und bezahlten, um ihre Kinder frei zu bekommen, sie versammelten sich in der Al-Omari-Moschee und brachen zu einer Demonstration auf. Rasch wurde aus dem Zug ein Massenprotest und vieles schien aus den Menschen herauszubrechen, was sie schon immer hatten sagen wollen. Sie forderten die Freilassung der Jugendlichen, aber auch ein Ende der Korruption, Respekt und politische Reformen. Die mobilisierte Polizei reagierte verwirrt, zumal sich unter den Demonstranten auch Familienangehörige der Polizisten befanden. Bewaffnete Kräfte des Geheimdienstes schossen in die Menge, es gab Tote. Bei deren Beerdigung tags darauf war die Trauergemeinde größer als die Demonstration am vorherigen Tag. Einige

Demonstranten griffen zu den Waffen, die Rufe, den Protest friedlich und ohne Gewalt zu organisieren, waren in der Minderheit. Sicherheitskräfte wurden getötet, öffentliche Institutionen in Brand gesetzt, die Spirale der Gewalt schnellte in die Höhe. Das Geschehen hatte die Runde gemacht. Die internationalen Medien der westlichen Hemisphäre standen bereit, die Schuldzuweisungen an die Regierung in Damaskus waren geschrieben. Per Internet und Facebook, aber auch über die großen arabischen Satellitensender *Al Jazeera* und *Al Arabiya*, wurden die Bilder der Toten und die Bilder der Trauernden verbreitet. In anderen Städten Syriens solidarisierten sich die Menschen, in vielen europäischen Städten schossen Gruppen der syrischen Opposition aus dem Boden. Eine Facebook-Seite unter dem Namen »Syrische Revolution 2011« war schon seit Anfang 2011 – parallel zu Protesten in Tunis und Kairo – eingerichtet. Kaum jemand wusste, dass die Webseite von Oppositionellen der in Syrien verbotenen Muslimbruderschaft aus Schweden ins Netz gestellt worden war. Sie gab Parolen aus und regte zu Aktionen an, denen sie blumige Namen gab. Die Webseite erregte die Aufmerksamkeit internationaler Medien, die deren Aufrufe multiplizierten. Alle hatten nur darauf gewartet, dass der Funke des »Arabischen Frühlings« aus Tunesien und Ägypten auf Syrien überspringt. Oppositionelle in Syrien erteilten der Gewalt von allen Seiten und ausländischer Einmischung eine Absage und warnten vor einem Flächenbrand.

Die Regierung in Damaskus ordnete die Freilassung der Jugendlichen an und schickte mit Vizepräsident Faruk al-Sharaa und dem stellvertretenden Außenminister Faisal Mekdad, die beide selber aus Daraa stammen, eine hochrangige Vermittlerdelegation in die Stadt. Polizeipräsident und Gouverneur wurden abgesetzt, eine Untersuchungskommission sollte die Schuldigen ermitteln. Präsident Bashar al-Assad suchte das Gespräch, zu seinen Bedingungen. Vertreter aus Daraa präsentierten im Präsidentenpalast in Damaskus ein ganzes Bündel von Forderungen. Neben dem Ende des Ausnahmezustands und einem freien Immobilienmarkt wurde die Senkung von Steuern und geringere Kosten für Brennstoff und Nahrungsmittel gefordert. Angesichts subventionierter Preise für Öl und Nahrungsmittel schienen sie

offene Türen einzurennen. Korruption sollte bekämpft, die Geheimdienste sollten besser kontrolliert werden. Dass Lehrerinnen wieder
mit Gesichtsschleier an Schulen arbeiten dürfen sollten, deutete auf
einen islamistischen Hintergrund der Forderungen hin. Erst wenige
Monate zuvor war das Tragen eines Gesichtsschleiers für Lehrerinnen
verboten worden. Syrien ist ein säkulares Land. Religion und Politik
müssen getrennt werden, so die einhellige Meinung der überwiegenden Mehrheit der Syrer. Doch Damaskus gab der Forderung nach und
ließ Lehrerinnen in Vollverschleierung wieder arbeiten.

Die Proteste weiteten sich aus. Organisiert wurden sie in Moscheen,
aber auch von der »alten Garde« der syrischen Opposition, viele von
ihnen Kommunisten, die lange im Gefängnis waren. Vor allem die Jugend aus wirtschaftlich vernachlässigten Randgebieten war kaum zu
bremsen. Während die meisten Syrer sich 2011 zurückhielten, miteinander redeten und zu verstehen versuchten, was in ihrer Heimat vor
sich ging, wurde in den Vorstädten mobilisiert. Hier lebten die Verlie-
rer der wirtschaftlichen Umbrüche, die Syrien seit 2000 stark verändert
hatten. Hier lebten die Bauern, die durch jahrelange Dürren alles verloren hatten und als Tagelöhner ihr Dasein fristeten. Hier lebten Familien mit vielen Kindern. Hier wurden die Mädchen früh verheiratet.
Hier folgten die Menschen mehr den Predigern in den Moscheen und
den Stammesführern als einem Staat, der ihnen fremd geblieben war.
Dem sie misstrauten und der gegenüber den großen Anforderungen
nach Arbeits- und Ausbildungsplätzen, nach Wohnraum und Wohlstand für alle Bürger zu langsam vorankam.

Immer wieder stießen die Demonstranten mit Polizisten und den
mächtigen Geheimdiensten zusammen, Tausende wurden festgenommen, Hunderte starben. Die Leute von Daraa erhielten Unterstützung
aus dem Norden Jordaniens, wo sich die konservativen Anhänger der
syrischen Muslimbruderschaft niedergelassen hatten. Sie hatten die
blutige Niederlage nicht vergessen, mit der die syrischen Streitkräfte
1982 in Hama ihren Aufstand beendet hatten. Sie boten Hilfe an, riefen und griffen zu den Waffen und halfen ihren muslimischen Brüdern
in Daraa, sich gegen die Geheimdienste zur wehren. Auf diesen Tag
hatten viele lange gewartet. Blutrache war ein wichtiger Beweggrund,

nicht nur die aktuellen Toten, auch die der Geschichte wollten gerächt werden. Doch auch alte Konflikte mit der Zentralmacht brachen auf. Waffen, Geld und Kämpfer kamen schnell über die nahe gelegene Grenze aus Jordanien, wo Tausende Angehörige der Großfamilien aus Daraa leben. Radikale Prediger in Saudi-Arabien und Katar, die der in Syrien verbotenen Muslimbruderschaft oder den Salafisten angehören, spornten die Kämpfer an. Satelliten- und private Sender, Internet und Facebook transportierten ihre hasserfüllten Botschaften.

In westlichen Redaktionsstuben übernahm man Berichte der arabischen Kollegen von *Al Arabiya* und *Al Jazeera* und griff zu wackeligen Handyaufnahmen, Twitter, Facebook und Blogs, ohne prüfen zu können, ob die Absender auch waren, wer sie angaben, zu sein. Man sparte das Geld für Vorortrecherche und schmückte sich mit »Bürgerjournalisten«, die sich für eine »Top-Story« oft in tödliche Gefahr begaben. Oder die – auch das gab es – in einer sicheren Wohnstube weit von Syrien entfernt Nachrichten produzierten. Rasch in die Schlagzeilen schaffte es beispielsweise Amina Abdulla Arraf, ein »lesbisches Mädchen in Damaskus«, die erstmals im Februar 2011 einen Tagebucheintrag im Internet (Blog) veröffentlicht hatte. Sie sei, wie eine US-Zeitung (World Post, 11.5.2011) titelte, mit ihrem Tagebuch zur »syrischen Revolutionsheldin« geworden. Die Syrerin mit US-amerikanischen Wurzeln riskiere ihr Leben, um als »ehrenwerte und reflektierte Stimme der Revolution« die Protestbewegung »zu inspirieren«. Die Eintragungen wurden gelegentlich mit einem Foto veröffentlicht, das angeblich sie darstellte. Im Mai 2011 meldete sich eine junge Londonerin beim Presserat und gab an, die Fotos zeigten sie und seien von ihrem Facebook-Konto gestohlen worden. Anfang Juni hieß es in dem Blog, Amina sei von drei bewaffneten Männern in Damaskus entführt worden, man wisse nicht, wo sie sei, so ein Cousin. Der damalige Menschenrechtsbeauftragte der Bundesregierung, Markus Löning, forderte ihre Freilassung, doch der Schwindel flog auf. Der US-amerikanische Student Tom MacMaster hatte das Internet-Tagebuch in Edinburgh produziert, wo er studierte. Es war eine Fälschung. Ähnlich verhielt es sich mit der »Syrischen Beobachtungsstelle für Menschenrechte« in London, deren Tätigkeit Jürgen Todenhöfer, ehe-

maliger CDU-Bundestagsabgeordneter und langjähriges Vorstands-
mitglied des Medienkonzerns Burda, so beschreibt:

> Ein Großteil der Zeitungen hat keine Auslandsredaktionen mehr. Der
> Leiter der Auslandsredaktion muss teilweise zehn verschiedene Län-
> der betreuen. Die sind im syrischen Fall dann auf Informationen an-
> gewiesen, die sie zum Beispiel von der Menschenrechtsbeobachtungs-
> stelle in London vermittelt bekommen. Die besteht aus einem einzigen
> Mann, der mit ein oder zwei Teilzeithilfskräften zusammenarbeitet.
> Dieser Rami Abdul Rahman, der in Wirklichkeit Osama Ali Suleiman
> heißt und von Spöttern ›Osama im Laden‹ genannt wird, weil er sein
> ›Observatorium‹ nur wenige Meter vom Bekleidungsladen seiner Frau
> entfernt betreibt, versorgt die ganze Welt mit Nachrichten, die beson-
> ders in den ersten zwei Jahren zu einem großen Teil aus Märchen be-
> standen. (junge Welt, 5.10.2013)

Abdulrahman erhält seine Informationen von Personen »vor Ort«,
wobei diese »aus Sicherheitsgründen« nie nachprüfbar identifiziert
werden. Journalisten hätten Meldungen der Beobachtungsstelle mindestens hinterfragen und mit eigenen Quellen abgleichen müssen,
Todenhöfer erklärt, warum das aus Personal- und Zeitmangel nicht
geschieht. Auch die Frage, wie die »Beobachtungsstelle« sich finanziert, wäre angebracht. Die *New York Times* berichtete (9.4.2013), dass
Abdulrahman von der Europäischen Kommission und »einem europäischen Land« finanzielle Unterstützung erhält, das er namentlich
nicht nennen wollte. Der ausgebildete Marketingfachmann (Exper-
te in Verkaufsstrategien) Abdulrahman lebt seit dem Jahr 2000 als
politischer Flüchtling in Großbritannien. Wiederholte Treffen mit
dem damaligen britischen Außenminister William Hague lassen den
Schluss zu, dass auch die britische Regierung die Informationsstelle
unterstützt.

   In den Hafenstädten Tartous und Banias, in Grenzgebieten zum
Libanon, zur Türkei und zum Irak griffen bewaffnete Gruppen staatliche Einrichtungen an und stellten die Machtfrage. Verhandlungen
blieben ohne Ergebnis, Armee und Geheimdienste schlugen zurück.

Präsident Assad betonte, dass sich die Einsätze nicht gegen die friedliche Protestbewegung, sondern gegen bewaffnete Gruppen richteten. Mehrfach ordnete er an, keine scharfe Munition zu verwenden, dennoch stieg die Zahl der Toten infolge weiterer Eskalation. Gleichzeitig reagierte das Regime mit Reformen: der Ausnahmezustand, seit 1963 in Kraft, wurde aufgehoben, ein Demonstrationsrecht, ein Parteien-, ein neues Wahlgesetz, ein Mediengesetz, ein neues Verwaltungsgesetz in den Provinzen wurde erlassen. Der Korruption beschuldigte Gouverneure und Polizeipräsidenten wurden entlassen, Kurden, die bisher als »staatenlos« galten, wurden eingebürgert und erhielten syrische Pässe. Assad rief zu einem nationalen Dialog auf. Die Reformen fanden nicht das erhoffte Echo. Der Syrische Nationalrat (SNR), von Teilen der Exilopposition in Istanbul gegründet, lehnte alle Maßnahmen als »unglaubwürdig« ab. Während in Damaskus ein großes Treffen der Opposition stattfand, die so genannte »Semiramis-Konferenz«, benannt nach dem Hotel, in dem das Treffen stattfand, wurde in der Türkei eine »Freie Syrische Armee« ins Leben gerufen. Es hieß, sie setze sich aus Soldaten und Offizieren zusammen, die den syrischen Streitkräften von der Fahne gegangen und desertiert seien. Die damalige US-Außenministerin Hillary Clinton rief wiederholt Offiziere und Politiker auf, der syrischen Armee, der syrischen Regierung und Syrien selbst den Rücken zu kehren. Das Emirat Katar – das sich mit den Umbrüchen in der arabischen Welt als entschlossener Unterstützer der Muslimbruderschaft geoutet hatte – bot Deserteuren großzügige finanzielle Unterstützung an.

In weiten Teilen des Landes blieben die Menschen ruhig. Auch wenn sie Veränderung wollten, schloss sich kaum jemand den Protesten an. Unabhängige Kräfte und die innersyrische Opposition waren unter Bedingungen zum Dialog bereit. Sie forderten ein Ende der Gewalt und die Freilassung aller Gefangenen. Beginnend im Oktober wurden rund 4.000 Gefangene freigelassen, wie viele weiter in Haft blieben, war unbekannt. Die Gewalt hielt an.

In den Unruhegebieten traten derweil alte Konflikte mit der Baath-Partei oder den Geheimdiensten in den Vordergrund: Ärger über Landfragen und Korruption, über Vetternwirtschaft und selbstgefälliges Verhalten der Mächtigen. Der ungelöste Konflikt zwischen der Baath-Partei und der Muslimbruderschaft wirkte bei vielen Unzufriedenen als Motor.

Arabische Regime und andere Kreise, die schon lange auf den Sturz von Präsident Bashar al-Assad hingearbeitet hatten, weil dieser ihre Vorstellungen der Weltordnung nicht teilte, ergriffen die Chance und handelten schnell: Geld, Waffen und Kommunikationstechnologie wurden geliefert, in den USA geschulte Kampagnenaktivisten versorgten die Medien mit täglichen »Nachrichten«, mit Videos und Telefonaten unklarer Herkunft. Die Internetseite »Syrische Revolution 2011« entwickelte sich zu einer Art Kommandozentrale. Sie rief zu Protesten nach den Freitagsgebeten auf und gab jedem Freitag ein Motto, das angeblich die Forderungen der »Syrischen Revolution« vermittelte: Das Volk fordere den Sturz des Regimes, eine Flugverbotszone, eine Pufferzone, einen humanitären Korridor und schließlich das Eingreifen von UN und NATO wie in Libyen. Auf die politische und mediale Anti-Assad-Kampagne der EU, der USA und von mit ihnen verbündeten arabischen Staaten (Katar, Saudi-Arabien, Jordanien) reagierte die syrische Führung wenig souverän mit Einreisebeschränkungen für Medien aus diesen Staaten.

Wegen zunehmender Gewalt nahmen die politischen Proteste ab. Organisatoren der ersten Stunde zogen sich aus der politischen Debatte zurück, waren in Haft oder verließen das Land. Den Ton gab bald die paramilitärische »Freie Syrische Armee« (FSA) an, die unter anderem von der Türkei unterstützt wurde. Ihre Botschaft war der »Sturz des Regimes«, ein politisches Programm gab es nicht. Nach Berichten von ausländischen Reportern, die mit der FSA eingebettet unterwegs waren, brachte die Gruppe in Homs den Stadtteil Bab Amr unter ihre Kontrolle. Die UNO sprach von mindestens 5.000 zivilen Toten, die syrischen Behörden gaben an, dass 2.000 Soldaten und Sicherheitskräfte getötet worden seien. Die Namen wurden veröffentlich. Zahlen für getötete Zivilisten nannten die Behörden nicht.

Die internationale Dimension des syrischen Konflikts zeigte sich in dem Streit darum, ob die Arabische Liga oder der UN-Sicherheitsrat in Syrien eingreifen sollten. Die USA und die EU wollte eine UN-

Sicherheitsratsresolution durchsetzen, die ein Vorgehen wie gegen den Irak oder zuletzt in Libyen ermöglicht hätte. Russland und China wollten den Dialog zwischen Regierung und Opposition fördern und mit einer Beobachterdelegation der Arabischen Liga die Voraussetzungen dafür schaffen. Die im UN-Sicherheitsrat vertretenen Schwellenländer Brasilien, Indien und Südafrika unterstützten dieses Vorgehen. Mit der Entsendung einer Beobachterdelegation der Arabischen Liga (Ende Dezember) konnten Russland, China und die Blockfreien zunächst einen Punktsieg erringen. Die erste Beobachtergruppe nahm ihre Arbeit in Homs auf.

Syrische Oppositionelle gingen davon aus, dass eine militärische Intervention in Syrien zu dem Zeitpunkt de facto bereits stattfand, um das Land zu destabilisieren. Die »Freie Syrische Armee« führte einen »Krieg niedriger Intensität«, Todesschwadronen ermordeten Wissenschaftler, Ärzte, Ingenieure, Offiziere und verübten Anschläge auf zivile und militärische Infrastruktur. Ihre hoch entwickelten Waffen wurden – belegt von Reportern – aus dem Ausland eingeschmuggelt. Die wirtschaftliche Lage in dem Entwicklungsland verschlechterte sich dramatisch. Westliche und arabische Sanktionen stoppten Tourismus, Finanzgeschäfte und Investitionen weitgehend. Arbeitslosigkeit und Geschäftspleiten waren die Folge. Ziel der wirtschaftlichen Sanktionen und der politischen Isolation war es, die Syrer mürbe zu machen und gegen das Regime aufzubringen.

»Der Sturz von Assad ist unvermeidlich« –
Wie die »Freunde Syriens« eine Losung durchsetzten
Erst im Oktober 2014 erscheint ein mit politischem Sprengstoff beladenes Buch der beiden französischen Journalisten George Malbrunot (Le Monde) und Christian Chesnot (Radio France), in dem bis dahin geheim gehaltene Informationen über die Syrienpolitik Frankreichs aus dieser Zeit aufgedeckt werden. In dem Buch mit dem Titel »Les Chemins de Damas« (Die Straßen von Damaskus) werden einerseits Konflikte zwischen Präsidentenpalast und Außenministerium deutlich, andererseits auch Unstimmigkeiten zwischen dem Inlands- und Auslandsgeheimdienst. Eine Szene aus dem Frühjahr 2011 beschreibt, wie

der damalige französische Botschafter in Syrien, Éric Chevallier, vom damaligen Präsidentenberater Nicolas Galey bei einer Besprechung am Quay d'Orsay (Außenministerium) abgefertigt wurde. Als Chevallier erklärte, dass seiner Meinung nach die Position von Präsident Bashar al-Assad stabil und nicht gefährdet sei, habe ihn Galey angefahren: »Hören Sie auf, solchen Quatsch zu erzählen.« Man müsse sich »nicht an Fakten halten, sondern über unsere Nasenspitze hinausblicken«, wird Galey zitiert, der damals Präsident Nicolas Sarkozy in Fragen des Mittleren Ostens beriet. Alle Anwesenden seien »schockiert über die unerhörte Feindseligkeit« gewesen, mit der Galey den Botschafter angefahren hätte. Hervé Ladsous, damaliger Stabschef im Außenministerium, erinnerte sich, dass der Präsidentenberater offenbar »nicht zu dem Treffen gekommen war, um gemeinsam die Sachlage zu erörtern, sondern um einen speziellen Auftrag zu erfüllen. Es ging um die politische Vorgabe, »dass der Sturz von Assad unvermeidlich ist«, so Ladsous. Eine andere Meinung sei nicht toleriert worden. Die Formel »der Sturz von Assad ist unvermeidlich« wurde damals übereinstimmend von den USA, Großbritannien, Frankreich, Deutschland, der Türkei, Katar und Saudi-Arabien übernommen. Kurz darauf schlossen sie sich in der Kerngruppe der »Freunde Syriens« zusammen und begannen am UN-Sicherheitsrat vorbei, gegenüber Syrien ihre eigene Interventionspolitik zu organisieren.

Die Brüskierung des französischen Botschafters bildete offenbar keine Ausnahme. Ali Haidar, in Syrien seit 2012 Minister für Nationale Versöhnung, erklärte Ende 2014 (im Gespräch mit der Autorin): »Bevor das hier alles begann und bevor ich der Regierung angehörte, habe ich Kontakt zu den meisten europäischen Botschaftern hier gehabt. Damals haben die Botschafter gute und reale Informationen an ihre Regierung weitergeleitet. Die meisten Botschafter waren überrascht, als ihre Außenministerien diesen Schwenk vollzogen, obwohl ihnen ja die Berichte aus den Botschaften hier vorlagen. Ich kenne einen europäischen Botschafter, der geweint hat, als seine Regierung ihn aus Syrien abzog. Er sagte damals, das sei eine Verschwörung gegen alle Staaten, nicht nur gegen Syrien. Das waren seine eigenen Worte.«

2012

Die Lage in Syrien verschlechterte sich dramatisch. Die ursprünglichen Forderungen der Protestbewegung nach politischen Reformen, wirtschaftlicher Teilhabe und einer friedlichen, freien Entwicklung wurden von der militärischen Eskalation verdrängt.

Die im und vom Ausland organisierte Opposition und die Mehrheit der bewaffneten Gruppen, die sich der »Freien Syrischen Armee« zurechneten, sowie islamistische und andere Söldnergruppen setzten weiter auf den »Sturz des Regimes« durch kriegerische Eskalation. Unterstützt wurden sie dabei von den »Freunden Syriens«. Deren Führungsgruppe aus den USA, Großbritannien, Frankreich, Deutschland, der Türkei und Jordanien sowie Katar und Saudi-Arabien erkannten im April 2012 den »Syrischen Nationalrat« und Anfang Dezember 2012 die Nachfolgeorganisation »Nationale Koalition der syrischen Revolutions- und Oppositionskräfte« offiziell an, die Anfang November in Doha (Katar) gegründet worden war. Die »Freunde Syriens« leisteten politische, finanzielle und militärische Hilfe und Ausrüstung. Im UNO-Sicherheitsrat spiegelte sich diese Politik im Verhalten der drei westlichen Vetomächte – USA, Großbritannien, Frankreich – und ihrer Verbündeten wieder. Die Türkei, der Libanon und Jordanien nahmen Zehntausende Flüchtlinge aus Syrien auf und boten gleichzeitig Ausbildungslager für Aufständische an. Schmuggler für Waffen und Menschen hatten Hochkonjunktur. Um die Türkei vor angeblichen Angriffen aus Syrien zu schützen, beschloss die NATO kurz vor Weihnachten 2012 die Entsendung von Patriot-Raketen ins syrisch-türkische Grenzgebiet. Deutschland beteiligte sich daran mit 400 Soldaten.

Deutschland regte auch immer neue Runden von EU-Sanktionen als »Strafmaßnahme gegen das Regime« an. Besonders hart traf es den Ölexport Syriens, von dem der größte Teil nach Europa ging. Die Abnehmerstaaten waren Deutschland (32 %), Italien (31 %), Frankreich (11 %), die Niederlande (9 %), Österreich (7 %), Spanien (5 %) und die Türkei (5 %). Ein Rest von 1 % ging an Nachbarstaaten (gerundete Zahlen aus dem Jahr 2010, Global Trade Atlas, EIA). Die deutsche Botschaft in Damaskus schloss Anfang Januar 2012.

Der syrische Botschafter Radwan Lutfi (Berlin) wurde im Mai aus Deutschland ausgewiesen. Als Vorwand diente ein bis heute unaufgeklärtes Massaker an mehr als 80 Personen in Houla, das der syrischen Armee angelastet wurde. Im August 2012 wurde das Projekt »The Day After« – ein Konzept für einen »demokratischen Übergang« in Syrien – in Berlin der Öffentlichkeit vorgestellt, das politisch und finanziell von der regierungsnahen Stiftung Wissenschaft und Politik und dem Think-Tank »United States Institute of Peace« (USIP) seit Anfang 2012 betreut worden war. Die »Nichtregierungsorganisation« gleichen Namens, die als Autor des Projekts dargestellt wird, bestand aus mehr als 40 syrischen Oppositionellen, die überwiegend im Ausland lebten.

Die innersyrische Opposition fand in westlichen Medien weiterhin wenig Gehör. Ihre Forderungen nach einem Waffenstillstand, einem Stopp ausländischer Einmischung und einer von den Syrern selbst gestalteten politischen Übergangslösung wurde von den BRICS-Staaten (Brasilien, Russland, Indien, China, Südafrika) sowie den 120 Länder umfassenden Blockfreien Staaten unterstützt, die im August 2012 größtenteils Vertreter zu einem Gipfeltreffen nach Teheran entsandten. Im UNO-Sicherheitsrat spiegelten sich die Positionen durch die Haltung der (nicht blockfreien) Veto-Mächte Russland und China wider.

Die von der Arabischen Liga entsandte Beobachtermission wurde schon kurz nach Beginn ihrer Mission Ende Januar 2012 von Saudi-Arabien und Katar sabotiert. Ein von der Mission erstellter Bericht wurde sowohl von der Arabischen Liga als auch vom UN-Sicherheitsrat ignoriert. Der leitende Missionschef, der sudanesische General Mohammed al-Dabi, trat daraufhin zurück und übergab den Bericht persönlich der Presse. Zentrale Feststellung des Berichts war, dass die Gewalt in Syrien sowohl von bewaffneten Gruppen als auch von syrischen Sicherheitskräften ausging. Die Anwesenheit der Beobachter habe allerdings einen beruhigenden Effekt gehabt, man sei – wie auch die syrische Regierung – bereit, die Mission fortzusetzen.

Die Vorschläge der innersyrischen Opposition fanden Eingang in den Sechs-Punkte-Plan des UNO-Sondervermittlers für Syrien, Kofi

Annan, den dieser im März vorlegte und der einstimmig vom UNO-Sicherheitsrat beschlossen wurde. Eine darin vorgesehen UNO-Beobachtermission nahm im April ihre Arbeit auf, ein ausgehandelter Waffenstillstand trat am 12. April in Kraft, blieb aber brüchig. Ende Juni vermittelte Kofi Annan die Genfer Vereinbarung, der von allen Außenministern der Veto-Staaten im UNO-Sicherheitsrat zugestimmt wurde. Die Vereinbarung sieht einen Waffenstillstand und die Bildung einer Übergangsregierung aus der jetzigen Regierung und der Opposition vor. Über die Rolle von Präsident Bashar al-Assad steht kein Wort in dem Text. Dennoch erklärte die damalige US-Außenministerin Hillary Clinton unmittelbar nach Unterzeichnung der Vereinbarung, dass diese nur zum Tragen käme, wenn »Assad zurücktritt«. Für den syrischen Präsidenten »und seine Leute« gebe es »keinen Platz in dem Übergangsprozess«. Die Vereinbarung biete aber eine gute Chance für eine »demokratische Periode nach Assad, einschließlich freier Wahlen«. Die Forderung nach dem Rücktritt des Präsidenten wird kaum von den Syrern, wohl aber von den selbsternannten »Freunden Syriens« erhoben. Bis heute verhindert sie eine politische Lösung des ursprünglich innersyrischen Konflikts.

Ungeachtet der Äußerungen von Hillary Clinton stimmte Präsident Bashar al-Assad der Genfer Vereinbarung zu und benannte mit Ali Haidar den Minister für Nationale Versöhnung als Ansprechpartner. Doch rasch war klar, dass die USA, Frankreich und Großbritannien – und mit ihnen ihre Verbündeten von den »Freunden Syriens« die Vereinbarung torpedierten. Kofi Annan trat daraufhin im August zurück. Nachfolger wurde der ehemalige algerische Außenminister Lakhdar Brahimi. Sein Treffen mit dem syrischen Präsidenten Bashar al-Assad am 24. Dezember 2012, bei dem erneut Vorstellungen über eine politische Lösung ausgetauscht wurden, wurde von der Auslandsopposition der Nationalen Koalition sofort kritisiert. Hassan Abdulazeem, der Vorsitzende des »Nationalen Koordinationsrates für demokratischen Wandel in Syrien« (NCC), der als einflussreichste innersyrische Oppositionsgruppe gilt, begrüßte dagegen in Damaskus die Mission Brahimis. Er bekräftigte die Forderung nach einem Waffenstillstand und der Bildung einer Übergangsregierung.

Die Welt war geteilt in die einen, die einen politischen Dialogpro-
zess forderten, und die anderen, die immer mehr Waffen forderten. In
westlichen Medien und in der internationalen Politik, vor allem aber
in den so genannten »sozialen Medien« der Auslandsopposition waren die Bewertungen unmissverständlich: Wer auch immer für einen
politischen Dialog eintrat, sah sich mit der Anschuldigung konfron-
tiert, »Marionette«, »Handlanger« oder »Stimme des Regimes« zu
sein. Wer sich an ihre Seite stellte und Waffen forderte, verteidigte
»Demokratie, Menschenrechte und Freiheit«.

Waffen wurden geliefert, und mit der besseren Ausrüstung und
aggressiveren Angriffen trugen die bewaffneten Gruppen die Kämpfe
ins Umland von Damaskus und nach Aleppo. Im Juli kamen bei einem
Anschlag Unbekannter vier hochrangige Militär- und Sicherheitsoffi-
ziere in Damaskus ums Leben, die »Freie Syrische Armee« übernahm
die Verantwortung. Nach der Niederlage in Baba Amr (Homs), das
im März 2012 von den syrischen Streitkräften wieder eingenommen
worden war, hatten sich die Kämpfer in die Altstadt von Homs, in
den Libanon, ins Umland von Damaskus und Richtung Aleppo abgesetzt. Mit einer Offensive namens »Damaskus Vulkan« versuchten
die Kampfgruppen am 20. Juli 2012 von den südlichen Vororten her
das Zentrum von Damaskus einzunehmen, ohne Erfolg. Danach erhöhten die Kampfgruppen den Druck auf das große palästinensische
Flüchtlingslager Yarmuk, um den Weg für sie frei zu machen, damit
sie ins Zentrum vormarschieren könnten. Die Palästinenser weigerten
sich, obwohl die Hamas – eine Organisation der Muslimbruderschaft
– den Kampf gegen die syrische Regierung unterstützte. Als Konse-
quenz für diese Parteinahme hatte die Führung der Hamas, die seit
1999 in Damaskus ihr Hauptquartier gehabt hatte, Syrien bereits Anfang 2012 verlassen.

Im September wurde in Damaskus das Hauptquartier der Armee angegriffen. Schwere Explosionen, zumeist verursacht von mit
Sprengstoff beladenen Fahrzeugen, die ferngezündet wurden, terro-
risierten die Bevölkerung in Damaskus, Aleppo und anderen Städten. Die Verantwortung übernahmen islamistische Gruppen wie die
Nusra-Front oder die Al-Tawhid-Brigade. Nusra-Front wurde von den

USA als »terroristisch« eingestuft, was der Präsident der »Nationalen Koalition«, Mouaz al-Khatib, kritisierte.

Ende 2012 hatte das Militär die Kontrolle über die strategisch wichtige Industriemetropole Homs weitgehend zurückerlangt, wo es im Februar zu heftigen Kämpfen mit Aufständischen des Bezirks Baba Amr gekommen war. Gezielt griffen die bewaffneten Aufständischen in verschiedenen Teilen des Landes inzwischen religiöse und ethnische Minderheiten an, die sich explizit aus dem Konflikt in Syrien heraushalten wollten. In der entmilitarisierten Zone auf dem Golan überfielen Aufständische im November drei Dörfer, in denen syrische Tscherkessen lebten, die 1967 von Israel von den Golanhöhen vertrieben worden waren. Die Kämpfer provozierten damit einen Konflikt zwischen Syrien und den israelischen Streitkräften an der Grenze zu dem Teil der Golanhöhen, den Israel im Sechs-Tage-Krieg 1967 besetzt und 1982 völkerrechtswidrig annektiert hatte.

Die Zahl der Toten in Syrien stieg täglich, die Zerstörung des Landes nahm zu. Die Produktion sank, das Leben wurde teurer. Knapp eine halbe Million Menschen waren inzwischen in die Nachbarländer geflohen, mehr als zwei Millionen lebten als Flüchtlinge im eigenen Land, als Inlandsvertriebene (IDP). Das »Geschäft mit der Hilfe« boomte. 99 Updates in nur sieben Tagen hatte das Informationsportal *Relief Web* zu verzeichnen, das die internationale Helfergemeinde über »humanitäre Notsituationen und Katastrophen« weltweit informiert. Die Topmeldungen am Heiligen Abend 2012 besagten, dass »syrische Truppen Killergasbomben in Homs« eingesetzt und die Luftwaffe wartende Menschen vor einer Bäckerei in Halfaya (Provinz Homs) bombardiert hätte. Offizielle syrische Stellungnahmen, veröffentlicht von der syrischen Nachrichtenagentur SANA, wurden international knapp oder gar nicht zitiert.

Zur Bewältigung der humanitären Krise forderten die Vereinten Nationen 1,04 Milliarden US-Dollar für das erste Halbjahr 2013. Darin enthalten war das Budget für 38 Organisationen, die den Flüchtlingen allein in Jordanien halfen. Man erwarte, so hieß es in der Begründung für den hohen Finanzbedarf, dass wöchentlich »bis zu 100.000 syrische Flüchtlinge« nach Jordanien strömen könnten. Die

Zahl für das Hilfspaket basierte auf einer Empfehlung der jordanischen Regierung. Deren Soldaten bauten nicht nur Flüchtlingslager,
sie bildeten auch ausländische und syrische Kämpfer in Trainingslagern aus, die von dort nach Syrien zurückgeschleust werden. Das
berichtete das US-Nachrichtenmagazin McClatchy Mitte Dezember
unter Berufung auf Männer, die selber von jordanischen Offizieren
ausgebildet worden waren. Beaufsichtigt wurde die Ausbildung von
Geheimdienstoffizieren des MI6 aus Großbritannien und der CIA
aus den USA.

2013

Der Neujahrsmorgen 2013 in Damaskus begann mit Angriffen der
syrischen Luftwaffe auf Außenbezirke der Hauptstadt. Seit einem
halben Jahr waren viele der Satellitenstädte um Damaskus von bewaffneten Gruppen eingenommen worden, die von dort Angriffe ko-
ordinierten. Nachschub bekamen diese Gruppen aus Jordanien und
über die Qalamoun-Berge aus dem nördlichen Libanon. Vereinzelt
erhielten sie auch Unterstützung von den Einwohnern der Ortschaften. Zu Hunderttausenden war die Zivilbevölkerung aus den Kampfgebieten in alle Himmelsrichtungen geflohen. Die Flüchtlingslager in
Jordanien, im Libanon, in der Türkei und im nördlichen Irak wurden
größer. Während über die schwierige Lage der Flüchtlinge von westlichen Medien ausführlich berichtet wurde und westliche Politiker die
Flüchtlingslager besuchten, fand die stetig steigende Zahl der Inlandsvertriebenen und die Lage jenseits militärischer Entwicklungen kaum
Aufmerksamkeit.

   Kämpfe um den Flughafen von Aleppo und neuerliche Meldungen von Offizieren der syrischen Streitkräfte, die sich in die Türkei
abgesetzt hatten, wurden von der oppositionellen Nationalen Koalition mit Sitz in Istanbul als großer Erfolg gewertet. Das Vordringen
bewaffneter Gruppen in Höfe, Dörfer, Ortschaften und Stadtviertel
von Aleppo wurde als »Befreiung« beschrieben. Wer sich widersetzte
oder floh, wurde als »Regime-Anhänger« bezeichnet. Mit der Besetzung von Ölquellen und Getreidesilos sicherten sich die bewaffneten
Gruppen Einnahmen, die Kontrolle von strategisch wichtigen Kreu-

zungen und Grenzübergängen in die Türkei sicherte ihnen den Nachschub von dort.

Angriffe der Aufständischen auf zivile Flugzeuge, das Eindringen in Privatwohnungen, das Plündern von Firmen und Fabriken, die Übernahme von Schulen und Krankenhäusern durch die Bewaffneten fand in westlichen Medien so gut wie keine Erwähnung. Zugleich protestierte die syrische Zivilbevölkerung zunehmend gegen die Einrichtung von islamischen Gerichtshöfen, wo bewaffnete Gruppen das Sagen hatten. Der syrische Ministerpräsident Wael al-Halaqi erklärte, dass die syrische Regierung »auf jede regionale oder internationale Initiative reagieren werde, die die derzeitige Krise durch Dialog und mit friedlichen Mitteln beilegen« wolle. Halaqi hatte sich auf eine Neujahrserklärung des internationalen Sondervermittlers für Syrien, Lakhdar Brahimi bezogen. Der hatte einen Waffenstillstandsplan ausgearbeitet, »der von der internationalen Gemeinschaft angenommen werden könnte«, wie Brahimi im Januar 2013 erklärte. Sein Vorschlag bezog sich auf die Genfer Vereinbarung von Juni 2012. Darin hatten sich die Veto-Mächte des UN-Sicherheitsrates auf eine Übergangsphase für Syrien geeinigt.

Der neuerliche Vorschlag für einen Waffenstillstand im Januar 2013 verhallte bei den »Freunden Syriens« ungehört. Die besagte Gruppe westlicher und arabischer Staaten hatten die USA im Herbst 2011 um sich geschart und eine Art Parallelstruktur zum UN-Sicherheitsrat geschaffen. Deutschland gehörte zu den elf Staaten der Kerngruppe dieses »Freundeskreises«. Die Politik dieser Staaten bestimmte in westlichen Medien die Darstellung über das Geschehen in Syrien. Diese Staaten erklärten die oppositionelle syrische Nationale Koalition (Etilaf) mit Sitz in Istanbul zur »legitimen Vertretung des syrischen Volkes«, ohne dass je ein Syrer darüber hätte abstimmen können. Diese Staaten unterstützten die »Freie Syrische Armee« (FSA), die nach Auskunft des Brahimi-Vertreters in Damaskus, Mokhtar Lamani, (im Gespräch mit der Autorin) allerdings aus Hunderten bewaffneter Gruppen bestand, ohne einheitliche militärische Führung.

Den erwähnten Beschluss, auf einen formalen Antrag der Türkei hin Patriot-Abwehrraketen im türkischen Grenzgebiet zu Syrien zu stationieren, setzte die NATO Anfang 2013 um. Deutschland, die Niederlande und die USA schickten Soldaten. Eben dieses Gebiet dient den Aufständischen als Nachschubbasis, Kämpfer werden seitdem in den Flüchtlingslagern rekrutiert und in eigenen Camps ausgebildet. Die Zahl der ausländischen Dschihadisten nahm zu. Im März berichtete die *New York Times* über den Umfang von Waffenlieferungen an die Aufständischen. Die meisten Waffen lieferte demnach Katar, gefolgt von Saudi-Arabien und Jordanien. Der Einkauf wurde teilweise in Kroatien getätigt, viele Waffen stammten auch aus Libyen. Das Gros der Waffen wurde über den Flughafen Ankara (Türkei) eingeflogen und von dort auf dem Landweg an die Grenze zu Syrien transportiert. Die restlichen Waffen wurden über Amman (Jordanien) geliefert, von wo sie über die Grenze nach Syrien gelangten. Für den Bericht hatten die Reporter der *NYT* ein Jahr lang recherchiert (vgl. ausführlicher in Kapitel 4).

Die Opferzahl wurde Anfang 2013 von der Beobachtungsstelle für Menschenrechte mit 46.000 angegeben, ohne zwischen bewaffneten Kräften, Soldaten und der Zivilbevölkerung zu unterscheiden. Der in London ansässige Einmannbetrieb mit vielen Telefonverbindungen steht der Opposition nahe und wurde für die internationale Presse zu einer der zentralen Quellen für Nachrichten aus Syrien.

Bei einer internationalen Geberkonferenz für Syrien in Kuwait City (30. Januar 2013) versprachen die anwesenden Staaten mehr als 1,5 Milliarden US-Dollar, um humanitäre Hilfe für Betroffene des Krieges in Syrien und in den Nachbarstaaten zu finanzieren. Und obwohl die meisten von ihnen, rund 12 Millionen, in Syrien selbst leben, war nur ein Drittel des Geldes für die Hilfe innerhalb des Landes vorgesehen. Ausländische Hilfsorganisationen und Medien machten die syrische Regierung dafür verantwortlich, dass Hilfsgüter bei den Menschen nicht angekommen seien. Gespräche mit Hilfsorganisationen vor Ort skizzierten ein differenzierteres Bild und ergaben, dass die Armee aus Sicherheitsgründen Hilfstransporte häufig verzögerte. Bewaffnete Gruppen ließen sie aber an vielen Orten nicht passieren oder kassierten die Hilfe selber ein.

Nach vorangegangener Eskalation und einem drohenden US-Militärschlag unterzeichnete die syrische Regierung im September 2013 den Chemiewaffenvertrag und erklärte sich zur vollständigen Offenlegung und Zerstörung seines Chemiewaffenprogramms bereit. Auslöser war ein Giftgaseinsatz im Umland von Damaskus, der – von Opposition, westlichen Medien und Politikern – sofort der syrischen Regierung angelastet worden war. Diese wies die Vorwürfe zurück. Am Tag vor den Giftgasangriffen war ein Team der UN-Behörde für das Verbot von Chemiewaffen (OPCW) in Damaskus angekommen, um Vorwürfe über frühere Giftgaseinsätze zu untersuchen.

US-Präsident Obama, der zuvor den Einsatz von Giftgas als »rote Linie« bezeichnet hatte, die nicht überschritten werden dürfe, beschloss trotz Warnungen aus Armee und Geheimdiensten einen Militärschlag gegen Syrien. Ein »Monsterangriff« sollte es werden: zwei B-52-Bomber sollten bis zu 2.000-Pfund-Bomben abwerfen, Tomahawk-Raketen sollten von U-Booten und Kriegsschiffen der US-Flotte abgefeuert werden. Die Liste der Ziele sollte »alle militärischen Fähigkeiten« der syrischen Armee »ausradieren«. Zentrale Angriffsziele waren »die Stromversorgung, Öl- und Gasdepots, alle bekannten logistischen und Waffendepots, alle bekannten Kommando- und Kontrollstellen, alle bekannten militärischen und Geheimdienstgebäude«, hieß es in US-Medien.

Ein hochrangiger CIA-Beamter fasste seine Warnung an Präsident Obama in knappen Worten zusammen: Der (Chemiewaffen-)Angriff sei »nicht Ergebnis des derzeitigen Regimes. GB und USA wissen das«. Der US-Generalstab reagierte umgehend und General Dempsey warnte das Weiße Haus vor einer »ungerechtfertigten Aggression«, die den Mittleren Osten in Flammen aufgehen lassen werde. Präsident Obama erklärte dann, er suche die Zustimmung des Kongresses, die nicht zu erwarten war. Das britische Parlament, das den Einsatz der britischen Streitkräfte an der Seite der US-Armee beschließen sollte, verweigerte dem britischen Ministerpräsidenten Cameron die Gefolgschaft für einen neuen Waffengang.

Der international bekannte US-Journalist Seymour Hersh veröffentlichte einige Monate später (April 2014) in der britischen Zeitschrift *London Review of Books* einen Artikel über »Die Rote Linie und die Rattenline«, in dem er ausführlich von Gesprächen mit US-

Geheimdienstlern, Militärs und Politikern über die Chemiewaffen-
angriffe berichtete. Als »Rattenlinie« wurde der Waffenschmuggel an
die Kampfverbände in Syrien bezeichnet, der von Geheimdiensten
organisiert wurde.

Erstmals hatte die syrische Regierung im März 2013 dem UN-
Sicherheitsrat einen Giftgasangriff auf den kleinen Ort Khan Al-Azzal
(Provinz Aleppo) gemeldet, bei dem 20 Personen starben. Weitere
Angriffe folgten. Damaskus forderte eine umgehende internationale
Untersuchung, der der Sicherheitsrat zustimmte. Die Umsetzung der
Untersuchungsmission wurde durch politische Manöver Großbritan-
niens und Frankreichs verschleppt. Russische Experten untersuchten
schließlich den Vorfall und übergaben dem UN-Sicherheitsrat ihre
Untersuchungsergebnisse. Demnach kam bei dem Angriff mit hoher
Wahrscheinlichkeit Saringas aus selbst gefertigter Quelle zum Einsatz.
Über die Vorfälle legte sich ein Mantel des Schweigens.

Der Hersh-Bericht rückte das Handeln der Türkei und damit der
NATO insgesamt in ein neues Licht. Er kam zu dem Ergebnis, dass bewaffnete Kampfgruppen in den betroffenen Vororten von Damaskus
Giftgas deponiert hatten, das vermutlich bei Kämpfen mit der syrischen Armee freigesetzt worden war. Die Türkei habe die Kampfverbände mit hoher Wahrscheinlichkeit dabei unterstützt, das Giftgas zu
besorgen bzw. herzustellen und nach Syrien zu schmuggeln. Hersh
belegte das unter Berufung auf einen ehemaligen US-Geheimdienst-
ler, der berichtete, dass in den Monaten vor den Angriffen (März/
April 2013) der US-amerikanische Militärische Geheimdienst (Defense Intelligence Agency, DIA) täglich einen nicht-öffentlichen Bericht erstellt habe. Der als »SYRUP« bekannte Geheimbericht habe
alle wesentlichen Informationen über den Konflikt in Syrien zusam-
mengefasst, auch über den Stand der chemischen Waffen. Nach den
Angriffen im Frühling 2013 (Khan Al-Azzal) sei der Bericht für den
Bereich der syrischen Chemiewaffen plötzlich nur noch in massiv ge-
kürzter Form erschienen. Die Anordnung dafür sei direkt aus dem
Weißen Haus gekommen, zitierte Hersh seinen Gesprächspartner.

Zu diesem Zeitpunkt sei der US-Generalstab bereits mit »Auf-
marschplänen für eine mögliche Bodeninvasion in Syrien« beschäf-

tigt gewesen, schreibt Hersh weiter. Ziel der Invasion sei damals die »Vernichtung der chemischen Waffen« gewesen. Die britischen und US-amerikanischen Geheimdienste seien schon damals darüber informiert gewesen, dass »einige Rebelleneinheiten in Syrien chemische Waffen entwickelten«, so Hersh weiter. Dem US-Generalstab sei das bekannt gewesen. Die DIA habe Ende Juni 2013 in einem »streng vertraulichen Fünf-Seiten-Papier« darauf hingewiesen, dass die Al-Nusra-Front eine Einheit (»Zelle«) zur Produktion von Saringas habe. Unterstützt werde die Nusra-Front dabei von »Chemiehändlern in der Türkei und Saudi-Arabien«, heiße es in dem Papier. Die Einheit habe versucht, Ausgangsstoffe für Sarin in großen Mengen zu kaufen. Im Mai 2013 war in der Türkei eine Gruppe von Nusra-Kämpfern festgenommen worden, die zwei Kilogramm Sarin mit sich führten. Im Laufe der Ermittlungen wurden alle Festgenommenen freigelassen, weil die Männer nur »Entfrostungsmittel« bei sich getragen hätten. Tatsächlich hatte die Gruppe durch Mittelsmänner die Zusatzstoffe für Sarin in Bagdad kaufen können. Das geht laut Hersh aus dem DIA-Papier hervor, dessen Existenz ein Sprecher des Direktors des Nationalen US-Geheimdienstes auf Anfrage des Journalisten indes dementierte.

Zwei Tage vor dem geplanten Angriff am 2. September machte Obama einen Rückzieher. Sein Sinneswandel erfolgte, nachdem der britische Geheimdienst Proben des Sarins analysiert hatte, das am 21. August in den Vororten von Damaskus eingesetzt worden war. Die Proben waren den Briten von russischen Experten im Rahmen der Konvention zur Verhütung der Verbreitung von Chemiewaffen übergeben worden, so Hersh. Die Analyse der Briten erbrachte, dass das Sarin nicht mit dem Gas übereinstimmte, das sich in den Lagern der syrischen Streitkräfte befand, so der US-Geheimdienstmann: »Die DIA kannte die Zusammensetzung der in der Sowjetunion hergestellten chemischen Waffen«, über die Syrien verfügte. »Wenige Tage nach dem Vorfall in Damaskus baten wir eine Quelle in der syrischen Regierung, uns eine Liste der aktuellen Zusammenstellung (der chemischen Waffen, K. L.) zu geben. Darum konnten wir den Unterschied so schnell bestätigen.«

US-Geheimdienstmitarbeiter sind mittlerweile überzeugt, dass die türkische Regierung hinter den Angriffen bei Damaskus im August 2013 stecken dürfte. Man wisse, dass Präsident Erdogan die Nusra-Front und andere islamistische Gruppen unterstütze, so der ehemalige US-Geheimdienstmitarbeiter, der sein Wissen über den Vorfall mit Seymour Hersh teilte. »Einige in der türkischen Regierung meinten«, Assad stürzen zu können, indem sie »einen Angriff mit Giftgas in Syrien vortäuschten, um Obama zu zwingen, seine Drohung von der roten Linie wahr zu machen«.

In Rekordzeit legte Syrien eine Liste seiner Chemiewaffen vor, allerdings ist weiter unklar, welche Vorräte chemischer Waffenkomponenten es bei den bewaffneten Gruppen gibt. In westlichen und den meisten arabischen Medien wird dieses Thema bis heute ignoriert. Die syrischen Chemiewaffen wurden bis Juli 2014 zerstört und abtransportiert.

Ende 2013 hatte sich die Lage in Syrien in jeder Hinsicht weiter verschlimmert. In einem neuerlichen Aufruf bat die UNO nun um mehr als 6 Milliarden US-Dollar, um die humanitäre Katastrophe in Syrien und in den Nachbarländern zu bewältigen. Verschiedener UN-Organisationen sprachen in einem Bericht von einem »lautlosen Krieg gegen die menschliche und wirtschaftliche Entwicklung Syriens«. Nutznießer des Krieges blieben unter anderem Waffenhändler, Menschen- und Drogenschmuggler. Ihre Transportwege laufen alle über die gleichen illegalen Routen, wie es im UNO-Büro zur Drogen- und Verbrechensbekämpfung (UNODC) heißt.

Ende des Jahres bereitete man sich auf eine Konferenz im schweizerischen Montreux vor, auf der Delegationen der syrischen Regierung und der Opposition erstmals direkt miteinander verhandeln sollten. Fast zwei Jahre nach der Unterzeichnung der Genfer Vereinbarung hatten die USA und Russland sich geeinigt, wer zur Delegation der Opposition gezählt werden sollte und wer nicht. Diejenigen, die gewaltfrei und unermüdlich in Syrien gearbeitet hatten, sollten nicht in Montreux vertreten sein. Verglichen mit den mehr als 30 Staaten und internationalen Organisationen, die ebenfalls in Montreux dabei sein wollten, blieb die eigentliche Stimme Syriens unterrepräsentiert.

2014

Als im Januar 2014 in Montreux und Genf Delegationen der syrischen Regierung und einer von den selbsternannten »Freunden Syriens« handverlesenen syrischen Opposition miteinander sprachen, glaubten die Syrer kaum an einen Erfolg. Basis der Gespräche war die Genfer Vereinbarung vom 30. Juni 2012. Mit der »Nationalen Koalition« saßen auf Seiten der syrischen Opposition die Falschen am Tisch. Die nicht bewaffnet kämpfende Opposition und Oppositionelle aus Syrien, inklusive der Kurden, waren nicht eingeladen. Auch der Iran nahm an der Konferenz nicht teil, weil dessen regionaler Widersacher Saudi-Arabien gedroht hatte, sonst nicht zu erscheinen. Gleiches galt laut Riad für die »Nationale Koalition«. Die Gruppe wird von Saudi-Arabien, Katar, der Türkei und westlichen Staaten (»Freunde Syriens«) gesponsert und vertritt im Gegenzug dafür deren Interessen. In Syrien ist die »Nationale Koalition« nicht präsent.

Der einzige Erfolg der Genfer Gespräche, die im Februar in eine zweite Runde gingen, war die Einstellung der Kämpfe in der Altstadt von Homs Ende des Monats. Mehr als 1.000 Zivilisten konnten die Altstadt verlassen. Im Mai 2014 wurde der Abzug der letzten Kampfverbände aus der Altstadt von Homs erreicht. Die Vorgespräche dafür hatten mehr als ein halbes Jahr gedauert. Der UNO-Sondervermittler für Syrien, Lakhdar Brahimi, reichte im Mai 2014 seinen Rücktritt ein, auch sein Vertreter in Syrien, Mokhtar Lamanai, zog sich zurück. Im Juli wurde Staffan de Mistura zum neuen UN-Sondervermittler ernannt.

Im Juni 2014 wurde Bashar al-Assad bei Wahlen erneut im Amt als Präsident bestätigt. Erstmals gab es drei Kandidaten. Wie andere europäische Regierungen verhinderte auch die Bundesregierung, dass in Deutschland lebende Syrer an der Wahl teilnehmen konnten. Zur Begründung hieß es, die Wahlen seien »demokratisch nicht legitimiert« und nur auf Basis der Genfer Vereinbarung durchzuführen. Diese Meinung werde auch von den Außenministern der EU (Sitzung vom 14.4.2014) vertreten. Im Libanon kam es zu einer Massendemonstration syrischer Flüchtlinge, die an den Grenzen oder in der Botschaft in Beirut ihre Stimme abgeben wollten.

Seit Juni 2014 wurden die Schlagzeilen über die Entwicklung in Syrien vom »Islamischen Staat im Irak und in der Levante« (ISIL bzw. ISIS, arabische Abkürzung: »Daesh«) bestimmt. Dieser hatte sich seit seinem Auftrittsdebüt in Syrien im Frühjahr 2013 in brutalen Kämpfen gegen andere bewaffnete Gruppen durchgesetzt, die nordsyrische Stadt Rakka zu seiner »Hauptstadt« erklärt und marschierte Anfang Juni 2014 in der nordirakischen Stadt Mossul ein. Stets hatte ISIL (Daesh) die syrischen und irakischen Ölfelder fest im Blick. Der andere starke Kampfverband blieb die Nusra-Front, die nach eigenen Angaben der al-Qaida-Ableger in Syrien sein soll. Daneben gibt es eine Art »Islamische Front«, in der verschiedene Kampfverbände zusammengeschlossen sind.

Das mörderische Auftreten von ISIL (Daesh) nutzten die »Freunde Syriens«, um einen neuen »Anti-Terror-Kampf« zu beginnen. Im September begannen Luftangriffe auf Syrien, die auch Anfang 2015 noch anhielten und die offiziell nicht mit der syrischen Regierung abgesprochen wurden. Man einigte sich darauf, eine angeblich »moderate bewaffnete Opposition« auszurüsten und zu trainieren, um gegen den »Islamischen Staat« zu kämpfen. Die Kämpfer selber allerdings wollen vor allem gegen die syrischen Streitkräfte vorgehen, um die Regierung in Damaskus zu stürzen. Alle Beobachter bestätigten allerdings, dass es »moderate bewaffnete Gruppen« in Syrien nicht mehr gibt. Kämpfer der »Freien Syrischen Armee« haben längst aufgegeben und lokale Waffenstillstände geschlossen. Andere haben sich – teilweise auch als Flüchtlinge nach Europa – abgesetzt. Wieder andere haben sich der Nusra-Front oder ISIL angeschlossen. Diese beiden Gruppen bezahlen und bewaffnen ihre Kämpfer dank mächtiger Geldgeber gut.

Wer diese Geldgeber sind, machte US-Vizepräsident Joe Biden Anfang Oktober 2014 bei einer Rede an der Universität Harvard klar. Das größte Problem der USA in Syrien seien ihre eigenen Verbündeten in der Region gewesen, so Biden. »Die Türken« seien wie »die Saudis, die Emirate usw. … so entschlossen (gewesen), Assad zu stürzen und einen sunnitisch-schiitischen Stellvertreterkrieg zu starten«, dass sie »Hunderte Millionen Dollar und mehrere Tausend Tonnen

Waffen in jeden gesteckt (haben), der gegen Assad kämpfen wollte. Nur dass die Leute, die sie ausgerüstet haben, al-Nusra und al-Qaida waren, und die extremistischen Typen von Gotteskriegern, die aus allen Teilen der Welt kommen.« Den USA sei es »trotz intensiver Suche« auch nicht gelungen, eine »moderate Mitte« in Syrien zu finden (mit der man hätte kooperieren können). »Die moderate Mitte besteht aus Geschäftsleuten, nicht aus Soldaten«, so Biden.

Politische Oppositionelle, wie die Gruppe »Den Syrischen Staat aufbauen« oder das »Nationale Koordinationskomitee für demokratischen Wandel in Syrien« werden in Europa weiter ignoriert. Mit den kurdischen Volksverteidigungskräften der Partei der Demokratischen Union (PYD) und ihrer politischen Perspektive wollen weder die EU noch die Türkei etwas zu tun haben. Nirgends zeigte sich das deutlicher als in der Grenzstadt Ain al-Arab (kurdisch: Kobanê), wo PYD-Einheiten sich seit Oktober 2014 gegen Angriffe des »Islamischen Staates« behaupten. Die Stadt wurde weitgehend zerstört, das zivil-gesellschaftliche Vorzeigeprojekt der Kurden, Rojava, wich einem erbitterten Krieg. Die Bundesregierung nutzte die mit dem Kampf der syrischen Kurden sympathisierende Öffentlichkeit, um Waffen und Militärberater an die kurdische Autonomieregierung im Nordirak unter Präsident Masud Barzani zu schicken. Die ist verbündet mit der Türkei und steht dem Projekt Rojava ablehnend gegenüber.

Durch unermüdliche Gespräche konnten lokale Versöhnungskomitees in Syrien im Laufe des Jahres 2014 mehr als 40 lokale Waffenstillstände und Vereinbarungen zwischen bewaffneten Gruppen einerseits und der Armee und der Regierung anderseits vermitteln. Die Bevölkerung in Syrien spürte derweil bitter die Kosten des Krieges. Die Preise haben sich binnen kurzer Zeit vervierfacht, die Arbeitslosigkeit stieg, Kinder arbeiten für die Familien, anstatt zur Schule zu gehen. Strom, Heizöl und Wasser sind knapp. Andauernde Anschläge auf die zivile Infrastruktur haben wirtschaftliche und ökologische Schäden in Milliardenhöhe verursacht.

Zu den Verlierern des Krieges gehört auch die Glaubwürdigkeit der Vereinten Nationen. Die friedenssichernde UN-Mission auf dem

Golan (UNDOF) wurde seit 2012 von der Nusra-Front angegriffen, Dutzende Blauhelmsoldaten wurden entführt. Mitte Oktober 2014 wurden die UNO-Soldaten nach 40 Jahren erfolgreicher Mission vom syrischen Teil der entmilitarisierten Pufferzone auf dem Golan evakuiert, nachdem die Nusra-Front erneut 40 Blauhelme entführt und einen Posten belagert hatte. Der Abzug von UNDOF machte den Weg frei für den Vormarsch der Kampfverbände. Diese kooperieren mit Israel, wie UNDOF-Berichte der letzten zwei Jahre belegten. Etwa 2.000 verletzte Kämpfer wurden zur medizinischen Behandlung in israelische Krankenhäuser gebracht. Manche kehrten nach ihrer Genesung zurück ins Kampfgebiet. Israelische Luftwaffe und Artillerie griff wiederholt zu Gunsten der Nusra-Front gegen die syrische Armee ein. Im Dezember 2014 flog die israelische Luftwaffe mehrere Angriffe im Umland von Damaskus, wohl wissend, dass die syrischen Streitkräfte sich auf einen anderen Kampf konzentrieren müssen, als auf den mit ihrem unfreundlichen Nachbarn.

Kurz vor Weihnachten 2014 veröffentlichte die UN-Organisation für humanitäre Hilfe (OCHA) einen neuen Spendenappell zur Unterstützung syrischer Flüchtlinge. 8,4 Milliarden US-Dollar werden für 2015 gebraucht, um 12,2 Millionen Menschen in Syrien, 7,6 Millionen Inlandsvertriebene und 3 Millionen Flüchtlinge in den Nachbarstaaten Syriens versorgen zu können. Bis Ende 2015 prognostizierte die UNO einen Anstieg der Flüchtlingszahlen um 25 Prozent.

Ende 2014 wurde eine neue Gesprächsinitiative bekannt, die von dem neuen UNO-Sondervermittler für Syrien, Staffan de Mistura, sowie von Russland und Ägypten vorbereitet worden war. Vertreter verschiedener Oppositionsgruppen, einschließlich der Partei der Demokratischen Union (PYD), die die syrischen Kurden repräsentiert, sagten ihre Teilnahme an den Gesprächen in Moskau zu. Kurz nach Weihnachten erklärte das syrische Außenministerium, auch die Regierung sei zu einem neuen Dialog mit denjenigen bereit, die an die Einheit und Souveränität Syriens glaubten. Ein Jahr nach den Genfer Gesprächen kam es damit Ende Januar 2015 in Moskau erneut zu Verhandlungen zwischen Vertretern der Opposition und der syrischen Regierung.

2015

Das Jahr 2015 begann für Syrien mit der Ankündigung aus Washington und Ankara, so genannte »moderate Rebellen« auszubilden. Die Ausbildung sollte gleichzeitig in der Türkei, in Jordanien, Katar und Saudi-Arabien beginnen, hieß es im türkischen Außenministerium. Offiziell sollte das Training für die ersten 5.000 Kämpfer im März 2015 beginnen und drei Jahre lang dauern. Insgesamt sollten 15.000 »moderate Rebellen« trainiert werden. Als Ausbilder sollten neben türkischen Militärs auch 400 US-Soldaten und Angehörige privater Sicherheitsfirmen eingesetzt werden. Der US-Kongress bewilligte 500 Millionen US-Dollar, um die Kosten für das erste Ausbildungsjahr zu tragen. Von Anfang an war der Auftrag für die geplante neue Truppe zwischen der Türkei und den USA strittig. Washington wollte, dass die neue Truppe ausschließlich den selbst ernannten »Islamischen Staat im Irak und in der Levante« im syrisch-irakischen Grenzgebiet bekämpfen sollte. Ankara wollte eine Truppe, die auch gegen die syrischen Streitkräfte und Präsident Bashar al-Assad kämpfen sollte.

Im Januar fanden kurz hintereinander zwei große Sondierungstreffen syrischer Oppositioneller statt. In Moskau kamen auf Einladung der russischen Regierung sowohl Oppositionelle als auch eine syrische Regierungsdelegation zusammen. Da die eingeladenen 30 Oppositionellen nicht einer Meinung waren, tagten sie zunächst zwei Tage lang, um sich auf gemeinsame Positionen zu einigen. Dann erst kam die Regierungsdelegation hinzu. Moskau übernahm die Moderatorenrolle. Vertreter der vom Westen unterstützten »Nationalen Koalition« (Etilaf) sagten ihre Teilnahme ab. Die Presse blieb außen vor. Die Oppositionellen einigten sich auf eine 10-Punkte-Erklärung (Syrianfreepress.net, 11.4.2015, vgl. www.youtube.com unter: »Points agreed upon at Moscow second consultative meeting«). Im Mittelpunkt standen die humanitäre Versorgung der Bevölkerung, die Freilassung von Gefangenen und der Erhalt staatlicher Institutionen, inklusive der syrischen Streitkräfte. Die Feststellung, dass »der Besitz von Waffen einzig dem Staat« zugestanden werden solle, stieß bei den kurdischen Oppositionellen (PYD) auf Kritik, wurde aber beibehalten.

Das 10-Punkte-Papier stellte die humanitäre Lage und vertrauensbildende Maßnahmen (seitens des Staates) in den Vordergrund. Das
Genfer Abkommen (Juni 2012) wurde lediglich in der Präambel genannt. Die libanesische Tageszeitung *As Safir*, die ausführlich über
das Treffen berichtete (29.1.2015), stellte dazu fest, dass die Realität
in Syrien nicht mehr der Situation des Sommers 2012 entspreche. Die
»Freie Syrische Armee« habe sich weitgehend aufgelöst, regionale
Einmischung (Türkei, Israel, Saudi-Arabien, Katar), al-Qaida und der
selbst ernannte »Islamische Staat« dominierten die Entwicklung. Wie
eine Umfrage der (damals noch in Syrien bestehenden) oppositionellen Gruppe »Den Syrischen Staat aufbauen« (27.1.2015) zeige, seien für
90 % der Befragten in Syrien »Freiheit, die Freilassung der Gefangenen
und die Lösung der humanitären Fragen« wichtiger als Fragen von
politischer Lösung und Verhandlungen, so *As Safir*. Das spiegle sich
in dem 10-Punkte-Papier wider. Die vorangestellte Präambel forderte, dass politische Lösungen für Syrien weiter auf Basis des Genfer
Abkommens angestrebt werden sollten. Alle Syrer, die das wollten,
sollten Partner im innersyrischen Dialog sein. Beim Umbau Syriens
in einen »zivilen demokratischen Staat« sollten die »Prinzipien der
Staatsbürgerschaft, Gleichberechtigung aller Syrer und zwischen Männern und Frauen« ebenso garantiert werden wie die ethnischen und
nationalen Rechte. Weiterhin solle der Kampf gegen Terrorismus bis
zu dessen Niederschlagung geführt und ausländische Interventionen
sollten gestoppt werden. Das zur Diskussion mit der Regierungsdelegation vorgelegte Papier wurde nicht verabschiedet, weil einige der
Oppositionsteilnehmer sich aus der Debatte zurückzogen. Trotz des
weiterhin tiefen Interessenkonflikts zwischen Teilen der Opposition
und der Regierung wurde ein weiteres Treffen vereinbart.

In Kairo (Ägypten) trafen sich ebenfalls Vertreter unterschiedlicher Oppositionsgruppen auf Einladung des Ägyptischen Rates für
Auswärtige Angelegenheiten (ECFA). Ausdrücklich nicht eingeladen
waren Mitglieder der Muslimbruderschaft, die die »Nationale Koalition« (Etilaf) dominieren. Diese hatte ihre Teilnahme als Organisation
wie schon zuvor in Moskau abgesagt. Allerdings kamen einzelne Mitglieder wie der ehemalige Etilaf-Präsident Ahmed Jarba, der Saudi-

Arabien nahesteht. Das Treffen in Kairo markierte – wie auch das Treffen in Moskau – den Aufbau einer neuen oppositionellen Positionierung. Anders als es bei der vom Westen, der Türkei und den Golfstaaten unterstützten »Nationalen Koalition« drei Jahre lang zu hören war, wurde weder in Moskau noch in Kairo als Bedingung für innersyrische Gespräche ein Rücktritt von Präsident Bashar al-Assad gefordert. Wie zuvor schon Moskau (und Teheran, mit wenig Erfolg) signalisierte nun das arabische Schwergewicht Ägypten eine vom Westen, der Türkei und den Golfstaaten unabhängigere Position zu Syrien. Die versammelten Oppositionellen suchten einen Verhandlungsweg mit der syrischen Regierung, um weiteres Blutvergießen zu vermeiden. Der Einfluss, den der Westen, die Türkei und die Golfstaaten durch die »Nationale Koalition« (Etilaf) bisher auf die Entwicklung des Krieges in Syrien genommen hatten, wurde dadurch eingedämmt. Das verabschiedete Kommuniqué der Kairo-Konferenz sprach von einem »historischen Kompromiss«, den man in Syrien schließen müsse. Es gebe weder Sieger noch Besiegte. Inhaltlich unterschied sich der Text kaum von der in Moskau erarbeiteten 10-Punkte-Erklärung. Beide Treffen waren ein Zeichen dafür, dass die Opposition, die das Blutvergießen durch Dialog mit der Regierung und durch politische Verhandlungen beenden will, nach Jahren im Abseits endlich Gehör fand.

Wirtschaft im Abwärtstrend

Die Ökonomie des Landes befand sich auch 2015 weiter im Abwärtstrend. Gezielte Sabotage von bewaffneten Gruppen, anhaltender Krieg und die Plünderung der Öl- und Gasressourcen vergrößerten die Zerstörung. Die Europäische Union verschärfte auch 2015 mehrere Male ihre Sanktionen gegen Syrien (vgl. Dokument der EU-Kommission: »Restrictive measures (sanctions) in force«, updated 15.1.2016, als pdf unter: http://eeas.europa.eu) und trug damit erheblich zu Armut und Arbeitslosigkeit in Syrien und einem gezielten »Brain Drain« (Abwanderung qualifizierter Fachkräfte und Akademiker) bei.

Gleichzeitig setzten verschiedene Wiederaufbaufonds ihre Arbeit fort, entwarfen Pläne und füllten ihre Kassen für die Zeit, in der die Kampfhandlungen in Syrien eines Tages eingestellt sein mögen.

Die Regierungen Deutschlands und der Vereinigten Arabischen Emirate (VAE) kontrollieren einen Syrischen Wiederaufbaufonds, der 2012 von »Freunden Syriens« eingerichtet worden war. Der Fonds wird inzwischen von der »Nationalen Koalition« verwaltet und koordiniert in Gaziantep (Türkei) humanitäre Maßnahmen für den Norden Syriens. Geholfen wird – nach eigenen Angaben – bei Projekten der Wasserversorgung, bei medizinischen Einrichtungen, Schulen und der Sicherung von Nahrungsmittelversorgung. Gebiete, die unter der Kontrolle der syrischen Kurden oder der syrischen Regierung stehen, sind von dieser »Wiederaufbauhilfe« (noch) ausgeschlossen.

Jenseits humanitärer Maßnahmen finanziert die Bundesregierung beispielsweise ein Interventionsprojekt der besonderen Art. Sie kommt für einen kleinen Taschenradiosender auf, der die syrische »Medienrevolution anspornen« soll. Die Nachrichtenagentur AP berichtete im Dezember 2015 von einer Gruppe »Journalisten und Technikfreaks«, deren »Waffe ein unscheinbarer schwarzer Kasten in der Größe eines Schuhkartons« sei. Damit könne »die Opposition« in Syrien Radiostationen unterhalten, die »in feindliches Territorium« ausstrahlten. Zum Jahreswechsel ging ein Gerät in den Provinzen Hama und Idlib auf Sendung (»Syrnet Radio Promo In Hama & Idlib«, www.mict-international.org). Das Gerät funktioniert mit einer Satellitenschüssel, einer Autobatterie und einer 1 m hohen Antenne und kann einen Radius von 5 km erreichen. Hinter der Idee steht die »Nonprofit«-Organisation »Medien in Zusammenarbeit und Übergang«, die bereits seit der US-Invasion 2003 im Irak tätig ist (www.mict-international.org/about). Eins ihrer medialen Flaggschiffe ist der Irak-Blog Niqash (www.niqash.org). Der »Rebellen-Sender« in Syrien soll bereits an neun Orten operieren, darunter auch an zwei Orten, die vom »Islamischen Staat« kontrolliert werden.

In Beirut hat die UN-ESCWA (Wirtschafts- und Sozialkommission für Westasien der Vereinten Nationen) eine »Nationale Agenda für die Zukunft Syriens« etabliert, an der auch Ökonomen und Unternehmer aus Syrien beteiligt sind (www.escwa.org.lb). Auch hier ist die Bundesregierung finanziell beteiligt. Stellvertretender ESCWA-Leiter ist der Wirtschaftsökonom Abdallah al-Dardari, der bis März 2011 als stellvertretender Ministerpräsident Syriens zuständig für Wirtschaft und Planung war.

In einem Gespräch mit der französischen Nachrichtenagentur AFP erklärte der Leiter des Syrien-Programms, Bassel Kaghadou (AFP: Syria's economy set back decades by brutal war, 18.1.2015), Syrien habe kriegsbedingt »Jahrzehnte« verloren: »Die Wirtschaft ist heute zurückgefallen auf den Stand der 1980er Jahre«. Aufgrund der Wirtschaftssanktionen und des Krieges hat die Regierung kaum noch Einnahmen und wird zunehmend abhängig von wirtschaftlicher Hilfe Irans und Russlands. Die Inflation sei zweistellig, sagt Kaghadou, die Hälfte der Bevölkerung arbeitslos, der internationale Handel sei »abgestürzt«. Syrien werde »nie wieder so sein, wie es war. Die Wirtschaftskraft wird geringer sein, auch die Bevölkerung.« Die westlichen Wirtschaftssanktionen gegen den (ausschließlich staatlich bzw. nicht vom »Islamischen Staat« kontrollierten) Öl- und gegen den Bankensektor hätten enormen Schaden angerichtet, die syrische Zentralbank und andere staatliche Banken seien international blockiert.

Brain Drain: Ober- und Mittelschicht verlassen das Land

Die syrische Mittelschicht verlässt das Land seit 2012, Familien verkaufen Eigentum, um zumindest ihren Söhnen den Weg nach Europa oder in andere Länder zu ebnen, damit diese dort ihre Ausbildung beenden oder Arbeit finden. Eine offensichtlich organisierte Fluchtwelle brachte 2015 Hunderttausende Syrer über das Mittelmeer nach Europa. Gerüchte wurden gestreut, die die Menschen in Bewegung versetzten. So erzählte man sich in Istanbul die gleiche Geschichte wie in Bagdad, wie die Autorin aus eigenen Telefonaten bzw. Korrespondenzen mit zwei jungen Männern erfuhr, die sich nicht kennen. Beide wollten wissen, ob es stimme, dass Deutschland Schiffe in die Türkei schicke, um Flüchtlinge nach Europa zu bringen. In nordirakischen und türkischen Flüchtlingslagern beobachteten Mitarbeiter humanitärer Hilfsorganisationen, dass die Menschen plötzlich in Scharen aufbrachen, »um nach Europa zu gehen« (Gespräche mit der Autorin). Die türkischen Grenztruppen waren auf einmal offenbar angehalten, wegzusehen, wenn Flüchtlinge versuchten, nach Europa zu gelangen.

Das beschrieb eine Reportage der *Deutschen Welle* über die »Goldküste des Mittelmeers«, den Hafen von Mersin. Dort boten Schmuggler Überfahrten nach Europa für knapp 5.000 Euro an. Vor der Polizei brauche man keine Angst zu haben, so ein Schmuggler. (»Human trafficking in Mersin«, www.dw.com, 13.1.2015). Einem BBC-Bericht zufolge verkaufte eine französische Honorarkonsulin in der südtürkischen Stadt Bodrum in ihrem Geschäft ungehindert Schlauchboote und Rettungswesten an Flüchtlinge, die auf eine griechische Insel übersetzten wollten. (»French honorary consul sold boats to migrants in Turkey«, www.bbc.com, 11.9.2015) Die Balkanroute ist zudem hinreichend als Schmuggelroute für Drogen aus Afghanistan, Iran und der Türkei bekannt. Einfache Menschen haben davon keine Kenntnis und sind daher auf das Wissen von Personen oder Institutionen angewiesen, die über diese Kenntnis verfügen. Von dem Geschäft mit den Flüchtlingen profitieren auch Transport- und Tourismusunternehmen. Aus Damaskus fuhren im September 2015 täglich Busse in den Libanon, von wo die Reisenden per Flugzeug nach Istanbul oder per Schiff nach Mersin transportiert wurden. (Karin Leukefeld, neues deutschland, 7.9.2015)

Daneben boomt das Geschäft mit der Not der Menschen auch im Bereich der privaten humanitären Hilfe. Nach Angaben des UN-Hilfswerks für Flüchtlinge waren Ende 2015 in Syrien 6,6 Millionen Menschen als Inlandsvertriebene und 4,39 Millionen als Flüchtlinge in Flüchtlingslagern der Nachbarstaaten Irak, Türkei, Libanon und Jordanien registriert. Die Zahl der Menschen, die in Syrien auf Hilfe angewiesen waren, wurde mit 13,5 Millionen angegeben.

Wenig Aufmerksamkeit fand allerdings die Tatsache, dass entgegen vorheriger Zusagen viele Geberländer ihre Zahlungen an die Hilfsorganisationen der Vereinten Nationen 2015 drastisch reduzierten. Das Welternährungsprogramm (WFP) hatte schon im Herbst 2014 darauf hingewiesen, dass infolge ausbleibender Spenden die Nahrungsmittelhilfe reduziert werden müsse. Ein Jahr später, im September 2015, legte das WFP Zahlen vor. Die USA reduzierten demnach ihre Hilfe von über 2,2 Milliarden US-Dollar (2014) um mehr als 30 Prozent auf rund 1,3 Milliarden US-Dollar. Auch Großbritannien fuhr seine Unterstützung um fast ein Drittel herunter. Deutschland, das 2014 mit über 301 Millionen US-Dollar geholfen hatte, überwies 2015 lediglich etwas mehr als 143 Millionen US-Dollar. Saudi-Arabien, das zu den finanzstärksten Unterstützern islamistischer Kampfgruppen in Syrien gehört, hatte dem Welternährungsprogramm 2013 noch über 21 Millionen US-Dollar überwiesen. Im Jahr 2015 war bis September kein einziger Dollar eingegangen. Auch Österreich und Ungarn zahlten 2015 nichts in das WFP-Programm für Syrien ein. Insgesamt reduzierten bis auf die Niederlande alle EU-Staaten 2015 ihre Zahlungen an das WFP – zumeist in drastischem Ausmaß.

Das UN-Flüchtlingskommissariat (UNHCR) stellte fest: »Hilfsprogramme für Flüchtlinge und die Aufnahmegesellschaft leiden an chronischer Unterfinanzierung. Der Hilfsplan für 2015 (Syrian Regional Refugee and Resilience Plan, 3RP) ist nur zu 41 Prozent finanziert. Dies hat sich dramatisch in Kürzungen der Lebensmittelrationen niedergeschlagen, und Flüchtlinge, die Rationen bekommen, müssen von ca. 0,45 – 0,50 US-Dollar am Tage leben. Viele Flüchtlinge in Jordanien haben dem UNHCR berichtet, dass diese Kürzungen der letzte Anstoß waren, das Land zu verlassen. Die sinkende humanitäre Hilfe wurde sowohl von Flüchtlingen im Irak, in Jordanien, im Libanon und in Ägypten als Grund für ihre Hoffnungslosigkeit und als Auslöser für eine Entscheidung, nach Europa zu gehen, angegeben.« (UNHCR, 25.9.2015) Zwischen August und Oktober 2015 kehrten allein aus Jordanien täglich über hundert Menschen nach Syrien zurück. (»Desperate Syrian refugees return to war zone«, www.bbc.com, 12.10.2015)

Frontverläufe

Die mediale Aufmerksamkeit konzentrierte sich 2015 weitgehend auf die militärischen Entwicklungen in Syrien.

Am Anfang des Jahres standen die heftigen Kämpfe der kurdischen Selbstverteidigungskräfte, die seit September 2014 einen mörderischen Kampf mit dem »Islamischen Staat« um die wichtige syrisch-türkische Grenzstadt Kobanê (arabisch: Ain al-Arab) ausfochten. Flankiert von militärischer Unterstützung durch Eliteeinheiten

kurdischer Peschmerga aus den kurdischen Autonomiegebieten des
Nordirak und Angriffen der US-Luftwaffe, konnten die kurdischen
Einheiten die Islamisten Ende Januar zurückdrängen. Kobanê lag in
Trümmern.

Im Juni konzentrierten sich die Kämpfe zunehmend auf die strategisch wichtigen Transportrouten und Grenzübergänge zwischen Aleppo und Hasaka im Nordosten Syriens. Akteure waren im Wesentlichen
die kurdischen Selbstverteidigungskräfte bzw. Volksverteidigungsein-
heiten (YPG/YPJ), die zunehmend mit syrischen bewaffneten Gruppen und westsyrischen arabischen Stammesverbänden kooperierten,
die ihre Interessen durch vorrückende Einheiten der Nusra-Front (al-
Qaida) oder des »Islamischen Staates« gefährdet sahen. Die syrisch-
kurdischen Kräfte, die mit Verbänden der Arbeiterpartei Kurdistans
(PKK) kooperieren, halfen zudem neu aufgestellten jesidischen Einheiten im Nordirak. Dort rückten zudem assyrisch-christliche Kampfverbände neu ins Bild, die aus den USA unterstützt werden.

Die kurdischen Einheiten schlossen sich im Herbst mit arabischen
und religiösen (assyrischen) Kampfgruppen zu einer neuen Allianz
unter dem Namen »Demokratische Kräfte Syriens« (Syrian Democra-
tic Forces, SDF) zusammen, was ihnen weiterhin die Unterstützung der
US-Luftwaffe sicherte. Anfang Dezember berichteten verschiedene
türkische, arabische und iranische Medien, ein bisher landwirtschaftlich genutzter Flughafen bei Rimelan in der nordwestsyrischen Provinz
al-Hasaka werde von US-Militär ausgebaut. (»US Building Military
Airbase in Northeastern Syria«, www.globalresearch.ca, 5.12.2015) In
Rimelan gibt es eine starke Präsenz der syrisch-kurdischen Bewegung,
wie ein Delegationsbericht von Internationalisten aus dem Jahr 2014
beschreibt (www.nadir.org, 20.5.2014). In der Umgebung liegen wichtige Ölfelder.

Die Allianz der US-Streitkräfte mit den »Demokratischen Kräften
Syriens«, bei denen die Kurden eindeutig die stärkste Kraft stellen,
stärkte das kurdische Autonomiestreben im Norden Syriens und pro-
vozierte in der Türkei eine aggressive Militäroffensive sowohl gegen
die PKK als auch gegen die kurdischen Einheiten in Nordsyrien.
Gleichwohl konnten die syrischen Kurden ihren Einflussbereich in

den syrischen Grenzgebieten zum Nordirak (Hasaka) sowie westlich in Richtung Aleppo ausweiten. Die Kurden nennen die Region »Rojava« (das bedeutet »Westen«, bezeichnet also den westlichen Teil des kurdischen Siedlungsgebiets). Ende Dezember 2015 wurde bekannt, dass die kurdischen Kampfverbände und die »Demokratischen Kräfte Syriens« mit Unterstützung von US-Luftangriffen die IS-Kampfverbände vom Tischrin-Damm am strategisch wichtigen Euphrat vertreiben und den Damm einnehmen konnten. (»Syrian Kurds take strategic dam from ›Islamic State‹«, www.dw.com, 26.12.2015)

Im März 2015 überfiel eine »Armee der Eroberung« (Jaish al-Fatah) mit Tausenden Kämpfern von der Türkei her kommend die nordwestsyrische Provinz Idlib. Ausgerüstet mit modernen TOW-Raketen (lenkbare Panzerabwehrraketen) und unterstützt von der türkischen Artillerie, besetzten sie die Provinzhauptstadt Idlib, die syrischen Streitkräfte zogen sich zurück. Die Eroberungsarmee war die Antwort der Türkei, Saudi-Arabiens und Katars auf den Versuch der USA, ausgewählte »moderate Rebellen« für den Kampf gegen den »Islamischen Staat« auszubilden. Weil es den genannten regionalen Akteuren nicht schnell und entschieden genug voranging und sie Truppen wollten, die vor allem gegen die nationalen syrischen Streitkräfte kämpfen, um den syrischen Präsidenten Bashar al-Assad zu stürzen, warben sie Söldner an, finanzierten und bewaffneten die »Armee der Eroberung« und schickten sie in den Krieg. Der für die Ausbildung »moderater Rebellen« zuständige US-Generalmajor Michael Nagata trat aus Protest zurück. Später im Jahr stellte die US-Armee das Programm ein.

Ebenfalls im März 2015 besetzten Kampfgruppen der so genannten »Südfront«, darunter auch die Nusra-Front, den syrisch-jordanischen Grenzübergang Nassib. Syrien schloss daraufhin die Grenze nach Jordanien. Der noch immer vorhandene grenzüberschreitende Gütertransport wich auf einen kleinen Grenzübergang in die östlich von Nassib gelegene Provinz Sweida aus.

Im Mai zogen Kämpfer des »Islamischen Staates« in Tadmur ein. Das ist die Stadt, die neben der historischen Wüstenstadt Palmyra liegt. Unter dem Schutz der syrischen Armee, die sich zurückziehen musste, flohen Tausende Menschen durch die Wüste nach Homs. Im

Theater des Weltkulturerbes Palmyra inszenierte die islamistische Kampfgruppe die Hinrichtung von staatlichen Angestellten und Soldaten der syrischen Armee, die sie gefangen genommen hatten. Das berüchtigte Gefängnis Tadmur war von der syrischen Regierung schon früher geräumt worden. Im August wurde der langjährige Leiter der Antikenbehörde von Palmyra, Khaled al-Assad, vom »Islamischen Staat« gefoltert und ermordet.

Etwa zeitgleich mit dem Einmarsch des »Islamischen Staates« in Palmyra wurde ein Bericht des US-Militärgeheimdienstes (DIA) von August 2012 bekannt. (Siehe Anhang, Dokument 3) Darin ist belegt, dass die Türkei, der Westen und die Golfstaaten das Erstarken islamistischer Kampfgruppen in Syrien gefördert haben, um die Regierung von Präsident Bashar al-Assad zu stürzen. Damit sollte der »iranische Einfluss« zurückgedrängt werden. Drei Jahre lang hatten die genannten Staaten zugesehen und akzeptiert bzw. gefördert, dass die Islamisten immer stärker wurden und westliche Waffenlieferungen letztlich in ihre Hände fielen.

Russland greift ein

Die Schwächung der syrischen Streitkräfte – unbestätigten Angaben zufolge hat die Armee etwa ein Drittel ihrer Soldaten durch Tod oder Kriegsversehrtheit verloren – führte Ende September 2015 zum Eingreifen der russischen Luftwaffe. Präsident Wladimir Putin erklärte, der Einsatz erfolge auf Bitte der syrischen Regierung und solle den Präsidenten sowie »die legitime Armee Syriens« im Kampf gegen den »Islamischen Staat« stärken. Ziel der Angriffe waren demnach Stellungen von islamistischen Kampfgruppen, Waffenlager und Nachschubwege. Dabei sah die Türkei – im Nordwesten Syriens – ihre eigenen Interessen offenbar so sehr gefährdet, dass sie am 24. November einen der russischen Kampfjets abschoss. Die beiden russischen Piloten konnten sich zwar mit dem Fallschirm retten, doch einer wurde, noch während er in der Luft war, von turkmenischen Kampfgruppen erschossen. Diese turkmenische Einheit, deren Stellungen und Nachschubwege von der russischen Luftwaffe unter Beschuss genommen worden waren, war nach Angaben arabischer Medien von US-Militärs ausgebildet worden. (*Al Mayadeen*, vgl. »US Special Forces Allegedly Start Training Rebels in Syria«, sputniknews.com/middleeast, 4.11.2015) Sie seien von der türkischen Regierung mit der Sicherung von Nachschubwegen und von Grenz- übergängen beauftragt worden und kooperierten mit dem türkischen Geheimdienst MIT.

EU-Staaten im syrischen Krieg
Unter Berufung auf die Anschläge in Paris (13. November) beschlos- sen die Regierungen von Frankreich, Deutschland und Großbritan- nien Anfang Dezember 2015, sich dem Krieg in Syrien militärisch anzuschließen. Wie die von den USA geführte so genannte Anti-IS- Koalition haben auch die genannten europäischen Staaten dafür kei- ne Erlaubnis der syrischen Regierung eingeholt. Sie bestehen weiter- hin darauf, dass diese – allen voran der syrische Präsident Bashar al-Assad – abtreten müsse.

Der UN-Sondervermittler Staffan de Mistura intensivierte derweil seine Bemühungen um eine politische Lösung in Syrien. Möglich wur- de das, weil die USA und Russland sich dahingehend geeinigt hatten. Mit deren Unterstützung und Zustimmung wurden Arbeitsgruppen eingerichtet, in denen syrische Oppositionelle und Regierungsvertre- ter über verschiedene Themen diskutieren sollten. Bei Gesprächen in Wien kamen – ohne syrische Beteiligung – die Außenminister von 17 Staaten sowie der EU und der Arabischen Liga zusammen, um über das Schicksal Syriens zu entscheiden. (Siehe Anhang, Do- kument 2) Formuliertes Ziel war der Start innersyrischer Gespräche Anfang 2016, die von einem landesweiten Waffenstillstand gestärkt werden sollten. Die Türkei, Katar und Saudi-Arabien versuchten wei- ter, den politischen Prozess zu dominieren und stellten bei einer Op- positionskonferenz in Riad Mitte Dezember eine Verhandlungsdele- gation zusammen. Russland und der Iran protestierten. Die syrischen Kurden (PYD), die »Demokratischen Kräfte Syriens« und andere Oppositionelle hielten parallel eine eigene Konferenz ab. De Mistura erhielt die Aufgabe, die Verhandlungsdelegation der syrischen Oppo- sition zusammenzustellen.

In Syrien wurden derweil weitere lokale Waffenstillstände beschlossen. Mitte Dezember zogen sich bewaffnete Gruppen aus dem Vorort Al Waer in Homs zurück. Auch der Konflikt um Zabadani/Madaya bei Damaskus (von der syrischen Armee und der Hisbollah unter Druck) und Kefraya/Al Fouah bei Idlib (von bewaffneten Gruppen der »Armee der Eroberung« belagert) schien trotz vieler Stolpersteine durch ein Dreistufenabkommen gelöst zu werden. Der Tod des Anführers der »Islamischen Armee«, Zahran Allousch, durch einen Angriff der syrischen Luftwaffe schwächte die Kampfgruppen im Osten von Damaskus (Ghouta).

Die Rufe der »Freunde Syriens« nach dem Rücktritt des syrischen Präsidenten Bashar al-Assad wurden im Laufe des Jahres leiser. Grund dafür war die Ausweitung der Aktionen des »Islamischen Staates«, der immer deutlicher auch westliche Interessen und die Interessen der Golfstaaten, besonders Saudi-Arabiens, ins Visier nahm. Die Zahl der ausländischen Kämpfer bei den islamistischen Truppen in Syrien und Irak wurden 2015 mit mehr als 20.000 angegeben (International Center for the Study of Radicalisation, www.icsr.org; King's College London). Die meisten davon kamen aus Tunesien (3.000) und Saudi-Arabien (2.500). Jordanien, Marokko und Russland lagen einer Untersuchung der kanadischen Zeitung *National Post* zufolge (»Foreign fighters still flocking to Syria, Iraq«, nationalpost.com) mit jeweils 1.500 auf den Plätzen drei bis fünf der Herkunftsländer. Auf den nächsten Plätzen lagen Frankreich (1.200), Libanon (900) und Deutschland (600).

Mit dem Eingreifen Russlands in den Krieg wurde in westlichen Medien und von westlichen Politikern offen darüber gesprochen, den Kampf gegen die Islamisten zusammen mit Bashar al-Assad und der syrischen Armee anstatt gegen sie zu führen. Selbst Bundeskanzlerin Angela Merkel hatte eingeräumt (24.9.2015), dass »mit vielen« gesprochen werden müsse, wenn der Krieg in Syrien beendet werden solle, »auch mit Präsident Assad«. Ähnlich äußerte sich der französische Außenminister Laurent Fabius. Widerstand gegen diesen Meinungswechsel gab es vor allem von der vom Westen anerkannten oppositionellen »Nationalen Koalition« und deren Fürsprechern in Medien und

Politik. Diese beharrten darauf, dass Präsident Assad der »Schöpfer« des »Islamischen Staates« sei. Letzterer könne nur besiegt werden, wenn Assad weg sei.

Zur Stimmung in Syrien

In Syrien sehen das viele Menschen anders, wie eine Umfrage der britischen Firma ORB International herausfand. Diese hatte im Juni und Juli 2015 Einwohner aus allen 14 syrischen Provinzen befragt, von denen die meisten der Ansicht waren, in ihrem Land zukünftig wieder in Frieden zusammenleben zu können. (www.opinion.co.uk/index.php) Wer der oder die Auftraggeber waren, blieb unklar. ORB International arbeitet nach eigenen Angaben sowohl für Regierungen, nationale und internationale Organisationen, Firmen und Medien als auch für politische Parteien und religiöse Gruppen.

65 Prozent der befragten Syrer hielten es demnach für »sehr bzw. ziemlich wahrscheinlich, dass sie ihre Probleme überwinden und wieder zusammenleben« können. Die Aufteilung ihres Landes in autonome oder föderale Gebiete wurde von 70 Prozent abgelehnt. Die Meinung über die seit einem Jahr andauernden Luftangriffe der von den USA geführten »Anti-IS-Koalition« war gespalten: 49 Prozent der Befragten lehnen sie den Angaben zufolge ab, während sich 47 Prozent dafür aussprachen. 57 Prozent waren der Meinung, dass sich die Dinge in ihrem Land in die falsche Richtung entwickelten. Nur 21 Prozent geben an, ihr jetziges Leben sei besser als zu der Zeit, als die Regierung von Präsident Baschar al-Assad dort, wo sie lebten, die Kontrolle hatte. 40 Prozent betonten dagegen, ihr Leben sei vor vier Jahren besser gewesen, während 35 Prozent angaben, es habe sich wenig geändert. Die Meinungen wichen stark voneinander ab, je nach Region, in der die Menschen lebten. 22 Prozent sagten, der »Islamische Staat« habe einen positiven Einfluss auf ihr Leben, während 81 Prozent sich gleichzeitig überzeugt zeigten, dass der IS von den USA geschaffen worden sei. 51 Prozent meinten zudem, dass in Syrien der »IS nur dann beseitigt werden kann, wenn auch die anderen Probleme gelöst werden«. Parallel zu Syrien hatte ORB International auch eine Umfrage im Irak mit ähnlichen Fragen durchgeführt. ORB-Direktor

Johnny Heald betonte, auch wenn sich die Lage in Syrien verschlechtert habe, ziehe eine eindeutige Mehrheit der Befragten eine politische
Lösung einer militärischen vor. Gleichzeitig sei klar geworden, dass
»Irak und Syrien nicht isoliert voneinander gesehen werden« könnten. »Der IS im Irak wird nicht geschlagen werden können, ohne dass
die Probleme in Syrien gelöst« würden.

Ohne regionale oder internationale Einmischung seien die Syrer
sehr wohl in der Lage, ihre Differenzen zu lösen, erklärte ein arabischer Diplomat in Damaskus (im Gespräch mit der Autorin). Doch
dem Wunsch der Syrer nach Frieden 2016 stehen andere Entwicklungen entgegen. Die NATO konzentriert immer neue Verbände
im östlichen Mittelmeer und in der Türkei. Und unter der Führung
Saudi-Arabiens ist in Kooperation mit dem NATO-Mitglied Türkei
eine neue Militärallianz entstanden.

2.
Die Lage in Syrien

Zur nationalen und internationalen Ebene des Konflikts

Als im März 2011 die Proteste in Syrien begannen, hatte das Land eine Fülle von innenpolitischen Problemen, die sich über Jahre und Jahrzehnte hin angehäuft hatten.

Britische und französische Begehrlichkeiten hatten mit dem Sykes-Picot-Abkommen (1916) die arabischen Provinzen des zerfallenden Osmanischen Reiches untereinander in »Interessenssphären« und »Mandatsgebiete« aufgeteilt und neue Grenzen gezogen. Mit der Balfour-Erklärung (1917) gestand Großbritannien der Zionistischen Weltorganisation (WZO) eine »jüdische Heimstatt in Palästina« zu. Die einzige Befragung der Bevölkerung der betroffenen Region wurde von der King-Crane-Kommission im Auftrag des damaligen US-Präsidenten Woodrow Wilson durchgeführt. Die von der Kommission gesammelten Erkenntnisse ergaben, dass die britisch-französischen Pläne deutlich abgelehnt wurden. 60 Prozent der eingereichten Petitionen lehnten ein französisches Mandat ab. Die Ergebnisse der Untersuchung wurden bei der Pariser Friedenskonferenz (1919) nicht berücksichtigt.

Im Laufe seiner Mandatszeit (1922–1946) hinterließ Frankreich deutliche Spuren. Zunächst wurde der Libanon von Syrien abgetrennt, später das Verwaltungsgebiet Alexandrette an die Türkei übergeben, die daraus die türkische Provinz Hatay machte. Frankreich versuchte, Syrien in weitere Kleinstaaten zu zersplittern: im Süden sollte ein Drusenstaat entstehen, an der Mittelmeerküste ein Staat der Alawiten. Aleppo sollte abgespalten und Damaskus als Rumpfstaat bestehen bleiben. Die Syrer wehrten sich, die französische Mandatszeit war geprägt von Aufständen und bewaffneten Auseinandersetzungen mit der Mandatsmacht. Mehrfach bombardierte die französische Luftwaffe das Drusengebiet im Süden, auch Viertel in Damaskus und selbst das syrische Parlament blieben von Luftangriffen nicht verschont. Die Mandatsmacht löste gewählte Regierungen auf und verhaftete Politiker, Widerstand wurde gnadenlos verfolgt. 1943 endete die Mandatszeit, doch erst 1946 erzwangen die Briten schließlich durch ihr Eingreifen den Abzug der Franzosen.

Es folgten unruhige innenpolitische Jahre mit Putschen, politischen Morden und einer schwierigen staatlichen Allianz mit Ägypten unter Gamal Abdel Nasser (1958–1961). Die Vereinigte Arabische Republik zerbrach nach drei Jahren, in Syrien putschte sich die Baath-Partei an die Macht. 1970 setzte sich Hafez al-Assad mit einer »Korrektur-Bewegung« als Ministerpräsident durch, 1971 ließ er sich durch eine Volksabstimmung als Präsident bestätigen. Im Sechs-Tage-Krieg 1967 hatte Syrien die fruchtbaren Golanhöhen verloren, die Israel völkerrechtswidrig besetzte und 1981 annektierte. Es folgten ein weiterer Krieg 1973, der Bürgerkrieg im Libanon (1985–2000) und – ebenfalls in unmittelbarer Nachbarschaft – drei große Kriege im Irak (1980–88, 1991, 2003).

Syrien gehörte der Bewegung der Blockfreien an, hatte aber enge Beziehungen zur Sowjetunion. Als Hafez al-Assad im Jahr 2000 starb, war die bipolare Weltordnung aufgelöst, die Sowjetunion gab es nicht mehr. Im Widerspruch zu den USA als verbliebener Weltmacht strebten nun die BRICS-Staaten (Brasilien, Russland, Indien, China, Südafrika) als aufstrebende als neue Regionalmächte eine multipolare Weltordnung an. Mit allen BRICS-Staaten verband Syrien eine gute Partnerschaft.

Für den politisch noch unerfahrenen Präsidenten Bashar al-Assad galt es, das Land neu auszurichten, das von seinem Vater wirtschaftlich und militärisch eng an die Sowjetunion angebunden worden war. Bashar al-Assad versprach wirtschaftliche und politische Reformen. Internet, Satellitenfernsehen, Mobiltelefone und Bankautomaten wurden eingeführt. Assad löste Milizen der Geheimdienste auf, ließ die Privatisierung im Bildungsbereich und die Öffnung internationaler

Banken zu. Er öffnete das Land für ausländische Investoren und führte marktwirtschaftliche »Reformen« ein. Syrien suchte ein gutes Verhältnis mit den EU-Staaten, ohne die langjährigen Bündnispartner Iran (seit 1979) und Russland (als Nachfolgestaat der Sowjetunion) fallen zu lassen. Syrien fühlte sich stark, einen neuen, friedenspolitischen Weg in der Region zu gehen. Dazu gehörten auch (geheime) Friedensverhandlungen mit Israel. Die wurden abgebrochen, als Israel 2008/09 erneut einen Krieg gegen den Gazastreifen eröffnete. Die notwendige politische Umbruchphase – einschließlich einer Neuordnung des breit gefächerten Machtapparates, der Syrien 40 Jahre lang zusammengehalten hatte – konnte Bashar al-Assad weder vertiefen noch fortsetzen. Die innenpolitischen Proteste wurden durch regionale und internationale Einmischung verschärft, Syrien wurde zum blutigen Austragungsort eines vielschichtigen Stellvertreterkrieges.

Die nationale Ebene des Konflikts

Die innenpolitischen Probleme in Syrien hatten sich über Jahrzehnte entwickelt, sie hatten politische, vor allem aber auch wirtschaftliche Ursachen. Es gab das Stadt-Land-Gefälle, das der syrisch-französische Soziologe Yousef Courbage (im Interview mit der Autorin, Juni 2012) so beschrieb:

Ich war beeindruckt von der sichtbaren Modernisierung in Orten wie Sweida, Lattakia, in der Gebirgsregion am Mittelmeer, wo viele Alawiten leben. Ganz anders als das Zentrum von Damaskus, wo die Mehrheit der Frauen verschleiert ist. In den Bergen oder in den christlichen Vierteln von Damaskus sehen Sie die Mädchen mit Bluejeans, mit offenem Haar, das spiegelt sich in den demographischen Indikatoren Syriens wider. Ich hatte den Eindruck, dass es in Syrien eine Gesellschaft auf zwei verschiedenen Ebenen der Modernisierung gibt. Diejenigen, die dem Machtapparat nahestehen, haben am ehesten Zugang zur Modernisierung und zu allem, was dazu gehört: Bildung, Gesundheitsversorgung, Straßen, Strom, Wasser. Auf der anderen Ebene gibt es einen

großen Teil der Bevölkerung, der außen vor bleibt. Es gibt eine Gesellschaft, die sich unterschiedlich schnell entwickelt. Die große Mehrheit der Bevölkerung lebt noch immer in einer Art altertümlichem
System. Wir finden hohe Geburtsraten in den Provinzen von Aleppo
oder Deir Ezzor im Osten des Landes. Aber in den alawitischen oder
in den drusischen Bergen oder bei den Christen haben wir eher eine
europäische demographische Entwicklung. Das verschärft natürlich
die Spannungen.

Es gab Probleme in den Randgebieten der Badia, der Wüstenregion,
die traditionell von Nomaden- und Beduinenstämmen beansprucht
wurde. Diese zogen mit ihren Viehherden vom Nordirak über Syrien und Jordanien bis tief in den Süden der arabischen Halbinsel
und standen in ständigem Konflikt mit jenem Teil der Bevölkerung,
der in festen Dorfgemeinschaften lebt und das Land kultiviert. Besonders deutlich zeigt sich der Konflikt bis heute in der südlichen Region
von Sweida, wo mehrheitlich Christen und Drusen leben. Beduinen,
die durch Sweida nach Jordanien ziehen, betrachten die Drusen, die
im 17. Jahrhundert ursprünglich aus dem Libanon kamen, bis heute
als Eindringlinge und zerstören immer wieder, was diese aufgebaut
haben oder anbauen. Seit Beginn des 19. Jahrhunderts nahm die –
freiwillige oder von den jeweiligen Machthabern unterstützte – An-
siedlung der Beduinen entlang des Euphrats, um Aleppo und in Zen-
tralsyrien zu. Auch die französische Mandatsmacht versuchte, die
Beduinen zu integrieren. Unter Präsident Hafez al-Assad wurden den
Beduinenstämmen Häuser, Schulen und Krankenhäuser gebaut. Mit
wirtschaftlichen Perspektiven versuchte man sie anzusiedeln, Vertreter der Stämme wurden in den Machtapparat integriert, um ihr Interesse am syrischen Staat zu fördern.
   Ein weiteres Problem in Syrien 2011 war die enorme Landflucht,
die durch langanhaltende Dürren und Trockenheit (2000–2008) ausgelöst worden war. Für das Agrarland Syrien hat Wasser eine existen-
zielle Bedeutung. Gesichert war die Versorgung durch die Wasserspeicher in den Bergen der Küstenregion und auf den Golanhöhen sowie
im Norden und Osten Syriens durch das Euphrat-Tigris-Becken. An-

fang der 1980er Jahre machte sich das die Türkei zunutze. Mit ihrem gigantischen Südostanatolien-Projekt (GAP) sicherte sie sich durch den Bau von Staudämmen und Wasserkraftwerken die Kontrolle über die beiden großen Wasserströme in der Region, Euphrat und Tigris. Beide Flüsse haben ihre Quellen in den kurdischen Gebieten im Südosten der Türkei und speisen das Euphrat-Tigris-Becken. Die Türkei kontrollierte durch Staudämme die Durchlaufmenge des Wassers und setzte so das »blaue Gold« als Druckmittel gegen Damaskus ein. Dort hatte die Arbeiterpartei Kurdistans (PKK) Zuflucht gefunden, die seit 1984 einen bewaffneten Kampf um kurdische Selbstbestimmung in der Türkei führte. In einem Lager in der Bekaa-Ebene, die unter Kontrolle Syriens stand, konnte die PKK ihre Kämpfer und Kämpferinnen ausbilden und in die Türkei schicken.

Die große Landflucht war aber vor allem durch anhaltende Trockenheit ausgelöst worden. Bauern konnten ihre Felder nicht mehr bewässern, das Vieh hatte nicht genug zu trinken. Zwischen 1998 und 2001 mussten knapp 330.000 Personen ihren Viehbestand töten (Middle Eastern Studies Nr. 50/2014). Die nächste Dürre (2006– 2011) schädigte die nordöstlichen Provinzen Deir Ezzor, Hasakeh und Rakka. Weizen- und Getreideernten gingen zurück, Schädlinge und Krankheiten traten auf. Wegen der Umstellung der Wirtschaft und damit verbundenen Forderungen von EU-, IWF- und Weltbankprogrammen musste Syrien Subventionen im Agrarbereich abbauen. Das betraf vor allem Heizöl, das für Wasserpumpen und landwirtschaftliche Maschinen gebraucht wurde, und Dünger. Im Parlament wurde die Maßnahme massiv kritisiert, ohne Erfolg. Familienbetriebe mussten die Arbeit einstellen, ganze Dörfer wurden verlassen, rund 300.000 Menschen wanderten erneut in Richtung der Städte. Erstmals bat die syrische Regierung das Internationale Komitee vom Roten Kreuz (IKRK) um Hilfe bei der Wasserversorgung der ländlichen Bevölkerung. Nach UNO-Angaben sollen im Zeitraum zwischen 2008 und 2011 etwa 1,3 Millionen Menschen von der Dürre betroffen gewesen sein (Middle Eastern Studies, Nr. 50/2014).

Landflucht bedeutete, dass Großfamilien und die Bevölkerung ganzer Dörfer ihre Felder aufgeben mussten und in die Randgebiete der

Großstädte zogen, wo sie auf Arbeit hofften. Vorstadtgürtel entstanden für die zuströmende Landbevölkerung um Deir Ezzor und Aleppo, um Homs und Damaskus. Die schwierige Lage wurde durch den anhaltenden Bevölkerungszuwachs verschärft. Die Einwohnerzahl des Landes stieg in nur 30 Jahren von knapp 5 Millionen Menschen (1960) auf 12,5 Millionen (1990) um das Zweieinhalbfache an. 2010 hatte Syrien schon 21,5 Millionen Einwohner, von denen mehr als 50 Prozent im Alter zwischen 15 und 45 Jahren waren. Die Regierung konnte in den Vorstädten Häuser, Schulen und Krankenhäuser bauen, doch es fehlte an Arbeitsplätzen. Die neuen, engen Beziehungen zur Türkei und die Öffnung des syrischen Marktes für türkische Produkte führten viele Familien- und Kleinbetriebe in der Möbel- und Textilherstellung in die Pleite, Arbeitslosigkeit und Armut stiegen an.

In Abwesenheit staatlicher Hilfen sorgten sich die Moscheen in den Vororten um die verarmten Familien. Durch die Privatisierung von Bildungseinrichtungen konnten Religionsschulen öffnen, was von der säkular orientierten Mittelklasse und von Frauenverbänden scharf kritisiert wurde. Moscheen und Religionsschulen sollten 2011 eine wichtige Rolle bei der Mobilisierung der Protestbewegung spielen. Ermutigt durch die neue Regierungslinie wurden alte Moscheen, die zuvor Kunstgewerbebetrieben oder Museen Platz geboten hatten, wieder in Gotteshäuser verwandelt. In den Vororten und selbst in der Damaszener Altstadt, wo es neben Kirchen bereits eine Fülle von Moscheen gab, wurden neue Moscheen gebaut.

Ein in der mehrheitlich muslimischen syrischen Gesellschaft schwelender Konflikt war die genannte Niederschlagung der sunnitischen Muslimbruderschaft in Hama 1982. Die Organisation hatte (1979–1982) den Aufstand gegen Hafez al-Assad und die Baath-Partei geprobt und eine blutige Niederlage erlitten. Tausende starben, Tausende verschwanden in Gefängnissen, Zehntausende verließen Syrien in Richtung Libanon, Jordanien oder andere arabische Länder und nach Europa. Im Exil und mit Unterstützung Katars und der Türkei war die Muslimbruderschaft stark geworden und führte monatelang die Proteste in Syrien an, ohne namentlich in den Vordergrund zu treten. Erst an den zunehmend religiösen Parolen, der Einmischung

sunnitisch-islamischer Prediger aus den Golfstaaten, an der Feindselig-
keit gegenüber religiösen und ethnischen Minderheiten und an der
Ausgrenzung der säkularen Opposition wurde das allmählich deutlich.
Die Parole »Alawiten ins Grab, Christen nach Beirut« wurde laut.

Es gab in Syrien Konflikte zwischen den Generationen, es gab Konflikte um Land- und Bodenrechte, es gab politische Konflikte zwischen
der Oppositionsbewegung und der Regierung bzw. den vielen Geheimdiensten, die das Land in verschiedene Einflusszonen aufgeteilt
hatten. Letztere kontrollierten nicht nur die politische Opposition, sie
setzten auch Geschäftsleute und Reisende unter Druck, Landbesitzer
und einfache Leute. Und sie konkurrierten und intrigierten durchaus
auch gegeneinander. Es gab Korruption und Vetternwirtschaft, ein in-
transparentes Strafrechtssystem. Es gab Unterdrückung der Frauen
durch ein Familienrecht, das sich an den verschiedenen muslimischen
und christlichen Konfessionen orientierte. Es gab genug innenpolitische Probleme in Syrien zu lösen und demokratische Reformen zu fördern, was syrische Regierungen auf Jahrzehnte hin beschäftigt hätte.

Doch trotz all dieser Probleme, von denen Bashar al-Assad etliche
von seinem Vater Hafez geerbt hatte, herrschte keine direkte Not in
Syrien. Es gab eine kostenlose Gesundheitsversorgung, Kinderkrank-
heiten wie Masern und Kinderlähmung (Polio) waren gestoppt. Die
überwiegende Mehrheit der Syrer konnte lesen und schreiben, niemand musste Hunger leiden. Syrien war ein Entwicklungsland, das
stets über eine Getreidereserve für zwei Jahre im Voraus verfügte. 2010
war Syrien ein Land, das Fortschritte machte und schuldenfrei war.
Heute – nach vier Jahren Krieg – ist es hoch verschuldet, vielerorts
fehlt es am Nötigsten.

Die regionale Ebene des Konflikts

Bashar al-Assad hatte sich seit Amtsantritt (2000) stark auf den Ausbau
regionaler Partnerschaften konzentriert. Feindseligkeiten, die im Zuge
der Ost-West-Konfrontation mit dem nördlichen Nachbarn Türkei,
einem NATO-Mitglied, bestanden, hatten unter Hafez al-Assad mehr-

mals fast zum Krieg geführt. Zwischen Ministerpräsident Recep Tayyip
Erdogan und Bashar al-Assad herrschte ein neuer, fast freundschaft-
licher Ton. Selbst die Golfstaaten, allen voran Katar, gingen auf Syrien
zu und investierten in den neu geöffneten syrischen Markt. Auch das
wahhabitisch-muslimische Saudi-Arabien, das seit Jahrzehnten Syrien
gegenüber misstrauisch war wegen des engen strategischen Bündnisses
mit dem (schiitisch-muslimischen) Iran, schlug versöhnliche Töne an.
Der saudische König und der syrische Präsident vermittelten gemeinsam in den innerpalästinensischen Konflikten und im Libanon. Syrer,
die jahrelang in den Golfstaaten gearbeitet hatten, kehrten mit ihrem
Vermögen nach Syrien zurück und eröffneten Fabriken und Betriebe.
Es herrschte ein reger Austausch, die Wirtschaft in Syrien boomte.
Doch Damaskus hatte sich in den neuen Partnerschaften getäuscht.
Das stellte sich rasch heraus, als die Proteste 2011 begannen.

Die Türkei und Katar unterstützten – wie in Tunesien und Ägypten
– die Muslimbruderschaft in Syrien. Offen forderte die Türkei deren
Beteiligung an der Macht in Damaskus. Der saudische König über-
ließ – nicht zuletzt auf Anraten oder Anweisung der USA – seinem
Geheimdienstchef Bandar Bin Sultan die »Syrien-Akte«. Der warb
Kämpfer an und organisierte Geldströme sowie Waffenlieferungen.
Alle drei Staaten warben bei syrischen Militärs und Politikern, Geschäftsleuten, Wissenschaftlern und Journalisten, bei Stämmen und
bei den syrischen Oppositionellen Überläufer ab, denen sie großzügige finanzielle und politische Unterstützung anboten. Katar und Saudi-
Arabien setzten ihre großen Nachrichtensender *Al Jazeera* und *Al Arabiya* ein, um den selbst mit herbeigeführten Konflikt in ihrem Sinne zu
interpretieren. Nach Gründung der »Freien Syrischen Armee« waren
deren Kämpfer regelmäßig auf den Sendern zu hören. Beeinflusst davon wurden auch westliche Medien, die kaum über eigene Korrespondenten in Syrien verfügten.

Jordanien hielt sich zunächst zurück, wurde aber rasch Anlaufstel-
le vieler Flüchtlinge und umgekehrt Basislager für bewaffnete Gruppen. Wie Katar, die Türkei, Saudi-Arabien und später auch Ägypten,
wurde Jordanien Mitglied in der »Kerngruppe der Freunde Syriens«.
Westliche Staaten nutzten Amman als »Einsatzzentrale«, über den

Flughafen Amman wurden nicht nur Kämpfer, sondern auch große Mengen Waffen geschleust. In Jordanien spielten die Stammesbeziehungen für illegale Waffenlieferungen eine große Rolle. Der jordanische König Abdullah II. war der erste arabische Monarch, der Assad zum Rücktritt aufforderte.

Libanon war gespalten in die Zukunftsbewegung um Saad Hariri, der dem saudischen Königshaus nahesteht. Dieser Kreis unterstützte die Kampfverbände in Syrien, der Norden Libanons wurde zum Hinterland der Kämpfer, die von hier finanzielle und Waffenhilfe bekamen.

Anders positionierte sich die Hisbollah. Die Organisation, ein langjähriger Verbündeter von Bashar al-Assad, hielt sich zunächst zurück und forderte Reformen in Syrien. Erst als eigene Interessen gefährdet waren – schiitische Heiligtümer, schiitisch bewohnte Orte im Grenzgebiet (Qusair) – griff die Hisbollah an der Seite der syrischen Streitkräfte ein. Hinter dem Engagement der Hisbollah stand eine andere wichtige Regionalmacht, der Iran. Auch die syrische Armee wurde von Iran mit Militärberatern und Aufklärung unterstützt.

Der Irak versuchte zunächst einen Mittelweg zu gehen, positionierte sich aber eindeutig gegen eine Militarisierung des Konflikts. Nicht zuletzt wegen der großen politischen Nähe zum Iran wurde Bagdad schließlich – neben dem Iran – zu einem weiteren wichtigen Unterstützer der syrischen Regierung. Mit einer zunehmend religiösen Mobilisierung durch Salafistenprediger und Dschihadisten sahen sich die mehrheitlich schiitisch geprägten Länder Irak und Iran provoziert. Im Irak verschärfte sich der Druck auf die Opposition der zumeist sunnitisch-muslimischen, westirakischen Stämme, die traditionell mit Jordanien und Saudi-Arabien verbündet waren.

Das wiederum nutzten Saudi-Arabien und die ausländische syrische Opposition, um Syrien und den Irak als »vom Iran besetztes Land« zu beschreiben, das »von der Besatzungsmacht befreit« werden müsse. Schärfere Töne kamen von Salafisten, Wahhabiten und Dschihadisten, die die Schiiten als »Ungläubige« verfolgten und deren Tod propagierten. Diese Ansichten nahmen schließlich Gestalt an im »Islamischen Staat im Irak und in der Levante«.

Die internationale Ebene des Konflikts

Hinter den Regionalmächten standen jeweils andere Staaten. Der Iran und der Irak und damit auch Syrien wurden von Russland, China und den anderen BRICS-Staaten (Südafrika, Indien, Brasilien) unterstützt. Die Türkei erhielt Unterstützung von den anderen NATO-Staaten, die das Land nicht nur für die eigene Aufklärung, sondern – als Basis der im Ausland formierten politischen und militärischen Opposition – auch für zunehmenden Druck gegen Syrien nutzten. Jordanien war ein enger Verbündeter, um nicht zu sagen abhängig von Großbritannien und den USA. Der Westen hatten in den Staaten des Golfkooperationsrates (Kuwait, Bahrain, Katar, Vereinigte Arabische Emirate, Oman, Saudi-Arabien) feste politische, militärische und wirtschaftliche Verbündete, die im Laufe des vierjährigen Krieges in Syrien ihre regionalen Interessen hinter denen der internationalen Partner zurückstellten. Der Haken, mit dem sie geangelt wurden, war ihre militärische Stellung. Bisher war ihre Sicherheit von den US- und britischen Streitkräften garantiert worden. Nun sollten die Golfkooperationsstaaten selber ihren militärischen Schutz und ihre Verteidigung übernehmen – mit Waffen, die sie im Westen kaufen. Wie diese »Verteidigung« in der Realität aussieht, ist nicht erst bekannt, seitdem 2011 Proteste in Bahrain mit Hilfe von Panzern aus Saudi-Arabien blutig niedergeschlagen wurden.

Die Außenpolitik der USA und Europas ist zunehmend auf die Sicherung der knapper werdenden Rohstoffe in der Welt ausgerichtet. Die USA haben sich das Öl und Gas der Golfstaaten gesichert, nun geht es weiter in Richtung Osten um Bodenschätze – wie auch um Absatzmärkte – des Irans und Zentralasiens. Das US-Militär am Golf soll durch lokale und regionale Armeen entlastet werden, um den Zugriff in Asien abzusichern. Die EU und insbesondere die europäischen NATO-Staaten agieren – bei nur teilweise abweichenden Interessen – im Schlepptau der USA. Im Mittleren Osten sollen sie perspektivisch mit dem Golfkooperationsrat und Israel die militärische Kontrolle übernehmen.

Der Krieg um Syrien ist ein Krieg um die Kontrolle in der Region. Es geht um Transportwege und Pipelines, mit denen die Rohstoffe nach Europa transportiert werden sollen. Syrien soll wie alle Organisationen oder Staaten im Mittleren Osten, die sich dem westlichen Zugriff nicht unterwerfen bzw. sich für westliche Interessen nicht instrumentalisieren lassen, zerbrochen werden: So der Iran, der Irak, Syrien, die Hisbollah oder palästinensische Organisationen. Um sich mit deren historisch und politisch begründeten Positionen nicht zu befassen, werden sie als Staaten, Bewegungen oder Regierungen dämonisiert und als »Schurken« diffamiert. Die Bedrohung durch einen »schiitischen Machtbogen« heraufzubeschwören, soll religiös motivierte Feindschaft mobilisieren. Das wiederum lenkt von den westlichen Interessen und dem Machtstreben Israels sowie der Golfstaaten im »Fruchtbaren Halbmond« ab.

Zur historischen Tragik gehört: Im Zweistromland, dem historischen Mesopotamien, liegt der Ursprung auch der europäischen Zivilisation. Die westlichen Kernländer Europas zerstören heute jene Region, der sie ihr Wissen und ihren Wohlstand verdanken.

Syrien heute

2010 war prognostiziert worden, dass Syrien 2015 die fünftstärkste arabische Wirtschaftskraft sein würde. Doch nach vier Jahren Krieg ist das Land um Jahrzehnte zurückgeworfen. Verantwortlich dafür sind die bewaffnet ausgetragenen Kämpfe ebenso wie internationale Wirtschaftssanktionen, auch von der EU, die dem Land schaden. Der Wiederaufbau könnte bis zu 40 Jahre dauern, vermuten Wirtschaftsexperten.

Die Kämpfe finden in den produktivsten Regionen Syriens statt. Daraa ist mit Oliven, Getreide und Obst von landwirtschaftlicher Bedeutung. Zudem fließt hier der Yarmuk, der die Wasserressourcen sichert. Die östliche Umgebung von Damaskus (Ghouta) ist traditionell eines der wichtigsten landwirtschaftlichen Gebiete für Damaskus. Im Grenzgebiet zum Libanon (Zabadani) liegen die wichtigsten Wasserquellen (Fijeh) für Damaskus. Zudem ist es ein reiches Anbaugebiet für Obst- und Gemüse. Homs verfügt über die wichtigste Raffinerie des Landes, die Region Hama und Idlib sind ebenfalls reich an Wasser und Landwirtschaft. Ebenso Aleppo und die Jaziera, die mit Getreide, Obst und Gemüse zu den reichsten landwirtschaftlichen Nutzgebieten Syriens gehört. Aleppo war zudem ein boomender Wirtschaftsstandort und ist traditionell eine der wichtigsten Handelsstädte in der Region. Entlang des Euphrats erstrecken sich Baumwollanbaugebiete, Syrien gehörte international zu den besten Textilproduzenten. Im Osten Syriens liegen die wenigen, aber wichtigen Ölvorkommen des Landes.

Durch den Krieg wurden Schulen und Krankenhäuser zerstört, die Kampfverbänden als Basis dienten oder von Inlandsvertriebenen bewohnt werden. Die zivile Infrastruktur wie Straßen, Brücken und Wohnviertel wurde weitflächig zerstört, besonders getroffen hat es die Stromversorgung, die immer wieder von Kämpfern mit Mörsergranaten angegriffen oder in die Luft gesprengt wurde. Die Kosten des Krieges in Syrien gehen in die Milliarden. Die Zahl der Opfer liegt weit über 200.000, die der Inlandsvertriebenen und der Flüchtlinge steigt.

Die »größte Flüchtlingskatastrophe seit dem 2. Weltkrieg« (UN-Hochkommissar für Flüchtlinge Antonio Gutiérrez) scheint dafür benutzt zu werden, um neue strategische Pläne im Umgang mit Flüchtlingen zu entwickeln. Das schwedische Möbelhaus IKEA hat einen Bausatz für »mobile Flüchtlingsunterkünfte« entwickelt, der »von zwei Personen« getragen und »vor Ort innerhalb von vier Stunden zu einem Haus« zusammengebaut werden kann. Und weil angesichts der anhaltenden Flüchtlingsströme die »Aufnahmestaaten an ihre Grenzen gekommen sind«, brauche die UNO »eine neue Architektur für die Hilfe«, so Gutiérrez. Ziel sei »die Unterstützung für die Flüchtlinge mit dem zu verbinden, was für die Stabilisierung der Gemeinschaften getan wird, die die Flüchtlinge aufnehmen.« Dabei geht es darum, dass etwa 20,6 Millionen hilfsbedürftige Menschen in Jordanien, im Libanon und in Ägypten von der Aufnahme syrischer Flüchtlinge profitieren sollen. Geplant ist der Ausbau lokaler Infrastruktur in den Bereichen Gesundheit, Bildung, Wasser- und Abwasserversorgung. Eine ganze Region soll an den Tropf internationaler Hilfsgelder gehängt werden, während vom Ausland finanzierte Söldnerheere in Syrien und im Irak die nationalen politischen Strukturen und Ökonomien – die durchaus in der Lage waren, ihre Bevölkerung zu versorgen – zerstören.

Unter der Führung der USA wurde zudem ein neues Kapitel im »Kampf gegen den Terror« aufgeschlagen. Für den Militäreinsatz gegen den »Islamischen Staat« werden täglich rund zehn Millionen US-Dollar ausgegeben. Die Operation, die am 8. August 2014 im Irak begann, wurde – ohne Zustimmung der syrischen Regierung – am 23. September des gleichen Jahres auf Syrien ausgeweitet. Allein beim ersten Angriff auf Syrien feuerte die US-Armee 47 Tomahawk-Raketen ab. Eine Rakete kostet mehr als 1 Millionen US-Dollar. Der *New Yorker* schrieb, was der Einsatz folgender Kampfflugzeuge jeweils pro Stunde kostet: Ein B-1-Bomber 58.000, ein F-15-Kampfjet mehr als 39.000, der neue »F-22 Raptor« 68.000 US-Dollar. Die Anschaffung eines »F-22 Raptor« kostet 350 Millionen US-Dollar. Der Einsatz in Syrien war für diese Maschine der »Jungfernflug«, auf dem irakisch-syrischen Schlachtfeld sollen sich neue Waffensysteme bewähren. Das Internetportal *The Intercept* rechnete aus, dass die Kosten eines Tages Kampfeinsatz in Syrien und Irak ausreichen würde, um Millionen Flüchtlinge zu versorgen. Abgesehen davon würde Land und Leuten die Zerstörung erspart bleiben. Regierungen und Bevölkerung könnten sich ihren eigentlichen gesellschaftlichen und politischen Problemen widmen.

Teile und Herrsche (I)

Von Beginn an wurde politisch gespalten. Der Konflikt zwischen den Familien der in Daraa inhaftierten Jugendlichen mit den Autoritäten (Schuldirektor, Polizeichef, Gouverneur) wurde nicht – wie es in der arabischen Welt eine lange Tradition hat – durch Gespräche beigelegt, sondern es wurde gezielt eskaliert. In der Al-Omari-Moschee, bis dahin ein wichtiges Kulturdenkmal der Stadt, wurden die Proteste organisiert, die dort verantwortlichen religiösen Führer überschritten

damit eindeutig das Trennungsgebot von Religion und Politik. Die
Geheimdienste stürmten das Gotteshaus, was ebenfalls zur Eskalation
beitrug.

Die Protestbewegung wurde gleich mehrfach gespalten. Diejenigen, die zu friedlichen Protesten und zivilem Ungehorsam aufriefen
und religiöse Parolen ablehnten, wurden mit Drohungen und Hohn an
den Rand gedrängt. Der Griff zu den Waffen wurde als »Verteidigung
oder Schutz der Demonstranten« dargestellt, wer das ablehnte, galt
als »Verräter«. Die Militarisierung ebnete rasch den Weg für Kampfgruppen, die staatliche Einrichtungen, Polizei- und Geheimdienstkräfte
sowie Soldaten angriffen, die zu dem frühen Zeitpunkt nicht in den
Konflikt involviert waren. Die Konferenz der politischen Opposition in
Damaskus (Semiramis-Hotel, Juni 2011) war mit 200 Teilnehmern und
Teilnehmerinnen und einem konkreten Forderungs- und Aktionsplan
(ausschließlich friedlich) erfolgreich. Doch noch am gleichen Tag wurde
die Veranstaltung diffamiert. Befragt von westlichen Medien, betonten
Auslandsoppositionelle, dass die Konferenz »von Assad genehmigt«
worden und deshalb unglaubwürdig sei (Veranstaltungen dieser Art
sind in Syrien genehmigungspflichtig). Die Inlandsopposition nannten
sie »Marionetten des Regimes«. Eine »Konferenz für den Nationalen
Dialog« (Juli 2011) blieb erfolglos, weil die meisten der eingeladenen
Inlandsoppositionellen sie boykottierten. Prominente Oppositionspoli-
tiker aus Syrien wurden von Auslandsoppositionellen öffentlich und
über die Medien verhöhnt, beleidigt und diffamiert, in Kairo wurde
ein Gruppe Oppositioneller aus Syrien von Anhängern der Auslandsopposition verprügelt und mit Eiern beworfen (November 2011).

Regional und international wurde die Spaltung der Oppositionsbewegung gefördert. Die Inlandsopposition, die eine Dialoglösung
anstrebte, wurde ausgegrenzt und ignoriert. Diejenigen, die im Ausland Waffen forderten und einen militärischen Sturz von Präsident
Assad propagierten, wurden unterstützt. Die Türkei, Katar und Saudi-
Arabien standen hinter der Gründung der »Freien Syrischen Armee«
(Juli 2011) und des Syrischen Nationalrates (August 2011), der später
in die »Nationale Koalition revolutionärer und oppositioneller Kräfte
in Syrien« (Etilaf) umbenannt wurde. Aktiv gefördert und begleitet

wurde diese Entwicklung von Sonderbeauftragten in den Außenministerien der USA, Großbritanniens und Frankreichs. In Deutschland plante die »Stiftung Wissenschaft und Politik« (SWP) in Zusammenarbeit mit dem Think-Tank »United States Institute of Peace« (USIP) mit dem genannten Projekt »The Day After« den »demokratischen Übergang in Syrien« für den Tag nach dem Sturz der Regierung in Syrien. Die SWP ist eine über den Haushalt des Kanzleramtes finanzierte Denkfabrik für Bundesregierung und Bundestag.

Vom Irak nach Syrien

Die Federführung beim Umgang mit der syrischen Opposition lag von Anfang an bei dem US-Diplomaten Robert S. Ford, den Präsident Barack Obama 2010 zum US-Botschafter in Syrien ernannt hatte. Robert Ford war allerdings kein »normaler« Diplomat, er kam mit einem Auftrag nach Damaskus. Ford trat seinen Posten Ende Januar 2011 an, als auf dem Tahrir-Platz in Kairo der Rücktritt des ägyptischen Präsidenten Hosni Mubarak gefordert wurde.

Unmittelbar nachdem die ersten Proteste im März 2011 begonnen hatten, wurde Botschafter Ford aktiv. Er kontaktierte Oppositionelle, organisierte Treffen und reiste durch Syrien, um zu zeigen, auf welcher Seite die US-Administration stand. Mehrmals war Ford mit seinem französischen Amtskollegen Éric Chevallier unterwegs, auch der deutsche Botschafter Andreas Reinicke (2008–2012, seit Februar 2014 Botschafter in Tunesien) nahm zumindest an einer Beerdigung von einem Oppositionellen teil, was einem diplomatischen Affront gleichkommt. Nach Hama fuhr Ford Anfang Juli allein und traf sich mit Vertretern der »Protest-Bewegung«. Anfang August erklärte Ford, die US-Botschaft in Damaskus werde weiter den Oppositionsgruppen ihre »Hand ausstrecken«.

Nicht nur in Hama ignorierte Ford international gültige diplomatische Regeln, wonach Botschafter sich nicht in innenpolitische Dinge des Landes, in dem sie akkreditiert sind, einmischen dürfen. Die US-Administration unterstützte »die physische Präsenz« von Ford bei

den Demonstranten in Hama ausdrücklich mit den Worten: »Solange
friedliche Städte wie Hama mit Panzern und Sicherheitskräften umgeben« seien, werde die USA sich darauf konzentrieren »unsere Unterstützung den Syrern vor Ort zu geben, die sich organisieren und deutlich sagen, dass sie einen Wechsel wollen.« (US-Außenamtssprecherin
Victoria Nuland, *Reuters*, 7. Juli 2011) Das syrische Außenministerium
kritisierte das Verhalten von Robert Ford, der seinen Besuch in Homs
nicht korrekt angemeldet habe, und sprach von einem »klaren Beweis,
wie sehr sich die USA in die aktuellen Ereignisse in Syrien einmischt
und die Lage weiter anheizt, die Syrien destabilisieren.«

Wäre der Auftrag von Robert Ford in Syrien ausschließlich diplo-
matisch-politischer Natur gewesen, hätte er sich von dem innenpoli-
tischen Konflikt fern halten müssen, wie andere Botschafter es taten.
Doch im Nachhinein wurde klar, dass sein Engagement Teil einer
Eskalationsstrategie in Syrien war, deren Urheber vermutlich für die
CIA und den militärischen US-Geheimdienst DIA arbeiteten.

Michel Chossudovsky, ein kanadischer Autor und emeritierter
Professor für Wirtschaftswissenschaften (Universität Ottawa), hat sich
ausführlich mit US-Strategien in Entwicklungsländern und der Rolle
von US-Diplomaten beschäftigt. Chossudovsky, Gründer des For-
schungszentrums für Globalisierung (CRG) mit dem Internetportal
Global Research, hat als Wirtschaftsberater in Entwicklungsländern und
für internationale Organisationen gearbeitet. Im Juni 2014 veröffentlichte er einen Bericht, in dem er die Tätigkeiten von Robert Ford mit
der »Salvador Option« für den Irak in Verbindung brachte. Chossudovsky zeichnet die Karriere von Robert Ford nach, der seit seinem
Ausscheiden aus dem Diplomatischen Dienst (Juni 2014) am Institut
für Studien des Mittleren Ostens tätig ist und sich weiter mit der Lage
in Syrien beschäftigt. Vor seinem Amtsantritt in Damaskus (2011) war
Ford Botschafter in Algerien (2006–2010), davor war er die »Num-
mer Zwei« an der US-Botschaft in Bagdad, die von John Negroponte
geleitet wurde.

Negroponte wiederum war Anfang der 1980er Jahre als Botschafter in Honduras verantwortlich für ein verdecktes US-Programm für
die Aufstellung und militärische Ausbildung von Söldnern (Contras),

die in Nicaragua Angriffe verübten, um die linksorientierte sandinistische Regierung zu stürzen, die nach dem Sieg der Revolution 1979 an die Macht gekommen war. Auch in Honduras selbst wurden die Contras an der Seite der honduranischen Armee gegen die honduranische Opposition eingesetzt.

Der Rückblick in die Geschichte ist wichtig, weil das US-Magazin *Newsweek* im Januar 2005 von Plänen des US-Verteidigungsministeriums (Pentagon) berichtete, wonach im Irak »Mordkommandos aus kurdischen und schiitischen Kämpfern« aufgebaut werden sollten, »um die Anführer des irakischen Aufstandes« zu beseitigen. Das Pentagon bediene sich dabei »eines strategischen Mittels aus dem amerikanischen Kampf gegen linke Guerillas in Zentralamerika vor 20 Jahren«, so *Newsweek*. Verschiedene US-Medien griffen die Pläne auf, die vom Pentagon bestätigt wurde. Negroponte, von 2005 bis 2007 Direktor aller 15 US-amerikanischen Nachrichtendienste, holte sich noch einen anderen Weggefährten aus alten Honduras-Zeiten, den pensionierten Oberst James Steele. Die britische Tageszeitung *The Guardian* veröffentlichte einen von der BBC koproduzierten Film über »eine der wichtigen, nie erzählten Geschichten aus dem Irakkrieg«. In dem Film geht es »darum, wie die USA nur ein Jahr nach der Invasion, eine konfessionsgebundene Polizei-Spezialeinheit finanzierte, die ein Netzwerk von geheimen Folterzentren aufbaute, um den irakischen Widerstand zu bekämpfen.« (www.theguardian.com/world/video/2013/mar/06/james-steele-america-iraq-video)

Steele beriet die Irakischen Sicherheitskräfte militärisch und in Foltertechniken, die von diesen in geheimen Gefängnissen angewendet wurden. Die Ereignisse im Irak in der Zeit zwischen 2005 und 2007, die vielen Toten, die täglich auf den Straßen, Feldern, im Euphrat und Tigris gefunden wurden, sprechen dafür, dass der Plan umgesetzt wurde. US-Verteidigungsminister zu der Zeit war Donald Rumsfeld, Oberkommandierender der US-Streitkräfte war David Petraeus, der 2006 zusammen mit General James F. Amos auch mit Blick auf den Irak ein Handbuch zur Aufstandsbekämpfung mit dem Titel »FM 3-24 Counterinsurgency« herausgegeben hatte. Und Jeffrey Feltman war Anfang 2004 in der US-Vertretung in Erbil im kurdischen

Nordirak stationiert. Feltman wurde nach dem Zwischenstopp im Irak US-Botschafter im Libanon (2004–2008), danach stieg er zum Staatssekretär im US-Außenministerium für die Angelegenheiten des Mittleren Ostens auf (2009–2012). Zu diesem Zeitpunkt wurden bereits in Zusammenarbeit mit Saudi-Arabien, Katar und der Türkei Waffenlieferungen für Kampfverbände in Syrien von der CIA koordiniert. Im Juni 2012 wurde Feltman Stellvertreter des UNO-Vorsitzenden Ban Ki-Moon, zuständig für politische Angelegenheiten.

US-Diplomaten, die verschiedenen US-Administrationen sowie die Geheimdienste tragen eine erhebliche Verantwortung für die Eskalation, die den innenpolitischen Konflikt erst im Irak, dann in Syrien befeuerte. Die »Salvador Option« könnte Washington im Irak außer Kontrolle geraten sein, doch liegt das im Charakter solcher Maßnahmen. Sie tauchen nicht aus dem Nichts auf, sondern werden erdacht, entwickelt und für den Einsatz in anderen Ländern genehmigt. Teile des Programms wurden 1997 bekannt, als CIA-Generalinspekteur Frederick P. Hitz den geheimen Bericht »Ausgewählte Fakten bezüglich der CIA-Aktivitäten in Honduras in den 1980er Jahren« öffentlich machte (27.8.1997, teilweise freigegeben am 22.8.1998). 1986 verurteilte der Internationale Gerichtshof in Den Haag die USA wegen »ungesetzlicher Anwendung von Gewalt in und gegen Nicaragua« zu Wiedergutmachungszahlungen. Die USA erkannten das Urteil nie an.

Mit dem Beginn der Unruhen in Syrien tauchten wieder »Todeskommandos« auf. Gezielt wurden Lehrer und Ingenieure, Ärzte und Wissenschaftler, Journalisten, Politiker und Militärs oder auch deren Angehörige erschossen, die sich nicht gegen die Regierung von Präsident Assad stellten. *Der Spiegel* berichtete im März 2012 über einen »Henker von Baba Amr«, der angab, seit dem Sommer 2011 150 Männer hingerichtet zu haben. 20 Prozent seien Gefangene der Kampfverbände in Homs gewesen, sagte der Mann, der sich »Abu Rami« nannte. Er habe den Männern die Kehle durchgeschnitten (Der Spiegel, 30.3.2012): »Wenn wir einen sunnitischen Spion kriegen oder einen Bürger, der die Revolution verrät, machen wir kurzen Prozess«, so der Mann. Seit Anfang März 2011 habe seine »Henkersbrigade zwischen 200 und 250 Verräter« getötet.

Ein 30-jähriger Krieg

Ihm sei nicht »klar«, was die USA und ihre neue »Anti-IS-Koalition«
wirklich wollten, meinte der iranische Präsident Hassan Rohani in
einem CNN-Interview (25.9.2014). »Handeln sie unter öffentlichem
Druck zu Hause« oder »wollen sie ein greifbares, wirkliches Ziel in der
Region erreichen«? Schon längst seien viele Fehler gemacht worden,
so Rohani. Alle zusammen »haben uns dahin geführt, wo wir heute
stehen.«

Einen Tag zuvor hatte US-Präsident Barack Obama dem UN-Sicherheitsrat sein Vorhaben erläutert. Mit einer »breiten Koalition«
wolle man das »Netzwerk des Todes« niederreißen und die ganze Welt
sei aufgefordert, »sich diesem Streben anzuschließen«. Die Luftangriffe seien »erst der Anfang« eines langen Krieges, erläuterte Pentagon-
Sprecher John Kirby. Der Oberkommandierende der US-Streitkräfte
Raymond T. Odierno nannte einen Zeitraum von bis zu 20 Jahren, der
ehemalige US-Verteidigungsminister Leon Panetta sprach von einem
»30-jährigen Krieg«.

Natürlich weiß der iranische Präsident Rohani, dass die Fehler,
die er ansprach, nicht zufällig gemacht wurden. Den USA und ihren
Partnern geht es um die Zerschlagung der Region, die Unterwerfung
auch des Irans unter – oder die »Integration« in – westliche Rohstoff-
Begehrlichkeiten und geostrategische Ziele auf dem Vormarsch nach
Zentralasien. Die Forderung nach »Freiheit und Demokratie« ist ein
Label mit dem diese Begehrlichkeiten den Menschen schmackhaft ge-
macht werden sollen. Doch wollte man der Bevölkerung in Syrien, im
Irak oder in anderen Staaten der Region tatsächlich zu ihren legitimen
sozialen, bürgerlichen, politischen und wirtschaftlichen Rechten ver-
helfen, gäbe es viele Wege, das zu tun. Der Weg des Krieges ist eine
Sackgasse. Krieg ist immer eine Garantie dafür, dass die Lage der
Menschen schlechter wird, nicht besser.

Die Neuordnung des Mittleren Ostens war lange geplant. Schon
nach dem Ersten Weltkrieg entstanden erste Pläne für einen »Neuen
Mittleren Osten«, deren Umsetzung die starke arabische Nationalbewegung und die Ost-West-Konfrontation zunächst bremsen konnte.

Während des Krieges von Israel gegen den Libanon 2006 brachte die damalige US-Außenministerin Condoleezza Rice erneut das Planspiel ins Gespräch. Die Leiden der Libanesen seien vergleichbar mit den »Geburtswehen des Neuen Mittleren Ostens«, sagte sie. Die Region erlebe ein »konstruktives Chaos«, und das sei die Vorstufe zu ihrer Neuordnung.

Im September 2013 veröffentlichte die *New York Times* einen Artikel unter der Überschrift »Wie aus 5 Staaten 14 werden könnten«. Beigefügt war eine Landkarte des südöstlichen Mittelmeerraums und der arabischen Halbinsel. Aufgeteilt wurden auf der Karte Syrien und der Irak, Libyen, der Jemen und – nach einem Sturz der saudischen Monarchie – auch Saudi-Arabien. Die neuen Grenzlinien verlaufen ausschließlich entlang religiöser und ethnischer Zugehörigkeiten. Der syrische Oppositionelle Haitham Manna warnte davor, dass die Aufsplitterung nach Religionen und Volksgruppen zu neuen Kriegen führen werde (Gespräch mit der Autorin 2013). Säkulare und fortschrittliche Kräfte kommen in einem solchen Modell nicht vor.

Syrien soll gemäß der in der *New York Times* veröffentlichten Karte dreigeteilt werden. In der Küstenregion ist ein Gebiet unter Kontrolle der Alawiten (»Alewitistan«) vorgesehen. Im Norden könnte demnach ein Gebiet »Kurdistan« entstehen, das sich über den Nordirak bis an die Grenze des Irans erstreckt. Im Osten Syriens liegt dann ein »sunnitisches Landesinnere« (»Sunnistan«), das weit in den Irak bis nach Bagdad hineinreicht. Dreigeteilt würde auch der Irak, mit dem von Syrien sich erstreckenden »Kurdistan« im Norden, dem von Syrien hereinreichenden »Sunnistan« im Westen und einem »Schiitistan« im Süden des Iraks. Die anderen drei Staaten, die auf der *NYT*-Landkarte aufgeteilt werden sind der Jemen, Libyen und Saudi-Arabien (nach der Monarchie).

Wie ein Keil soll sich demnach »Sunnistan« zwischen Irak und Syrien schieben. Seine südliche Grenze wäre Jordanien und Saudi-Arabien, die nördliche Grenze wäre die Türkei. Dieser »sunnitische Keil« entspricht aktuell dem Gebiet, in dem sich in kürzester Zeit der »Islamische Staat« ausgebreitet hat, der bis Juli 2014 nicht umsonst »im Irak und in der Levante« (bzw. »in Syrien«) mit im Namen führte. Profiteure eines »sunnitischen Keils« sind die Türkei und Saudi-Arabien. Einerseits, weil ihr Erzfeind Syrien weiter geschwächt und territorial zerkleinert wird. Andererseits, weil die direkten Beziehungen zwischen dem Iran, dem Irak, Syrien und der libanesischen Hisbollah unterbrochen werden.

Teile und Herrsche (II)

Der »Islamische Staat« hat mit seinem – von Saudi-Arabien, der Türkei und anderen Golfstaaten unterstützten – Vormarsch die Kärrnerarbeit für diese Aufspaltung Syriens und des Iraks geleistet. Weil man ihnen aber nicht die lukrativen Ölquellen von Kirkuk und die aus Syrien überlassen will, werden Luftangriffe geflogen, um die Organisation zu schwächen.

Die Türkei fordert eine »Pufferzone« entlang ihrer Grenze zu Syrien und zum Irak, die von den nordirakischen Kurden kontrolliert werden könnte. Mit dem dort herrschenden Masud Barzani pflegt Ankara gute Beziehungen. Die syrischen Kurden, die in den letzten drei Jahren eine unabhängige Position gegen jede militärische Konfrontation in Syrien einnahmen – weder mit der syrischen Regierung noch mit den bewaffneten Kampfverbänden – wurden durch die IS-Angriffe geschwächt. Die Türkei nahm Flüchtlinge aus den umkämpften Gebieten von Kobanê (arabisch Ain al-Arab) auf und forderte dafür Unterstützung von der »internationalen Gemeinschaft«. Gleichzeitig lässt Ankara weiterhin Kämpfer und Waffen nach Syrien und in den Irak einsickern, was den »Islamischen Staat« stärkt. Zur internationalen Umsetzung einer »Pufferzone« fordert Ankara eine »Flugverbotszone«, die von den bereits stationierten Patriot-Raketenabwehrsystemen (aus Deutschland, den Niederlanden, den USA und seit Anfang 2015 aus Spanien) geschützt werden soll.

Im Nordosten Syriens könnte – so der neokonservative US-amerikanische Terrorismus- und Mittelostexperte Walid Phares auf *Fox News* (9.9.2014) – ein »sicherer Hafen« für syrische Kurden, Christen und andere Minderheiten entstehen, die von dort »gegen ISIL

kämpfen können«. Die USA will in dem Gebiet »moderate Kämpfer«
stationieren, die in der Türkei, Jordanien, Katar und in Saudi-Arabien
ausgebildet und bewaffnet werden. Die vom Westen anerkannte syrische oppositionelle Nationale Koalition (Etilaf) mit Sitz in Istanbul soll
sich dort etablieren und – mit finanzieller Unterstützung der »Freunde
Syriens« – eine eigene Regierung bilden. Über die Kreditanstalt für
Wiederaufbau (KfW) kontrolliert die Bundesregierung zusammen mit
den Vereinigten Arabischen Emiraten (VAE) einen »Wiederaufbaufonds Syrien«. Dieser dient einem »gemeinschaftlichen Finanzierungs-
mechanismus der Mitgliedsstaaten der Freunde Syriens zur zivilen
Unterstützung der Nationalen Koalition«.

Verlierer UNO

Neben der Zerteilung Syriens und des Iraks und der politischen und
wirtschaftlichen Schwächung der beiden Länder gehören auch die
Vereinten Nationen und das Völkerrecht zu den großen Verlierern der
von den USA und deren Verbündeten angestrebten Neuordnung des
Mittleren Ostens. Wirtschaftssanktionen gegen Entwicklungsländer
sind unzulässig, systematisch wird die UN-Charta verletzt, auf die alle
UN-Mitgliedsstaaten sich verpflichtet haben. Insbesondere betrifft das
den Artikel 2 der UN-Charta, Absätze 3 und 4: »(3) Alle Mitglieder
legen ihre internationalen Streitigkeiten durch friedliche Mittel so bei,
dass der Weltfriede, die internationale Sicherheit und die Gerechtigkeit nicht gefährdet werden. (4) Alle Mitglieder unterlassen in ihren
internationalen Beziehungen jede gegen die territoriale Unversehrtheit oder die politische Unabhängigkeit eines Staates gerichtete oder
sonst mit den Zielen der Vereinten Nationen unvereinbare Andro-
hung oder Anwendung von Gewalt.«

Drei UNO-Sondervermittler (Kofi Annan, Lakhdar Brahimi, Staffan de Mistura) haben bisher vergeblich eine politische Lösung für
den innersyrischen Konflikt gesucht, weil die regionalen und internationalen Akteure des Krieges an einer politischen Lösung nicht interessiert sind. Mit den »Freunden Syriens« wurde eine pseudo-legitime

Parallelstruktur aufgebaut, die die UN-Strukturen ausgehebelt hat. UN-Hilfsorganisationen waren ebenso wie das Internationale Komitee vom Roten Kreuz (IKRK) heftigen Diffamierungen seitens der vom Ausland unterstützen Oppositionsgruppen (und ihrer Medien) ausgesetzt. Die UN-Organisationen für Flüchtlinge, für die Palästinenser und das Welternährungsprogramm mussten ihre Hilfsprogramme für Syrien und für die Palästinenser drastisch kürzen.

Perspektiven jenseits internationaler Einmischung: Ein Gespräch mit Ali Haidar

Angesichts der anhaltenden Zerstörung des Landes stellt sich die Frage nach politischen Perspektiven im Interesse der syrischen Bevölkerung, also jenseits eines vom Westen bzw. den Golfstaaten forcierten »Regime Change«. Aufschlussreich erscheinen dafür Ausführungen von Ali Haidar, dem Vorsitzenden der oppositionellen Syrischen Sozialen Nationalistischen Partei (SSNP), die seit 2012 im Parlament vertreten ist. Als Minister führt Ali Haidar das 2012 neu gegründete Ministerium für nationale Versöhnung. Er betont: »Trotz aller Brutalität, die wir hier erlebt haben, wurden die innersyrischen gesellschaftlichen Beziehungen nicht zerrissen. Und noch etwas: Man hat erwartet, dass die Regierung stürzt und sich auflöst. Das ist nicht geschehen. Trotz allem, was hier geschieht, hält diese Regierung und sie ist stark. Die medizinische Versorgung ist weiter kostenlos, auch die Bildung ist kostenlos, die Gehälter werden pünktlich gezahlt.« Auch seine folgenden Erläuterungen entstammen einem Gespräch mit der Autorin (Damaskus, Februar 2014).

In einigen Orten um Damaskus und in der Provinz Homs gibt es lokale Waffenstillstände, es scheint, als habe ein vorsichtiger Versöhnungsprozess angefangen. Würden Sie sagen, Ihre Arbeit hat Erfolg?
Wir können tatsächlich sagen, dass das Klima sich in der letzten Zeit etwas verbessert hat und dass sich eine Entwicklung abzeichnet, die eine soziale Versöhnung in einigen Orten möglich machen kann. Die-

se soziale Versöhnung ist ein erster Schritt hin zu der umfassenden nationalen Versöhnung, die wir anstreben. Als diese Krise in Syrien begann, habe ich immer wieder gesagt, dass es keine militärische Lösung dafür gibt. Keine Seite kann gegen die andere gewinnen. Die einzige Lösung ist eine politische Lösung. Damals waren viele Leute nicht davon überzeugt. Die meisten Gruppen, die zu den Waffen gegriffen hatten, verstärkten ihre Aktionen und damit wurde der Boden für all diese Gruppen bereitet, die aus aller Welt hier auftauchten: Gotteskrieger, Fundamentalisten und Takfiri*. Bis heute bemühen wir uns darum, dass diejenigen, die zu den Waffen gegriffen haben, umkehren, mit uns reden und nach einer politischen Lösung suchen.

Heißt das, dass die verschiedenen Seiten aufeinander zugehen?
Es ist nicht so, dass die Seiten ihre Ansichten, ihre Ideologien geändert haben, nein. Sie sind in einer Sackgasse gelandet, sie kommen nicht weiter und hier können wir ansetzen. Das hat mit Sicherheit nichts mit internationalem Einfluss zu tun, das ist ausschließlich eine syrische »Kraft«. Auch wenn international viel die Rede ist von einer politischen Lösung in Syrien, Tatsache ist, dass international der Konflikt hier in Syrien angeheizt wird und die Gewalt zunimmt. Was hier in Syrien geschieht, hat nichts mit den Gesprächen in Genf zu tun, das sind zwei unterschiedliche Entwicklungen. Die bewaffneten Gruppen erkennen die Genfer Gespräche nicht an und haben eine Teilnahme abgelehnt, und sie akzeptieren auch nicht die lokalen Vereinbarungen.

Mit wem konnten Sie die lokalen Waffenstillstände vereinbaren?
Wir arbeiten mit lokalen Komitees zusammen, die eine friedliche Entwicklung wollen. Es ist ein Anfang, die gewaltsame Herangehensweise kann in eine politische transferiert werden. Aber von der nationalen

---

* Takfiri ist eine radikale Strömung im Islam, die anders praktizierende Muslime als »Ungläubige« verfolgt und tötet. Diese Ideologie hat einen Alleinvertretungsanspruch für die Muslime und kritisiert die heutige Ummah (Gemeinde der Gläubigen Muslime) als fehlgeleitet. Takfiris richten sich auch gegen die westliche Welt.

Versöhnung sind wir noch weit entfernt. Wir sprechen jetzt von einer »sozialen Versöhnung«. Die nationale Versöhnung muss das Ergebnis des politischen Prozesses sein, den wir wollen.

Sie sagen, die aktuelle Entwicklung basiert auf der syrischen Kraft, nicht auf internationalen Bemühungen. Hat die syrische Gesellschaft eine besondere Stärke?
Ein Faktor für diese Entwicklung ist, dass es keinen anderen Ausweg gibt. Der andere Faktor ist unsere syrische Gesellschaft, unsere Kultur, unsere Lebensweise. Wir können es nicht akzeptieren, dass diese Gewalt weiter anhält. Eine friedliche Lösung ist das, was unsere Gesellschaft will und genau das hat uns vor einem Bürgerkrieg bewahrt. Das ist die Stärke der syrischen Gesellschaft. Das Problem sind die ausländischen Akteure, die bei der Entstehung dieser Krise mitgemischt haben. Sie haben zwar Untersuchungen und Studien über die syrische Gesellschaft und Kultur erstellt, aber sie haben uns nicht verstanden. Sie dachten, wir seien ein Mosaik, das leicht auseinanderbrechen kann, aber das sind wir nicht. Wir sind eng miteinander verknüpft, verwoben, wie ein Gobelin, ein Teppich. Auch wenn in den lokalen und internationalen Medien von Vorfällen berichtet werden, die so aussehen, als gäbe es hier einen konfessionellen Konflikt, haben wir den bis heute nicht. Es gibt keine Kämpfe zwischen den konfessionellen oder ethnischen Gruppen. Im Gegenteil: dort, wo es keine Gewalt gab oder gibt, leben die verschiedenen Religionen und Volksgruppen in großer Harmonie zusammen. Mehr als 1,5 Millionen »sunnitische Muslime«, die aus Homs, Aleppo oder Deir Ezzor fliehen mussten, sind in die Küstenregion geflohen, wo Alawiten und Christen leben. Auch in den staatlichen Institutionen sind alle Syrer vertreten.

Sie sagen, es gebe keinen Bürgerkrieg in Syrien, was ja in den ausländischen Medien, auch in Deutschland, immer wieder behauptet wird. Wenn es kein Bürgerkrieg ist, was geschieht dann hier in Syrien?
Es ist kein interner Konflikt. Alle, auch die ausländischen Medien, wissen, dass mehr als 70 Prozent der Kämpfer hier in Syrien Ausländer sind, sie kommen aus 83 verschiedenen Ländern. Syrien ist ein

Austragungsort internationaler Konflikte geworden. Mehr als 90 Prozent der Anführer dieser Gruppen sind Ausländer, keine Syrer. Wir haben beispielsweise zwei tschetschenische Gruppen hier, die gegeneinander um die Führung kämpfen.

Die Sorgen und das erlittene Leid der Menschen brauchen eine langfristige Fürsorge, das soll in dem nationalen Versöhnungsprozess geschehen. Wie kann das gehen, haben Sie eine Vision, einen Plan dafür?
Ja, aber es ist nicht mehr als ein Plan. Alles kann sich ändern, wenn die Bedingungen im Land sich verändern. Die soziale Versöhnung soll die Offiziellen der Regierung veranlassen, sich um die Menschen zu kümmern. Sie sollen den Menschen zuhören und sie unterstützen. Damit können die Ursachen, die die Menschen zur Gewaltanwendung getrieben haben, gestoppt werden. Wir arbeiten mit allen Regierungsstellen zusammen und fordern sie auf, Akteure in der sozialen Versöhnung zu werden und diese fördern. Das Motto ist: vom gewaltsamen Konflikt zum Dialog. Da gibt es Erfolge, sogar mit den Führern einiger bewaffneter Gruppen treffen wir uns und reden mit ihnen. Offiziell und mit der Bevölkerung haben wir uns darauf verständigt, dass der politische Prozess beginnen kann, wenn die Gewalt aufhört. Wir wollen diejenigen erreichen, die überzeugt sind, dass die Entwaffnung Voraussetzung für den politischen Prozess ist. Unser Plan sieht vor, dass jeder, der seine Waffe abgibt, in die Gesellschaft wieder eingegliedert wird. Jeder soll Teil des politischen Prozesses werden. Am Verhandlungstisch sind wir bereit, mit jedem über alles zu reden. Über die Verfassung oder auch über vorgezogene Wahlen.

TEIL II

SYRIENS NACHBARN: ANRAINERSTAATEN UND AKTEURE

3.
Die Lage in den Nachbarstaaten

Eine Einführung

Syrien hat eine geostrategische Lage im Mittleren Osten. Wie eine Brücke verbindet das Land Ost und West, Nord und Süd. Dereinst führte die Seidenstraße von China durch Syrien (bzw. Syria) bis zum Mittelmeer, Gewürze und Weihrauch passierten die Region beim Transport von der südarabischen Halbinsel nach Europa. Basierend auf den vielfältigen Kenntnissen und Erfahrungen des Vielvölkerstaates und der vielen Religionsgruppen, entwickelte sich eine herausragende und wohlhabende Handwerker- und Händlerschicht in den Metropolen Damaskus, Homs und Aleppo. Ihre Produkte und Beziehungen waren begehrt, wovon nach dem Ersten Weltkrieg die französische Mandatsmacht (1922–1946) profitierte.

Nach dem Zweiten Weltkrieg verband eine enge ökonomische und politische Partnerschaft Syrien mit der Sowjetunion, die Geld und Wissen für den Aufbau des Landes gab. Syrische Studierende wurden an sowjetischen Universitäten und in Betrieben ausgebildet und kehrten mit ihren Kenntnissen in ihre Heimat zurück. Trotz der engen Beziehungen zu Moskau schloss Damaskus sich dem Bündnis der Blockfreien Staaten an. Grundsätzlich waren die nationalen syrischen Interessen auf die Region konzentriert, was Syrien als Gründungsstaat der Arabischen Liga (1945) unterstrich.

Während des Kalten Krieges konnte die Sowjetunion in der Region ihre Interessen vor allem durch militärische und wirtschaftliche Abkommen mit Syrien und dem Irak manifestieren. Mit der Türkei hatte das westliche nordatlantische Militärbündnis (NATO) einen Frontstaat aufgebaut. Daraus erklärt sich auch das offizielle Schweigen des Westens, als die Türkei 1974 die Unabhängigkeitsbestrebungen Zyperns zunichtemachte und die Insel besetzte. Zypern wurde zum »Flugzeugträger der NATO« im östlichen Mittelmeer. Der andere wichtige Partner des Westens in der Region war und ist bis heute Israel.

Nach dem Ende der Sowjetunion musste sich Syrien – wie alle früheren Partnerstaaten der SU – neu orientieren. Das geschah schließlich nach dem Tod des langjährigen Präsidenten Hafez al-Assad im Jahr 2000, als dessen Sohn Bashar das Amt übernahm. Ein junges, wie Assad im Westen ausgebildetes Beraterteam sollte dem neuen Präsidenten zuarbeiten – politische und wirtschaftliche Spannungen zwischen der alten und neuen Riege waren vorprogrammiert.

Europa bot dem unerfahrenen Präsidenten ein EU-Assoziierungsabkommen an, um Syrien enger an den Westen zu binden. Die jahrelangen Verhandlungen waren mit einer Fülle von Forderungen seitens der EU verknüpft, was allmählich zu einem grundlegenden Wandel der syrischen Wirtschaftsform führte. 2005 wurde das Land marktwirtschaftlich geöffnet, was zu massiven sozialen Verwerfungen führte. Syrien balancierte politisch und ökonomisch zwischen den Forderungen des Westens und denen anderer Länder, besonders des Irans. Mit dem ist Syrien seit 1979 durch verschiedene Abkommen eng verbunden.

Um die Spannungen zu entschärfen und die durch viele Krisen und Kriege zerrüttete Region zu stabilisieren, entwickelte Damaskus eine »Fünf-Meeres-Strategie«, die rund um Syrien zu einer regionalen Wirtschaftszone führen sollte. Alle Staaten, die zwischen dem Kaspischen und dem Schwarzen Meer, dem Mittelmeer, dem Roten Meer sowie dem Persisch-Arabischen Golf lagen, sollten durch wirtschaftliche Kooperation miteinander vernetzt werden. Vorbild war die Europäische Union, deren Mitgliedsländer nach zwei vernichtenden Kriegen politisch und wirtschaftlich zusammengefunden hatten. Syrien sah sich nach dem Motto »Handel und Annäherung« als Drehscheibe für die in der Region dringend erforderliche wirtschaftliche und politische Entwicklung. In Damaskus ging man davon aus, dass mit dem Ende der Ost-West-Konfrontation der Aufbau regionaler Staatenbündnisse ein Interessensausgleich stattfinden, Entwicklung gefördert und Kriege vermieden werden könnten. In dem Kontext wurden auch – unter Vermittlung der Türkei – indirekte Verhandlungen mit Israel über die Zukunft der besetzten und völkerrechtswidrig annektierten Golanhöhen wieder aufgenommen.

Es entstanden Freihandelszonen zwischen Jordanien, dem Libanon, der Türkei und Syrien. In gemeinsamer Kooperation wurde das Straßen- und Schienennetz ausgebaut. Der stellvertretende syrische Außenminister Feisal Mekdad sagte dazu 2010 in einem Interview (mit der Autorin): »Was kann besser sein! Wir hoffen, dass sich die Länder am Golf, die auch ein Schienennetz planen, uns anschließen, so dass eines Tages Leute aus Kuwait, Bahrain, Katar, den Emiraten, Oman, Saudi-Arabien und Jemen bis London mit der Eisenbahn fahren können, durch ganz Europa!«

4.
Die Türkei

Von der Konfrontation zur Partnerschaft

Die türkisch-syrischen Beziehungen sind historisch angespannt. Die völkerrechtswidrige Übergabe der Provinz Antiochien (heute Hatay) durch die französische Mandatsmacht an die Türkische Republik (1939) wurde bis heute von keiner syrischen Regierung anerkannt. Die NATO-Mitgliedschaft der Türkei und anhaltende Konflikte über die Nutzung des Euphratwassers charakterisierten die Distanz beider Staaten über Jahrzehnte. Hinzu kommt, dass die Arbeiterpartei Kurdistans (PKK), – wie auch die irakischen kurdischen Organisationen – lange Zeit in Syrien im Exil sein konnte, wodurch beide Staaten am Rande kriegerischer Auseinandersetzungen standen. Erst als Präsident Hafez al-Assad unter großem westlichem Druck (1998) das Adana-Abkommen unterzeichnete, den PKK-Führer Abdullah Öcalan des Landes verwies und die Türkei infolge dessen – mit Unterstützung der CIA und des israelischen Geheimdienstes Mossad – Öcalan entführen und in der Türkei inhaftieren konnte, beruhigte sich die Lage entlang der 900 km langen türkisch-syrischen Grenze.

Fast unmittelbar darauf wurden Syrien seitens der Türkei (und des Westens) neue Beziehungen in Aussicht gestellt, gegenseitige Besuche und Diskussionen auf höchster politischer Ebene unterstrichen das Tauwetter. Im Jahr 2000 wurde eine türkisch-syrische Handelskammer gegründet, um die »bilaterale wirtschaftliche Zusammenarbeit der Geschäftsleute beider Länder zu entwickeln und auszubauen«. Ende 2004 (22.12.2004) wurde ein Freihandelsabkommen zwischen der Türkei und Syrien unterzeichnet, das zum 1. Januar 2007 in Kraft trat. Das Abkommen löste ein bilaterales Handelsabkommen von 1974 (17.9.1974) und ein bilaterales »türkisch-syrisches Komitee für wirtschaftliche, wissenschaftliche, technische und Handelskooperation« von 1982 (23.3.1982) ab. Auch eine zweite Vereinbarung von 1982, das »Abkommen über die langfristige wirtschaftliche Zusammenarbeit«, wurde durch das neue Freihandelsabkommen ersetzt.

Zölle für Industrieprodukte aus Syrien wurden seitens der Türkei aufgehoben. Umgekehrt sollte Syrien die Zölle für türkische Produkte bis Januar 2019 allmählich aufheben. Für Agrarprodukte vereinbarten beide Staaten vereinfachte Ein- bzw. Ausfuhr, für verschiedene Produkte wurden Quoten vereinbart. Weitere bilaterale Vereinbarungen betrafen Investitionen (2004) und die Vermeidung von Doppelbesteuerung (2004). Während eines Besuchs von Präsident Bashar al-Assad in der Türkei wurde 2009 das Abkommen über die Einrichtung eines »Rates für hochrangige strategische Kooperation« (HLSCC) unterzeichnet. Kurz darauf folgten jeweils Treffen auf Ministerebene in Gaziantep und Aleppo, dann ein Treffen der Ministerpräsidenten beider Länder. Die Visumspflicht wurde aufgehoben, zwei neue Grenzübergänge wurden geöffnet. Der türkisch-syrische Grenzverkehr explodierte, Bürger beider Staaten nutzten die neue Freizügigkeit, um das andere Land touristisch zu besuchen. Geplant waren zudem die Gründung einer Syrisch-Türkischen Handelsbank sowie die Entwicklung einer Hochgeschwindigkeitsstrasse für Züge, die Gaziantep mit Aleppo verbinden sollten.

Vor dem Hintergrund des Gaza-Krieges 2008/09 und des tödlichen Überfalls israelischer Spezialkräfte auf das türkische Hilfsschiff für Gaza, die Mavi Marmara, suspendierte Ankara seine engen Beziehungen zu Israel. Im April 2009 kam es erstmals zu einem bilateralen türkisch-syrischen Militärmanöver.

Der damalige türkische Außenminister (und heutige Ministerpräsident) Ahmet Davutoglu trieb die Unterzeichnung von 50 bilateralen Abkommen und (MoU, Memorandum of Understanding) voran, in denen eine bis dahin nie gekannte syrisch-türkische Kooperation auf den Gebieten der Sicherheit, Handel, Kultur, Gesundheit, Landwirt-

schaft, Umwelt, Transport, Bildung und Wasser geregelt wurde. Weitere 13 Vereinbarungen wurden 2010 unterzeichnet. Im gleichen Jahr
wurde die bilaterale Zusammenarbeit auf Jordanien und den Libanon
ausgeweitet. Ziel war, eine Freihandelszone für alle vier Staaten ein-
zurichten.

Der bilaterale Handel, Investitionen und Tourismus boomten in
der Türkei und in Syrien. Für 2010 gab das türkische Außenministerium ein Handelsvolumen in Höhe von 2,5 Milliarden US-Dollar an.
(Zum Vergleich: 2006 betrug das Handelsvolumen 796 Millionen US-
Dollar). Der große Sieger der Zusammenarbeit war eindeutig die Türkei, die nicht nur territorial weit größer als Syrien ist, sondern mit fast
viermal so vielen Einwohnern als Syrien (2013 waren es offiziell knapp
75 Millionen) auch über eine bedeutend stärkere Wirtschaftskraft verfügt. Das Bruttoinlandsprodukt für die Türkei wird 2011 mit 775,7 Milliarden US-Dollar angegeben. Das von Syrien im gleichen Jahr mit
ca. 108,6 Milliarden US-Dollar (de.statista.com, auswaertiges-amt.de)
Während Syrien in diesem Jahr Waren im Wert von 663 Millionen
US-Dollar in die Türkei ausführte, exportierte die Türkei nach Syrien
im gleichen Zeitraum Waren im Wert von 1,85 Milliarden US-Dollar.

Auseinandersetzungen über das Wasser zwischen beiden Staaten
reichen zurück bis ins Jahr 1956. Damals wollte Syrien am Orontes
(arabisch: Nahr al-Asi) einen Staudamm bauen, um ein Sumpfgebiet
zu entwässern und Wasser für die Bewässerung von Feldern zu gewinnen. Die Türkei befürchtete, dass der Bau des Dammes zu einer
Verringerung der Wasserversorgung für türkische Bauern führte. Ein
bilaterales Abkommen garantierte eine Mindestwassermenge für die
türkische Seite.

In den 1980er Jahren sorgte das genannte Südostanatolien-Projekt
(GAP) für Spannungen. Der türkische Plan, entlang von Euphrat und
Tigris 22 Staudämme und 19 Wasserkraftwerke zu bauen, stieß sowohl in Syrien als auch im Irak auf scharfe Kritik. Beide Staaten sind
auf das Wasser von Euphrat und Tigris angewiesen. Kritik an dem
Bauvorhaben kam auch von Archäologen und der örtlichen Bevölkerung, mehrheitlich Kurden, die in großem Maßstab umgesiedelt wurden. Im Jahr 2010 hatte die Türkei 44 Prozent des gesamten Projekts

realisiert. Wenn es vollständig umgesetzt ist, wird die Türkei nach Schätzungen von Wasserexperten der Universität Genf dem Euphrat bis zu 70 Prozent des Wassers entziehen.

Im Februar 2011 wurde als Zeichen der sich vertiefenden politischen und wirtschaftlichen Beziehungen zwischen Damaskus und Ankara von den Ministerpräsidenten beider Länder der Grundstein für den »Damm der Freundschaft« am Orontes gelegt. Der damalige syrische Ministerpräsident Mohammad Naji Otri sprach von einem »wichtigen Symbol der Freundschaft in den strategischen Beziehungen« beider Länder. Der Staudamm (Kosten 28,5 Millionen US-Dollar) sollte der Bewässerung von bis zu 13.000 Hektar landwirtschaftlichen Gebietes dienen und Überflutungen verhindern. Außerdem war die Erzeugung von 16 Millionen Kilowatt Strom/Jahr geplant, der zu gleichen Teilen zwischen den Staaten geteilt werden sollte. Die Baustelle lag im türkisch-syrischen Grenzgebiet zwischen den Ortschaften Al-Allani (Syrien) und Ziyaret (Türkei). Im Juni 2011 wurde die Arbeit am »Damm der Freundschaft« bis auf weiteres eingestellt.

Trotz angespannter Beziehungen stand Syrien 2012 noch immer auf Platz 46 der Exportländer für die Türkei. Im Vergleich zum Jahr 2001 war der Export um 77 Prozent gestiegen. Produkte für die Stromversorgung erzielten dabei den höchsten Umsatz, gefolgt von Getreide und Getreideprodukten, Eisen und Stahl, Textilien und Pflanzenöl. Insgesamt wurden 2012 noch Waren im Wert von 498 Millionen US-Dollar aus der Türkei nach Syrien exportiert. Umgekehrt stand Syrien als Importland für die Türkei (2012) nur auf Platz 101. Die Türkei führte 2012 syrische Produkte im Gesamtwert von 67 Millionen US-Dollar ein. Gegenüber dem Vorjahr 2011 waren die Exporte um 87 Prozent gesunken, gegenüber 2001 um 85 Prozent. 2011 hatte die Türkei syrische Produkte im Wert von 524 Millionen US-Dollar eingeführt. An erster Stelle Düngemittel, Textilfasern, Gemüse- und Obstprodukte, Metallprodukte. Türkische Unternehmen konnten bis 2012 Projekte im Wert von 258,4 Milliarden US-Dollar umsetzen. Ende 2012 lagen die türkischen Direktinvestitionen in Syrien bei etwa 700 Millionen US-Dollar. Anfang Dezember 2011 wurden alle bilateralen Abkommen zwischen Syrien und der Türkei suspendiert.

Muslimische Brüder

Mit Beginn der Unruhen in Tunesien und Ägypten um die Jahreswende 2010/11, die schließlich zum Rücktritt der langjährigen Präsidenten Zine el Abidine Ben Ali (Tunesien) und Hosni Mubarak (Ägypten) führten, änderte sich die türkische Außenpolitik gegenüber Syrien schlagartig. Ermuntert vom Westen und von türkischen Verbündeten in den Golfstaaten, die mit Ben Ali und Mubarak langjährige Partner verloren hatten, gerierte sich die Türkei als das große Beispiel für die arabischen Staaten, die nach neuen Strukturen suchten. Als Land mit einer islamischen Kultur im Mittelmeerraum und als NATO-Partner wird die Türkei von der Adalet ve Kalkınma Partisi (AKP) regiert, übersetzt bedeutet der Name »Partei für Gerechtigkeit und Aufschwung«.

Die AKP ist eine Schwesterpartei der arabischen Muslimbruderschaft (Al-Ikhwan al-Muslimeen), die 1928 in Ägypten als Widersacher der britischen Mandats- bzw. Kolonialherrschaft gegründet worden war. Im Laufe der Jahre entstanden weitere Bruderschaften in benachbarten arabischen Staaten. In Syrien wurde die Muslimbruderschaft noch während der französischen Mandatszeit offiziell im Jahr 1944 in Aleppo gegründet. Von Anfang an gab es einen Konflikt in der Bruderschaft zwischen einem gemäßigten Flügel der Damaszener Händlerklasse, der sich vor allem dem Islamstudium widmen wollte und einem Flügel, der den politischen Islam verfolgte und sich auch bewaffnete. 1947 kandidierte die Muslimbruderschaft zu den ersten freien Parlamentswahlen nach dem Abzug der Franzosen und zog mit drei Abgeordneten ins Parlament in Damaskus ein.

Mit dem Versuch, den Islam zur offiziellen syrischen Staatsreligion zu erklären, scheiterte die Bruderschaft und akzeptierte 1949 (andere Quellen sprechen von 1950) die vom Parlament verabschiedete säkulare Verfassung für Syrien, die eine Trennung von Staat und Religion festschrieb. Zwischen der Bruderschaft und der säkularen Baath-Partei in Syrien entwickelte sich eine politische Konkurrenz, die zunehmend gewaltsam ausgetragen wurde.

Ende der 1970er Jahre startete die Muslimbruderschaft eine bewaffnete Kampagne gegen die herrschende Baath-Partei. 1982 wurde der Aufstand in Hama blutig niedergeschlagen. Zehntausende starben, Tausende wurden verhaftet oder verschwanden, die Organisation wurde verboten, die Mitgliedschaft mit dem Tode bestraft. Ihre überlebenden Anhänger und Familien flohen nach Jordanien, in den Libanon, nach Saudi-Arabien und in andere Golfstaaten. Die Spitze der Organisation (Al-Attar) erhielt in Deutschland politisches Asyl und ließ sich in München und Aachen nieder. Auch in Schweden, Großbritannien und Österreich entstanden neue Basen. Sukzessive baute die Muslimbruderschaft ihren Einfluss auf Moscheen und muslimische Vereine aus. Dabei kooperierte sie auch mit türkischen Verbänden. Jenseits des Einflusses auf die Moscheen hat die Muslimbruderschaft heute von Europa bis zum Golf ein weit verzweigtes Netz von türkischen und arabischen Geschäftsleuten und Hilfsvereinen (Islamische Wohlfahrtsstiftungen) geknüpft. Nach eigenen Angaben ist die Gruppe in 70 Ländern vertreten, in Deutschland wird die Muslimbruderschaft als »eine der einflussreichsten sunnitisch-islamistischen Bewegungen im Nahen Osten« vom Verfassungsschutz (Niedersachsen) beobachtet – ungeachtet der auch geheimdienstlichen Funktionalisierung der Organisation aus geostrategischen Interessen.

In der Türkei hat die AKP unter Erdogan den Weg hin zu einem islamischen Staat gut vorbereitet. In den ersten zehn Jahren seiner Amtszeit als Ministerpräsident wurden in der Türkei 17.000 neue Moscheen gebaut, rechnete die Zeitung *Milliyet* im Februar 2013 vor. Damit stieg die Zahl von Moscheen von 76.000 auf 93.000. Die Zahl der öffentlichen Schulen lag hingegen nach wie vor bei 32.000.

Von der Partnerschaft zur Konfrontation

Die Kehrtwende der Türkei gegenüber Syrien vollzog sich rasch. Man habe bei »jeder passenden Gelegenheit« die syrische Führung zu Reformen gedrängt, heißt es knapp auf der Webseite des türkischen Außenministeriums. Die Regierung hätte »auf die demokratischen Bedürfnisse des syrischen Volkes achten« müssen. Nun sei die Lage so sehr eskaliert, dass »Frieden und Stabilität im Mittleren Osten« in Gefahr seien und man sich nichts mehr wünsche, als dass die Ereignisse sich »in eine bessere Richtung« entwickelten. Die Türkei sei bereit, »alles für einen Reformprozess beizutragen«.

Das Auftreten der türkischen Führung war und ist allerdings von deutlicher Konfrontation gegenüber dem bisherigen Partner Syrien geprägt. Die Proteste seien ein »Kampf für die Freiheit«, so der damalige türkische Ministerpräsident Recep Tayyip Erdogan in einem Interview (Hürriyet, Mai 2011) und fügte hinzu: »Wir wollen kein zweites Hama-Massaker sehen.«

Die direkte Verbindung der Ereignisse in Syrien 2011 mit der gewaltsamen Niederschlagung des Aufstandes der Muslimbruderschaft in Hama (1982) machte deutlich, dass Erdogan seiner Regierung nicht die in zwischenstaatlichen Beziehungen gebotene Neutralität verordnete, sondern eindeutig auf Seiten der »syrischen Brüder« – der Muslimbruderschaft – Partei ergriff. Erdogan ging noch weiter und verglich das Vorgehen der syrischen Sicherheitskräfte gegen Teile der eigenen Bevölkerung mit dem »Massaker von Halabja«. In der nordirakischen, mehrheitlich von Kurden bewohnten Stadt Halabja (nahe der irakisch-iranischen Grenze) waren im März 1988, kurz vor Ende des irakisch-iranischen Krieges (1980–1988) etwa 5.000 kurdische Einwohner bei einem Luftangriff mit Giftgas getötet worden. Die genauen Umstände wurden nie aufgeklärt. International wurden die irakische Armee und der damalige Präsident Saddam Hussein verantwortlich gemacht. Die wiesen die Verantwortung zurück.

Unmittelbar nach dem Halabja-Vergleich setzte Ankara noch eins drauf und ließ gleich zwei Treffen syrischer Oppositioneller zu: eines in Istanbul im April 2011, ein zweites in Antalya im Mai 2011. Die Zusammenkunft in Antalya war Beobachtern zufolge dominiert von Vertretern der in Syrien verbotenen Muslimbruderschaft – ein weiterer offener Affront gegen Damaskus. Aus Protest gegen die Rolle der Muslimbruderschaft bei dem Treffen hatten verschiedene syrische Exiloppositionelle eine Teilnahme abgelehnt. »Für uns ist die Muslimbruderschaft wie die PKK für die Türkei«, sagte der syrische Botschafter Nidal Kabalan in Ankara. Die Arbeiterpartei Kurdistans und ihre Anhänger werden in der Türkei seit 1984 als »terroristische Vereinigung« verfolgt.

Die scharfen Worte, insbesondere der Verweis auf die große Wunde in der syrischen Gesellschaft, das Massaker von Hama, sorgten für Unruhe. Botschafter Kabalan bemühte sich weiterhin, die guten Beziehungen zwischen Syrien und der Türkei zu betonen. Man könne »unterscheiden zwischen denjenigen, die sich in die inneren Angelegenheiten Syriens einmischen wollen und denjenigen, die Syrien kritisieren, weil sie Sympathien für uns empfinden«, so der Botschafter. Als Provokation wertete man in Syrien zugleich den Aufbau von Lagern des türkischen Roten Halbmondes an der türkisch-syrischen Grenze. Diese waren schon im Mai 2011 entstanden, als es noch keine Flüchtlinge aus Syrien gab. Ihre Errichtung war wie eine Einladung: Einen Monat später, Mitte Juni, flohen tatsächlich etwa 10.000 Einwohner in die Türkei vor den Kämpfen in Jisr Al-Shughour, das nur 20 km von der Grenze entfernt liegt. Eine syrische Regierungsdelegation reiste zu Gesprächen nach Ankara und forderte die Geflohenen – die von der Türkei und Syrien als »Gäste« in der Türkei bezeichnet wurden – zur Rückkehr auf. Damaskus bot Unterstützung und Hilfe an, falls bei den Kämpfen Eigentum der Geflohenen zerstört worden sein sollte. Der Aufruf verhallte ungehört.

Einige erklärten die konfrontative Haltung Erdogans gegenüber dem Nachbarn mit den bevorstehenden türkischen Parlamentswahlen, die zum Zeitpunkt der »Hama-Erklärung« noch eine knappe Woche entfernt lagen. Der türkische Regierungschef habe um die Stimmen der konservativen muslimischen Kräfte im Land geworben, versuchten einige Kommentatoren in Syrien zu erklären, wo man den nachbarpolitischen Schwenk Erdogans um 180 Grad mit Unverständnis und Sorge verfolgte.

Doch auch nach den Wahlen vom 12. Juni 2011 – die Erdogan erneut klar für sich entscheiden konnte, wenn auch ohne die erwünschte Mehrheit – ließ der Druck Ankaras auf Syrien nicht nach. In Damaskus hieß es, die Kämpfer, die in Jisr as-Shughour einmarschiert waren, seien der Muslimbruderschaft zuzurechnen und mit Gewehren aus der Türkei ausgerüstet worden. Erdogan forderte Syriens Regierung auf, gegenüber der Muslimbruderschaft politische Zugeständnisse zu machen und den Bruder des Präsidenten, Mahir al-Assad, von seinen

Aufgaben als Militärchef der eingesetzten Truppen zu entbinden. Damaskus lehnte die Forderung als »Einmischung in die internen Angelegenheiten Syriens« ab.

Die Analyse von Bashar al-Assad über die Haltung der Türkei hörte sich in einem Interview mit der regierungskritischen türkischen Tageszeitung *Cumhurriyet* Mitte 2012 so an: Erdogan habe vielleicht in den Umbrüchen in der arabischen Welt (Tunesien, Ägypten) eine Chance »zur Verlängerung seines politischen Lebens« gesehen. Erdogan habe »die Mentalität der Muslimbruderschaft«. Die sei opportunistisch und benutze Religion »zur persönlichen Bereicherung«, führt die Zeitung Assad an. Die Muslimbruderschaft sei dort, wo die Führung durch Revolutionen oder Einmischung von außen gestürzt worden seien, an die Macht gekommen. Die Entwicklung in Syrien und den erneuten Aufstand der Muslimbruderschaft habe Erdogan als Chance gesehen. »Schon vor der Krise war Erdogan mehr an der Muslimbruderschaft interessiert als an den syrisch-türkischen Beziehungen oder sogar mehr als an der Türkei selbst.« Erst habe die türkische Regierung sich nur eingemischt, nun habe sie angefangen, ganz offen »Terroristen in Syrien zu unterstützen«. Die engen bilateralen Beziehungen wurden eingefroren. Medien berichteten von der direkten Einmischung türkischer Militärs und Sicherheitskräfte, die Kämpfern den Weg nach Syrien ebneten. Syrien nahm Dutzende türkische Militärs gefangen, ohne dies allerdings medial auszuschlachten. Der syrische Botschafter bei den Vereinten Nationen in New York, Bashar al-Jaafari, schickte Hunderte Briefe an den Generalsekretär, in dem die Fälle der Zusammenarbeit türkischer Militärs mit Kampfverbänden aufgelistet wurden. Präsident Assad erklärte, man wisse, dass die »türkische Regierung direkt in das Morden am syrischen Volk verwickelt« sei. Der türkische Geheimdienst würde die Kämpfer ausbilden, ausrüsten und sie mit den notwendigen Kommunikationsmitteln versorgen. Dennoch werde man die Türkei nicht angreifen, da man davon überzeugt sei, dass »das türkische Volk den Syrern brüderlich« gegenüberstehe. Erdogan werde es nicht gelingen, »einen Konflikt zwischen den Völkern Syriens und der Türkei« zu entfachen, so Assad. Die »schlechte Geschichte zwischen Arabern und Türken« müsse der Vergangenheit angehören. Ohne es ausdrücklich anzusprechen, erinnerte Assad damit an die 400-jährige Besatzung der arabischen Welt durch das Osmanische Reich (1516–1918).

In Ankara setzte man den konfrontativen Kurs fort. Der damalige Außenminister Ahmet Davutoglu sagte schließlich, er werde »eher zurücktreten als die Hand von Präsident Assad zu schütteln, sollte dieser an der Macht bleiben.« Geschehen ist beides nicht. Bei den Präsidentschaftswahlen in Syrien 2014 wurde Bashar al-Assad im Amt für weitere sieben Jahre bestätigt und Ahmet Davutoglu wurde in der Türkei Ministerpräsident. Recep Tayyip Erdogan ist derweil der erste vom Volk gewählte Präsident.

Regionale Großmachtpläne

Die türkische Regierungsspitze spielt ein doppeltes Spiel. Als Standpfeiler der NATO gegenüber der arabischen Welt und Zentralasien wurde Ankara geradezu aufgefordert, nach den Stürzen von Ben Ali in Tunesien und Mubarak in Ägypten den führungslosen arabischen Staaten in der »Transition« als muslimischer und wirtschaftlich erfolgreicher Staat Vorbild zu sein. Besonders auf dem Tahrir-Platz in Kairo galt das »türkische Beispiel« als Vorbild für einen ägyptischen Neuanfang. Dabei war den Demonstranten wichtig, dass die AKP-Führung das türkische Militär, das zuvor wiederholt geputscht hatte, quasi »gezähmt« und in die Kasernen zurückgewiesen hatte. Auch der wirtschaftliche Erfolg der Türkei wirkte im völlig verarmten Ägypten anziehend. Erdogan reiste nach Tunesien und Ägypten und wurde sogar als Ehrengast bei den Konferenzen der Arabischen Liga empfangen. Die tiefsitzenden Vorbehalte der »Arabischen Straße« – also der Bevölkerung – gegenüber den »Osmanen« schien vorbei.

Dass die Türkei tatsächlich auf dem Ticket der Muslimbruderschaft unterwegs war, wurde vielen nur langsam klar. Im Windschatten der Veränderungseuphorie übernahm die Bruderschaft die Führung in der »Transition« und hatte dabei nicht nur die Türkei, sondern auch den Westen hinter sich. Auch das Emirat Katar zeigte sein wahres Gesicht und stellte sich finanziell und medial durch den Nachrichtensender *Al Jazeera* hinter die Muslimbruderschaft. Im September 2011 erhielt Erdogan auf einer »Arab Spring Tour« durch Tunesien, Libyen und Ägypten einen »Heldenempfang«, wie türkische Medien berichteten.

Zuvor hatte Erdogan die Strategie mit US-Präsident Barack Obama abgesprochen, berichtete später der Journalist David Ignatius (Washington Post, 7.12.2011). 13 Mal hätten die beiden Staatschefs im Laufe des Umbruchjahres 2011 miteinander telefoniert, ließ das Weiße Haus wissen. Erdogan sei der »perfekte« Partner für die US-Administration gewesen: »Er genießt große Glaubwürdigkeit auf der »Arabischen Straße«, insbesondere bei der Muslimbruderschaft und anderen islamistischen Parteien, die die arabischen Revolutionen stark gemacht haben«, schreibt Ignatius. Zudem habe Erdogan einen »Außenminister mit Kissinger-Ambitionen«, Ahmed Davutoglu. Erdogan vertrete das »türkische Modell«, worunter man eine »starke islamische Regierungspartei« zu verstehen habe, die sich »der freien Marktwirtschaft« verschrieben habe und ein »solides, pro-amerikanisches Militär im Rücken«. Immerhin verweist Ignatius auf die Demokratiedefizite in der Türkei, die für die US-Pläne in der Region und den Aufbau der Türkei als großes Beispiel auch eine Gefahr darstellten.

Doch die gemeinsame Strategie in der arabischen Umbruchzeit überwog, was gerade für die Türkei nicht selbstverständlich war. Noch 2007 hatte eine Umfrage des Pew Research Center, einem Meinungsforschungsinstitut mit Sitz in Washington, dazu, in welchen Staaten die USA als »Bedrohung« gesehen werden, ergeben, dass 64 Prozent der Befragten in der Türkei diese Meinung vertreten. Mit Amtsantritt von Barack Obama hatte sich das Verhältnis etwas entspannt.

Nach den Ereignissen in Tunesien, Libyen und Ägypten schien die Türkei als NATO-Verbündeter prädestiniert, den Mediator für einen Machtwechsel in Syrien zu spielen. Als ehemalige Partner, die sich auch privat mit ihren Ehefrauen getroffen hatten, glaubte Erdogan sich stark genug, Assad in die Knie zu zwingen. Als dieser aber nicht, wie Erdogan angekündigt hatte, innerhalb weniger Tage über den hingehaltenen »Reformstab« sprang, stand der türkische Machthaber plötzlich ohne Kleider da. Seitdem eskalierte Ankara gegenüber Damaskus und wurde dabei weiter von den NATO-Staaten und deren Verbündeten am Golf unterstützt. Wirtschaftssanktionen, offene Unterstützung für die politische und verdeckte Hilfe für die bewaffnete Opposition wurden gegen Syrien organisiert. Gefordert wurden Flugverbots- oder Pufferzonen sowie humanitäre Korridore im Norden und im Süden Syriens, wo die bewaffneten Gruppen der »Freien Syrischen Armee« und islamistische Kampfverbände ihre Stellungen hielten.

Bei den Kämpfen zwischen den bewaffneten Gruppen kam es wiederholt zu Einschlägen auf der türkischen Seite. Die Türkei beantragte bei der NATO militärischen Schutz und die Entsendung von Patriot-Abwehrraketensystemen, was die NATO-Außenministerkonferenz im November 2012 beschloss. Auslöser war offiziell der Tod von fünf Zivilisten in dem türkischen Grenzort Akcakale (3.10.2012). Die Türkei machte einen Posten der syrischen Armee verantwortlich und schlug mit Artillerie und Mörserbeschuss insgesamt 87 Mal zurück. Dabei wurde der gesamte Militärposten der syrischen Streitkräfte zerstört. Zwölf Soldaten wurden getötet und damit auch Zeugen, die möglicherweise zur Quelle der Granaten, die die türkischen Zivilisten getötet hatten, Aussagen hätten machen können. In der halboffiziellen österreichischen Militärzeitschrift *Der Soldat* heißt es dazu in einer Kurzmeldung: »Türkei: Jene Werfergranate aus Syrien, die fünf Türken tötete, stammt eindeutig aus NATO-Beständen. Es scheint so, als hätte das NATO-Mitglied Türkei die syrischen Aufständischen mit Waffenlieferungen unterstützt. Allerdings müssten diese Lieferungen mit anderen NATO-Staaten abgestimmt sein.« (Der Soldat, 18.1.2013) Türkische Medien berichten, dass man aufgrund der Beschriftung der Granaten (120 AE HE-TNT) diese als NATO-Munition identifizieren könne.

Insgesamt sechs Patriot-Abwehrsysteme wurden von den Niederlanden, den USA und Deutschland Anfang Januar 2013 in die Türkei geliefert. Man habe »keinerlei Absicht, militärisch einzugreifen«, sagte der damalige NATO-Generalsekretär Anders Fogh Rasmussen. »Aber wir werden das Nötige tun, um unseren Verbündeten Türkei zu schützen.«

Die türkische AKP-Regierung tut seither alles, um ihre intensive Verwicklung in die Eskalation des Krieges in Syrien nicht an die Öffentlichkeit dringen zu lassen. Anfang 2015 wurden fünf Staatsanwälte von einem übergeordneten Gericht ihrer Ämter entbunden bzw. strafversetzt, die ein Jahr zuvor versucht hatten, einen illegalen Waffentransport des Nationalen Geheimdienstes (MIT) zu untersuchen, der auf dem Weg zu Kämpfern in Syrien war. Der Transport, bestehend aus drei Lastwagen, war im Januar 2014 unweit der südtürkischen Hafenstadt Ceyhan (Provinz Adana) gestoppt worden. Der leitende Staatsanwalt hatte einen Tipp erhalten, wurde aber an der Durchsuchung der Lastwagen gehindert. Ein Beobachter fotografierte den Vorgang und veröffentlichte die Bilder später anonym. Über den Vorfall legte sich auch aufgrund einer Anordnung, der zufolge die Presse nicht berichten durfte, ein Mantel des Schweigens. Anfang 2015 wurde dann, ebenfalls anonym, ein offizieller und als »geheim« eingestufter Bericht des Gendarmerie-Generalkommandos der Provinz Adana veröffentlicht.

Nach ersten Berichten im Januar 2014 über die drei Lastwagen meldete sich auch Erdogan persönlich zu Wort und bezeichnete die Durchsuchung als einen »Verrat«. »Man kann einen MIT-Lastwagen nicht stoppen. Man kann ihn nicht durchsuchen. Niemand hat die Autorität dazu«, so Erdogan damals. Die Wagen hätten nur humanitäre Hilfe für Turkmenen in Syrien geladen. Waffen, die (durch die Türkei) nach Syrien transportiert würden, stammten nicht aus der Türkei. Der Staatsanwalt, der damals die Untersuchung angeordnet hatte, wurde entlassen. 13 Gendarmerie-Soldaten, die an der Durchsuchung der Fahrzeuge beteiligt waren, wurden wegen »Spionage« vor Gericht gestellt. Die Anklage fordert für sie bis zu 20 Jahre Gefängnis. Den Angeklagten und den Staatsanwälten wird vorgeworfen, an einer »Verschwörung gegen die Regierung« beteiligt zu sein. Ins Spiel gebracht wird die Gülen-Bewegung, eine muslimische Konkurrenzorganisation der AKP. Die Anklage bringt vor, dass es eine Verbindung zwischen der syrischen Regierung, al-Qaida und dem »Islamischen Staat im Irak und in der Levante« (ISIL) gebe, legt allerdings keine Beweise dafür vor.

Aus den Unterlagen des Gendarmerie-Kommandos geht hervor, dass der Staatsanwalt einen Tipp erhalten habe, dass drei Lastwagen Waffen und Sprengstoff für al-Qaida in Syrien transportierten. Daraufhin habe er (am 19. Januar 2014) die Durchsuchung der Fahrzeuge sowie die Beschlagnahmung aller Beweise angeordnet. Was dann geschah, gleicht einem Krimi. Sicherheitskräfte hätten die Fahrzeuge in Ceyhan gestoppt, Mitarbeiter des Geheimdienstes MIT hätten versucht, die Durchsuchung zu verhindern. Die Lastwagen seien angewiesen worden, zur Durchsuchung zur Gendarmerie in Ceyhan zu fahren. MIT-Mitarbeiter, die die Lastwagen in einem Audi begleitet hätten, sollen versucht haben, die Straße zu sperren, um die Lastwagen zu stoppen. Die MIT-Leute hätten die Zündschlüssel der Lastwagen abgezogen und angefangen zu streiten. Den Lastwagenfahrern hätten sie gesagt, sie sollten so tun, als seien ihre Fahrzeuge kaputt, einige der Gendarmen seien physisch angegriffen worden. Trotz aller Widerstände und trotz einer Intervention des Gouverneurs von Adana habe die Durchsuchung schließlich stattgefunden. Dabei wurde Erstaunliches zu Tage befördert. Jeder Lastwagen hatte zwei Metallcontainer geladen, in denen Raketen, Munition, Mörsergranaten und Douchka-Flugabwehrmunition gefunden wurden. Während der Durchsuchung wurden der Staatsanwalt und die Soldaten von den MIT-Geheimdienstlern beschimpft. Der hinzugekommene Gouverneur von Adana (Huseyin Avni Cos) erklärte: »Die Lastwagen sind auf Anordnung des Premierministers unterwegs«, niemand dürfe sich da einmischen. Der regionale MIT-Chef bestätigte die Lieferung und die Fahrzeuge wurden schließlich mit einem vom Gouverneur unterzeichneten Brief an den MIT zurückgegeben. Einer der Fahrer (Murat Kislakci) sagte unter Eid aus, dass die »Ladung von einem ausländischen Flugzeug auf dem Flughafen Ankara-Esenboga auf die Lastwagen geladen« worden seien. »Wir bringen sie nach Reyhanli (an der syrischen Grenze). Wir werden von zwei Mitarbeitern des Geheimdienstes (MIT) in einem Audi begleitet. In Reyhanli sollen wir die Lastwagen diesen zwei Leuten übergeben. Sie werden uns in einem Hotel unterbringen. Die Lastwagen werden über die Grenze gefahren. Wir haben schon früher verschiedene solcher Ladungen transportiert. Wir arbeiten für den Staat. In Ankara stellen wir unsere Lastwagen beim MIT ab. Normalerweise sagen sie uns, dass wir um 7.00 Uhr (morgens) kommen sollen. Ich weiß, dass die Ladung dem MIT gehört. Wir haben damit nichts zu tun, es ist eine Angelegenheit des Staates. Es war das erste Mal, dass wir die Ladung am Flughafen abgeholt haben. Und zum ersten Mal hat man zugelassen, dass wir während der Beladung der Lastwagen dabei stehen konnten.«

Die Regierung und regierungsnahe Medien warfen dem Staatsanwalt »Spionage« vor, woraufhin der Fall an den Militärstaatsanwalt übergeben wurde. Eine schriftliche Anordnung verbietet jede Berichterstattung über den Fall. Ein im Internet veröffentlichter Bericht mit den oben geschilderten Details über den Fall wurde gelöscht. Die Anwaltsvereinigung von Adana legte gegen das Berichtsverbot über die Durchsuchung der MIT-Lastwagen Widerspruch ein.

Dank der unerschrockenen Staatsanwälte von Adana wurde mit der Waffenlieferung des MIT an bewaffnete Gruppen in Syrien detailliert bewiesen, was ein Reporterteam der *New York Times* bereits im März 2013 veröffentlicht hatte. In der genannten Langzeitrecherche (»Arms Airlift to Syrian rebels expands, with CIA aid«, 24.3.2013) stellten die Reporter fest, dass zwischen Januar 2012 und März 2013 allein über die Türkei 131 Lufttransporte mit Waffen, Munition und anderer Ausrüstung aus Doha (Katar, 85 Flüge), Amman (Jordanien, 9 Flüge), Riad, Kharj (Saudi-Arabien, 37 Flüge) zu türkischen Flughäfen (Istanbul, Ankara, Gaziantep) geliefert wurden. Von Mitte Dezember 2012 bis März 2013 wurden zusätzlich 36 Flüge aus Zagreb (Kroatien) nach Amman registriert. Von den Flughäfen in der Türkei und in Jordanien wurden die Rüstungsgüter per Lastwagen ins syrisch-türkische Grenzgebiet gebracht. Dort wurden die Waffen unter Kontrolle der CIA an bewaffnete Gruppen aller Art verteilt.

Hugh Griffiths vom Internationalen Friedensforschungsinstitut in Stockholm (SIPRI) sagte den *NYT*-Reportern, nach »einer konservativen Schätzung die Menge dieser Flüge etwa bei 3.500 Tonnen militärischer Ausrüstung« gelegen haben dürfte. »Die Intensität und Häufigkeit dieser Flüge legen nahe, dass es sich um eine gut geplante und koordinierte geheime militärlogistische Operation handelte.«

Neo-Osmanische Vision

Während Ankara die NATO für ihre eigenen Interessen in der Region nutzt, treibt die AKP-Regierung ihre regionalen Großmachtpläne auch unter neo-osmanischen Zeichen voran. Im Jahr 2023 feiert die Türkische Republik ihr 100-jähriges Bestehen. Die AKP-Führung will mit der »Vision 2023« einen ehrgeizigen Plan umsetzen, um die zehntstärkste Wirtschaftsmacht der Welt zu werden. Um den eigenen ökonomischen Einfluss in der Region ungehindert auszudehnen, muss das vor wenigen Jahren noch wirtschaftlich aufstrebende Entwicklungsland Syrien empfindlich geschwächt, wenn nicht zerschlagen werden.

Die Türkei beansprucht Zugriff auf die Gasfelder im östlichen Mittelmeer, auf den kurdischen Nordirak (mit den Ölfeldern von Kirkuk), Transitrouten für Öl und Gas sowie das Territorium Nordsyriens, für das Ankara die Einrichtung einer »Schutzzone« fordert. Das Gebiet, das von ISIL im Osten Syriens unter Kontrolle gebracht wurde, hat Öl- und Gasvorkommen. Das gestohlene Öl wird vom »Islamischen Staat« ungehindert über die Türkei verkauft.

Zu den weiteren Zielen der »Vision 2023« gehören auch der Anstieg der Exporte (nominaler Warenexport 2009: ca. 102 Mrd. US-Dollar; 2011: ca. 135 Mrd. USD) und des Außenhandels (Außenhandelsbilanz 2011: ca. 106 Mrd. USD), Ausbau der Windenergie und Erdwärme sowie der Bau von drei Atomreaktoren. Weiterhin stehen der Ausbau der Gesundheitsversorgung und des Tourismussektors auf der AKP-Wunschliste für 2023.

Außenpolitisch will die Türkei zwar in der »Vision 2023« Konflikte lösen, tut allerdings aktuell das Gegenteil. In einem klaren Verstoß gegen die UN-Sicherheitsratsresolutionen gegen terroristische Gruppen in Syrien (Nr. 2170 und Nr. 2178) lässt Ankara den »Islamistischen Staat« wie den »bewaffneten Arm der AKP« in Syrien agieren, hieß es (Mitte November 2014) in der libanesischen Zeitung *As Safir*.

Die zunehmende Sorge der westlichen Staaten vor der Rückkehr der »Gotteskrieger« nutzt Ankara als Druckmittel, um die NATO auf den Kampf gegen die syrische Armee und Präsident Bashar al-Assad zu verpflichten. Noch ist die US-Administration zumindest offiziell dazu nicht bereit. Allerdings wurde im Januar 2015 bekannt, dass die US-Armee 400 Soldaten in die Türkei entsendet, um syrische Kämpfer für den Krieg in Syrien auszubilden und auszurüsten. Ihr Ziel: den »Islamischen Staat« zu bekämpfen und einen »regime change« in Syrien herbeizuführen.

Schon bei seiner Reise durch arabische Länder im September 2011 hatte Erdogan das Banner eines neo-osmanischen Reiches mit sich getragen. Türken und Araber hätten »eine sehr lange gemeinsame Geschichte«, sagte Erdogan in Tunis, Tripolis und Kairo. Ankara organisiert jährlich offizielle Feiern, wenn am 29. Mai an die Eroberung Konstantinopels durch den osmanischen Sultan Mehmet II. (1453) erinnert wird. Bei der Gelegenheit wurde 2013 der Grundstein für eine neue Autobahnbrücke über den Bosporus gelegt. Erdogan erinnerte zu dem Anlass daran, dass mit dem Sieg der Osmanen über das christliche Byzanz »ein dunkles Kapitel« zu Ende gegangen sei und das »Zeitalter der Erleuchtung« begonnen habe. »Auch heute schreiben wir Geschichte«, so Erdogan.

Neben Infrastrukturmaßnahmen treibt Ankara auch im kulturellen und medialen Sektor den Neo-Osmanismus voran. Um ehemalige Provinzen des Osmanischen Reiches auf dem Balkan, im Kaukasus, im Mittleren Osten und in Zentralasien an die Türkei zu binden, sendet der Sender TRT-AVAZ seit 2009 24 Stunden am Tag in verschiedenen Turksprachen. Gezeigt werden Nachrichten, Musikübertragungen, Seifenopern und nationalistische Filme aus der osmanischen Vergangenheit. Im Fokus der Berichterstattung stehen nach Angaben des Senders »pantürkische Gebiete und der Balkan«, in den Turksprachen ist »Avaz« das Wort für »Die Stimme«. Der Sender, der in Funk und Fernsehen zu empfangen ist, kann von Millionen Menschen in 27 Staaten und 13 Autonomiegebieten zwischen Bulgarien und Afghanistan empfangen werden. In China ist der Sender verboten. Begründung: Er könnte türkischen Separatismus in der Uiguren-Provinz schüren. Von der Einweihung des Senders wird Erdogan mit den Worten zitiert: »Türken und Araber sind wie die Finger einer einzigen Hand.«

Aus Sicht der Araber sieht man das anders. Nicht nur, dass die
»Arabische Straße« keineswegs Jahrhunderte osmanischer Herrschaft
und Bevormundung vergessenen hat, in der Türkei und in den arabischen Nachbarländern macht man Erdogan mit seinen ambitionierten
neo-osmanischen Großmachtplänen für innenpolitische Spannungen,
wirtschaftlichen Rückschritt und für Verluste verantwortlich, die der
Syrienkrieg bedeutet.

Anders als zur Zeit der Republikgründung unter Mustafa Kemal
Pascha, genannt Atatürk, ist das außenpolitische Motto der Türkei
nicht mehr »Frieden im Land, Frieden in der Welt«, es geht vielmehr
um regionale Expansion. Maßgeblicher Architekt dieser Politik ist
Ahmet Davutoglu, heute Ministerpräsident der Türkei. Der türkische Politikwissenschaftler Sinan Birdal (Istanbul) spricht diesbezüglich von einer »Davutoglu-Doktrin«. Seit dem Ende der Sowjetunion
tue die Türkei alles, um Partner der USA (in der NATO) zu bleiben,
wofür sie sich einerseits in der Region unentbehrlich machen müsse. Andererseits müsse sie sich als Opfer darstellen, die den Schutz
von USA und NATO brauche. Für beides brauche man Feinde an
den Außengrenzen, und so habe Davutoglu die Strategie entwickelt,
im Osten und Süden der Türkei eine Art Pufferzone anzulegen, in
der ethnische und religiöse Gruppen einen Stellvertreterkrieg führten. Dadurch könne die Türkei sich als ständig bedroht darstellen, so
Birdal. Westlichem Druck nach Reformen und Einhaltung der Menschenrechte, beispielsweise gegenüber den Kurden, sei Ankara dadurch entgegengekommen, dass es Verhandlungen mit ihrem innenpolitischen Erzfeind, der PKK aufgenommen habe. Gleichzeitig führe
die Türkei gegen Schwesterorganisationen der PKK Krieg außerhalb
der Grenzen der Türkei, wofür Ankara sich bewaffneter Gruppen in
Syrien und zunehmend auch im Irak bediene.

Angesichts der rasanten Eskalation des Krieges in Syrien und des
immensen Zulaufs, die Kampfverbände wie der »Islamische Staat«,
die Nusra-Front oder die Islamische Front haben, bleibt abzuwarten,
ob die Türkei den Krieg tatsächlich ante portas halten kann. Schon
2014 kam es im Grenzgebiet zu Auseinandersetzungen zwischen Kurden und IS-Anhängern. Türkische Geheimdienstquellen berichteten

Anfang 2015, dass es in der Türkei 3.000 Mitglieder und Anhänger von ISIL gebe. Nach den Anschlägen von Paris im Januar 2015 (auf die Redaktion von *Charlie Hebdo*) seien alle Geheimdienststellen im Land wegen möglicher Anschläge auf ausländische Botschaften oder Staatsbürger auf höchster Alarmstufe (»roter Alarm«). Gewarnt wurde auch vor so genannten »Schläferzellen«, die jederzeit und überall Bombenanschläge verüben könnten. Der türkische Außenminister Mevlut Cavusoglu räumte ein, dass sich bis zu 700 Türken dem IS angeschlossen hätten. 7.250 Personen, die vermutlich ins Kampfgebiet fahren wollten, sei die Einreise in die Türkei verweigert worden, so Cavusoglu. 1.160 mögliche »Gotteskrieger« habe man ausgewiesen. Es war das erste Mal, dass die Türkei öffentlich solche Zahlen benannte. Noch im Herbst 2014 hatte Präsident Erdogan den Transit von Kämpfern heruntergespielt und von »Touristen« gesprochen, die durch die Türkei nach Syrien gereist seien.

Vier Jahre nach Beginn des Krieges in Syrien regt sich auch innenpolitisch Widerstand gegen die Syrien-Politik von Erdogan und Davutoglu: Kurden, Aleviten und Araber, die vor allem in der Provinz Adana und entlang der Grenze zu Syrien und zum Irak siedeln, zeigen bei Straßenprotesten immer deutlicher ihre Ablehnung. Die zunehmend islamisch ausgerichtete Politik der AKP stößt selbst in den eigenen Reihen auf Kritik. Politik und Wirtschaft kommen nicht daran vorbei, dass das Ansehen der Türkei in der arabischen Welt und der wirtschaftliche Aufstieg seit 2011 deutlich leiden. Syrien war für türkische Produkte die Brücke zu den Absatzmärkten der arabischen Halbinsel. Dieser Export war Ende 2012 von 1,4 Milliarden (vor März 2011) auf 300 Millionen US-Dollar gesunken. Tausende Unternehmer und Fabriken hätten schließen müssen, Lastwagenfahrer, die gut von den Langstreckentransporten türkischer Güter durch Syrien nach Saudi-Arabien, Libanon, Ägypten, Jordanien und selbst nach Israel leben konnten, wurden arbeitslos. See- oder Lufttransporte benötigten neue Verträge und waren teuer. Der Irak, den die Türkei als Transitland bedrängte, weigerte sich. Hinzu kommt, dass Syrer, die in die Türkei geflohen waren, dort anfingen, eigene Geschäfte aufzumachen. Viele Unternehmer aus Aleppo versuchten in der Türkei einen wirtschaftlichen Neuanfang.

Das türkisch-syrische Grenzgebiet wurde derweil zu einem unüber-
sichtlichen Umschlagplatz für die Kriegsindustrie, die mit der zunehmenden Militarisierung des Konflikts in Syrien entstanden war. Waffen,
Munition, militärische Ausrüstung, Kämpfer, Lebensmittel und medizinische Hilfsgüter gelangten ebenso wie Journalisten und »humanitäre Helfer« illegal über die Grenze nach Syrien. Die Schmuggler und
Begleiter, die den Weg vorbereiteten, kassierten Hunderte und Tausende US-Dollar an Wegegeld. Umgekehrt strömten Flüchtlinge mit
bezahlter Hilfe von Schleppern in die Türkei, wo sie von internationalen Hilfsorganisationen versorgt wurden. Das »Geschäft mit der Hilfe«
blüht mit der Kriegsindustrie ebenso auf, wie Drogen- und Menschen-
handel. Orte wie Reyhanli, Kilis und Gaziantep fielen mit der Zeit
fast vollständig unter die Kontrolle von Kampfverbänden und internationale Hilfsorganisationen. In Gaziantep sitzt offiziell auch die von
der oppositionellen syrischen Nationalen Koalition eingesetzte »Exil-
Regierung«, die finanziell und politisch von der Türkei, den USA und
Verbündeten unterstützt wird. Krankenhäuser, Hotels, Restaurants,
Kommunikations- und Transportnetze dienen dem Krieg. Die Versorgung der Flüchtlinge machte die Türkei zu einem Vorzeigemodell und
lenkte den Blick davon ab, dass monatlich rund 1.000 Kämpfer die
Grenze nach Syrien ebenso ungehindert passierten, wie die staatlich
betreuten Waffentransporte. Die großen Zahlen der Flüchtlinge dienten gleichzeitig der AKP-Regierung, mehr militärische, finanzielle und
politische Unterstützung zu fordern.

5.
Der Irak

Die Beziehungen zwischen Syrien und dem Irak waren seit Beginn des Iran-Irak-Krieges (1980–1988) angespannt. Der syrische Präsident Hafez al-Assad verurteilte den Krieg gegen den Irak, weil dieser von der gemeinsamen Sache gegen Israel ablenkte. Als die USA den Krieg gegen den Irak 2003 begannen, gehörte der junge Präsident Bashar al-Assad zu den schärfsten Kritikern des Waffengangs. Großbritannien und die USA hatten Damaskus offen gedroht, dass Syrien das nächste Ziel sein könne, wenn es sich folgenden westlichen Wünschen nicht beugte: keine Unterstützung des bewaffneten palästinensischen Widerstandes, keine Unterstützung der Hisbollah, Abzug der Truppen aus dem Libanon, Ende der Beziehungen zum Iran und Aufgabe der von Israel 1967 völkerrechtswidrig besetzten und 1982 annektierten Golanhöhen. Bashar al-Assad blieb bei seinem Nein, was ihn auf der »Arabischen Straße« zum beliebtesten arabischen Staatsmann werden ließ. Während der blutigen Jahre 2004 bis 2007 flohen Hunderttausende Iraker nach Syrien, wo viele von ihnen eine neue Heimat fanden. Syrien nahm auch Politiker der irakischen Baath-Partei und Militärs auf, die im Irak gesucht wurden. Mit wachsendem Einfluss des Irans auf die Regierung in Bagdad entspannten sich die syrisch-irakischen Beziehungen.

Angespannte Beziehungen

Als die Umbrüche in Tunesien und Ägypten 2010/2011 begannen, waren die Beziehungen zwischen dem Irak und Syrien angespannt.

Im Vorfeld der Parlamentswahlen 2010 hatten schwere Anschläge auf irakische Ministerien das Land erschüttert.

Ende 2009 begannen die Vorbereitungen zu den Parlamentswahlen 2010. Medien schürten Angst davor, dass es zu Anschlägen kommen könnte, die monatlichen Zahlen der Toten waren zurückgegangen. Das Internetportal *Iraq Body Count* (www.iraqbodycount.org/database) zählte bis Jahresende 2009 insgesamt 5.309 zivile Todesopfer durch Gewalt, Kämpfe und Anschläge. 2008 waren es fast doppelt so viele gewesen: 10.240.

Doch nach einer kurzen Phase der Annäherung fielen die Beziehungen zwischen Irak und Syrien erneut auf einen Tiefpunkt. Auslöser waren schwere Anschläge auf irakische Ministerien (Außen, Finanzen) im August 2009, was in der arabischen Liga für scharfe Auseinandersetzungen sorgte. Der von den US-Truppen besetzte Irak machte Syrien verantwortlich. Kronzeuge war ein ehemaliger irakischer Polizeichef, der von der US-Besatzungsbehörde entlassen worden war. Er erklärte, den Anschlag im – telefonisch erfolgten – Auftrag der syrischen Baath-Partei verübt zu haben. Syrien lasse »Terroristen frei herumlaufen« und »90 Prozent der ausländischen Terroristen«, die im Irak Anschläge verübten, kämen aus Syrien, so der damalige Ministerpräsident Nuri al-Maliki. Dieser hatte einen Tag vor den Anschlägen in Damaskus eine Liste von Personen vorgelegt, die Syrien an den Irak ausliefern solle. Syrien lehnte ab, aus Prinzip. Die unabhängige Tageszeitung *Al Watan* verwies darauf, dass weder der amtierende Präsident Jelal Talabal noch Ministerpräsident Nuri al-Maliki in ihren Ämtern wären, wenn Syrien allen Auslieferungswünschen nachkäme. Beide Politiker lebten während der Zeit von Präsident Saddam Hussein in Syrien im Exil. Der syrische Präsident Bashar al-Assad verwies auf mehr als 1 Million irakische Flüchtlinge in Syrien, die Schuldzuweisungen an Syrien seien »unmoralisch und politisch motiviert«. Beide Staaten zogen ihre Botschafter ab, Maliki forderte von den Vereinten Nationen ein Kriegsverbrechertribunal gegen diejenigen (in Syrien) zu eröffnen, die »brutale Verbrechen gegen unsere Sicherheit und Stabilität verübt und den Tod von vielen unschuldigen Menschen verursacht haben«.

Einer Umfrage in der *Jordan Times* (Amman) zufolge glauben 83 Prozent, dass die Verschlechterung der Lage im Irak sich negativ auf die Stabilität der Region auswirken werde. Politiker der Region, auch aus dem Iran, gaben sich in Damaskus und Bagdad die Klinke in die Hand, um zu vermitteln. EU und USA wünschten dringend Stabilität, der türkische Außenminister Ahmet Davutoglu kündigte Vermittlungen an. Syrien und Irak seien »Brüder, Nachbarn und strategische Verbündete«, so Davutoglu. Die Verstimmungen sollten wie eine »interne Familienangelegenheit« behandelt werden. Die Arabische Liga nahm sich der Sache an.

Bei einem Außenministertreffen der Liga akzeptierte Syrien die Türkei und die Liga als Vermittler. Die schlugen vor, den Konflikt vor allem medial zu deeskalieren, die abgezogenen Botschafter zurückzuschicken und bilaterale Sicherheitsgespräche zu beginnen. Auch im Irak wurden die hitzigen Vorwürfe der Regierung Maliki gegen Damaskus kritisiert. »Anstatt intensive Diplomatie zu nutzen, um mit Syrien gemeinsam die Gewalt im Irak einzudämmen, geht die Regierung in die Medien und unternimmt akrobatische Anstrengungen, etwas vorzuführen«, hieß es in einem Kommentar der Tageszeitung *Az-Zaman*. Im Übrigen müsse die Regierung Maliki alle irakischen Gruppen im Land ethnisch, religiös und politisch vereinen. Doch der Spaltpilz, den die US-Besatzungsbehörde CPA bereits mit der Formierung der ersten Übergangsregierung 2003 im Irak eingepflanzt hatte, überwuchere das Zweistromland.

Maliki, der bei den Provinzwahlen als stärkster Politiker gewonnen hatte, trat bei den Parlamentswahlen mit einem Bündnis aus 40 Parteien an. »Koalition für Rechtsstaatlichkeit« (Dawlat al-Qanun) hieß die Allianz, in der er Schiiten, Sunniten, Christen und Kurden um sich gesammelt hatte. Doch nicht Religion und Herkunft seien wichtig, sondern allein das, was »gut für die irakische Nation und ihre Bewohner« ist. Die schiitisch-religiöse Linie wurde – in enger Anlehnung an Teheran – durch die »Irakische Nationale Allianz« unter Führung des Hohen Islamischen Rates für Irak vertreten. Säkular hatte sich hingegen Iyad Allawi mit der Al Iraqiya-Liste aufgestellt. In den kurdischen Autonomiegebieten hatten die traditionellen Parteien der

großen Clans von Massud Barzani (Demokratische Partei Kurdistans, KDP) und Jelal Talabani (Patriotische Union Kurdistans, PUK) mit der neuen oppositionellen »Liste für Wandel« (Goran) einen starken Konkurrenten bekommen.

Egal, wer die Wahl gewinnen werde, entscheidend für die nächste Regierung werde ihre Haltung zu den Forderungen der kurdischen Autonomieregierung sein, stellte die Internationale Krisengruppe (ICG) in einem Bericht unter dem Titel »Der Kampf um Ninive. Die neue Front in Irak« fest. Der kurdische Anspruch, die Erdölstadt Kirkuk und weitere angrenzende Gebiete der Provinz Ninive in die kurdische Autonomieregion einzugliedern, hatte das »umstrittene Gebiet« mit Anschlägen, Morden und Vertreibungen zu einer der unsichersten Gegenden in Irak gemacht. Die Mehrheit der Bevölkerung in Ninive stellen demnach sunnitische Araber, die bei den Provinzwahlen im Januar 2009 die starke Minderheit der Kurden auf den zweiten Platz verwiesen hatten. Diese hatten dennoch den gleichen Anteil an politischen Posten gefordert, was letztlich die lokale Politik paralysierte und zu immer schärferen Auseinandersetzungen und Gewalt führte. »Ohne einen Kompromiss besteht die Gefahr, dass der Konflikt ganz Irak in einen Abgrund reißen wird«, so die ICG. Der Streit um den Status von Kirkuk und die Zusammensetzung von Wahllisten verzögerte die Parlamentswahlen um zwei Monate. Sie fanden im März 2010 statt. Auf Druck des »Entbaathifizierungskomitees« waren 500 Kandidaten von den Wahlen ausgeschlossen worden. Offen hatten sich zudem die Nachbarstaaten Türkei und Iran – durch ihre Beziehungen zu konkurrierenden Listen – in die Wahlen eingemischt.

Die US-Administration, die an dem im bilateralen Sicherheitsabkommen vereinbarten Truppenabzug Ende 2011 festhalten wollte, machte Druck für einen Kompromiss für das zwischen der kurdischen Regionalregierung und der Zentralregierung umstrittene Kirkuk. Bei der Abstimmung des dafür notwendigen Wahlgesetzes saß US-Botschafter Christopher Hill auf der Besucherbank. Zuvor war er zwischen den Fraktionen hin- und hergependelt, um einen Kompromiss zu erzielen. Sieger der Wahlen wurde mit zwei Parlamentssitzen Vorsprung die al-Iraqiya-Liste von Iyad Allawi. Maliki weigerte sich,

eine Koalitionsregierung unter einem Ministerpräsidenten Allawi zu bilden, er wollte das Amt selbst behalten. Ein monatelanger Kuhhandel begann, die Regierungsbildung dauerte bis Ende 2010. Am Ende gab es eine Art »nationale Einheitsregierung«, in der die »Allianz für Rechtsstaatlichkeit« (Maliki) 17 Minister, die al-Iraqiya-Liste (Allawi) neun und der kurdische Block sieben Minister stellte. Maliki wurde Ministerpräsident, und weil er offenbar niemandem traute, übernahm Maliki auch noch die Ministerien für Verteidigung, Inneres und Nationale Sicherheit. Damit hatte er Militär, Polizei und Geheimdienst unter seiner Kontrolle. Der Vorwurf an Maliki, er nehme Züge eines »neuen Diktators« an, wurden lauter.

Als im Dezember 2010 in Tunesien und wenige Wochen später, im Januar 2011, auch in Ägypten Millionen auf die Straße gingen, nahmen im Irak die Proteste gegen Ministerpräsident Maliki zu. Die Menschen versammelten sich zu einem »Tag des Zorns« Ende Februar 2011 auf dem zentralen Tahrir-Platz in Bagdad, wo – wie auf dem gleichnamigen Platz in Kairo – ein Zeltlager aufgebaut war. Auch in anderen Städten wurde gegen Korruption, Arbeitslosigkeit und schlechte Grundversorgung protestiert. Während im Norden (Kirkuk und Mossul) Menschen von den Sicherheitskräften erschossen werden, gab in der südirakischen Stadt Basra der Gouverneur unter dem Druck von Tausenden Demonstranten seinen Rücktritt bekannt. Auch schiitische und sunnitische Kleriker unterstützten die Proteste, warnten aber vor Provokateuren. Großayatollah Ali al-Sistani betonte die Legitimität der Forderungen, die von der Regierung erfüllt werden müssten. Maliki hingegen beschuldigte die Demonstranten, Anhänger von Saddam Hussein und der verbotenen Baath-Partei zu sein, und ging auf ihre Forderungen nicht ein. Allerdings sagte die Regierung zu, die Stromversorgung zu verbessern und die eigenen Gehälter um 50 Prozent, auf 23.000 US-Dollar zu halbieren.

Zu dem Zeitpunkt saßen 835 Todeskandidaten in irakischen Gefängnissen, Entführungen und Morde, Repression gegen politisch Andersdenkende gehörten zum Alltag. Hunderte Menschen verschwanden in Geheimgefängnissen, wo Folter und Entwürdigung an der Tagesordnung waren. Die irakische Regierung wurde von der Euro-

päischen Union im Rahmen der »Integrierten Rechtsstaatlichkeits-
mission der Europäischen Union für Irak« (EUJUST LEX) sowohl
finanziell als auch mit der Ausbildung von Richtern, Polizisten und
Strafvollzugsbeamten unterstützt. Zwischen 2005 und 2010 kostete
die Mission, bei der »rechtsstaatliche Prinzipien« und die »Einhaltung
der Menschenrechte« ein zentrales Anliegen sein sollen, 40 Millionen
Euro. 2010 wurde sie um weitere zwei Jahre verlängert.

Die politischen Konflikte verschärften sich, die Gewalt nahm zu
und brach nach dem Abzug der US-Truppen Ende 2011 offen aus. Auf
der einen Seite standen die von Ministerpräsident Maliki kontrollierten Geheimdienstkräfte und die Armee, auf der anderen Seite formier-
te sich der Widerstand der westirakischen Stämme, die von Kräften
der neuen Baath-Partei und der Islamischen Partei sowie von Saudi-
Arabien und Stämmen in Jordanien unterstützt wurden. Islamistische
Gruppen, wie al-Qaida und der Islamische Staat im Irak (ISI) nutzten
im Auftrag ihrer Sponsoren aus den Golfstaaten den internen Konflikt.
Leidtragende war die Bevölkerung, egal welcher religiösen oder ethnischen Herkunft. Gleichwohl wurde der Konflikt in westlichen Medien immer mehr als Religionskrieg zwischen Sunniten und Schiiten
dargestellt. Tatsächlich wurde im Irak – wie auch im Libanon und in
Syrien – ein regionaler Machtkampf ausgetragen, befeuert von internationalen geostrategischen Interessen.

Kampf um Öl und Transportwege

Parallel zu Anschlägen und politischem Streit um die Parlamentswahlen fand 2010/2011 ein Wettrennen um die irakischen Ölvorkommen
statt. Die Regierung versteigerte meistbietend Förderlizenzen für Öl-
und Gasfelder.

Die Erdölförderung war nach der Machtübernahme durch die
Baath-Partei 1968 verstaatlicht worden. Unmittelbar nach der Machtübernahme der von den US-Amerikanern geführten Übergangsbehör-
de (Coalition Provisional Authority, CPA) hatte der als »Zivilverwalter«
eingesetzte US-Diplomat Paul Bremer nicht nur staatliche Strukturen

wie Ministerien und Armee aufgelöst und die Baath-Partei verboten, er setzte auch alle bisherigen irakischen Gesetze außer Kraft. Per Dekret verordnete Bremer eine politische und ökonomische Neuordnung des Zweistromlandes und machte den Weg frei für Großunternehmen und Konzerne. Bremer bediente sich unter anderem des Geldes, das der Irak aus seinem Ölverkauf erwirtschaftet hatte, über das das Land aber wegen der verhängten UN-Sanktionen (1990–2003) nicht frei verfügen durfte. Rund 20 Milliarden US-Dollar soll Bremer an Konzerne der Staaten verteilt haben, die die USA beim Einmarsch in den Irak unterstützt hatten. 80 Prozent der Aufträge für den Wiederaufbau des durch Sanktionen und Krieg zerstörten Landes gingen an US-Firmen. Das US-Außenministerium stellte (2013) in einem Bericht zum Investitionsklima im Irak fest, die Ölexporte seien auf dem »höchsten Niveau seit 30 Jahren«.

Bereits im Juni 2009 waren acht Ölfelder unter den Hammer gekommen, im Dezember 2009 waren 15 Felder in Süd-, Zentral- und Nordirak im Angebot, darunter die besonders ertragreichen von Qurna, Rumailah, Majnoon und Halfaya im Süden nahe der Grenze zum Iran. Die anderen angebotenen Felder befanden sich im Osten und Norden (südlich von Mossul) sowie im Zentrum des Landes. Sieben Felder fanden Abnehmer, darunter der britisch-niederländische Shell-Konzern, die infolgedessen gemeinsam mit dem malaysischen Petronas-Konzern in Majnoon Öl fördern dürfen. Exxon Mobile ersteigerte West Qurna 1, die russische Lukoil mit ihrem norwegischen Partner StatoilHydro West Qurna 2. Die bei Mossul gelegenen Felder gingen an den angolanischen Konzern Sonangol. Der chinesische Konzern CNPC erhielt in Kooperation mit BP die Lizenz für Rumaila, dem größten Ölfeld im Südirak. Die Förderung des Ölfeldes Halfaya (Ort) teilt CNPC sich mit Petronas und dem französischen Konzern Total. Die Verträge mit einer Laufzeit von 20 Jahren sehen vor, dass die Ölkonzerne in die Felder investieren und von der Förderung pro Barrel jeweils einen festgelegten US-Dollar-Betrag erhalten sollten. Der Rest fließt in den irakischen Haushalt.

Die Gesamtölvorkommen im Irak werden auf 115 Milliarden Barrel geschätzt, nach Saudi-Arabien und dem Iran verfügt der Irak damit über die drittgrößten Ölreserven weltweit. Bis 2015 sollten bis zu 40.000 Arbeitsplätze entstehen, versprach die Regierung. Ob Iraker davon profitierten, sei aber fraglich, meint Hassan Juma Awad von der Ölgewerkschaft von Basra. Vom Ölreichtum der vergangenen Jahre, als der Preis pro Barrel teilweise 100 US-Dollar erreichte, sei bei den Menschen in Basra nur wenig angekommen. Sie seien »wie ein Kamel, das Gold transportiert, aber mit Dornen gefüttert wird«.

Geld wird nicht nur mit der Förderung von Öl und Gas gemacht, Geld wird auch durch die dazugehörige Infrastruktur und den Transport verdient. Der Blick auf eine Karte mit national und international verlaufenden Pipelines im Mittleren Osten ist aufschlussreich. Gebaute, geplante und stillgelegte Öl- und Gaspipelines legen sich wie ein dichtes Netz über das Gebiet von Afghanistan über den Iran, den Irak, Syrien, die Türkei bis ans Mittelmeer und nach Europa, von der südarabischen Halbinsel über Saudi-Arabien und Ägypten, Syrien bis in die Türkei. Hinzu kommen Produktrohrsysteme, die beispielsweise Rohöl oder Flüssiggas transportieren könnten. Die einen Pipelines verlaufen innerhalb der Staaten, andere überqueren die Grenzen.

Öl und Gas aus dem Süden des Landes werden per Schiff über den Persisch-Arabischen Golf transportiert, Umschlagplatz ist Um Qasr, der einzige Tiefseehafen des Iraks auf der Halbinsel Faw (Fao). Die zweitgrößten Öl- und Gasvorkommen des Iraks liegen bei Kirkuk, im Norden des Landes, in den »umstrittenen Gebieten«. Seit der nach 2003 verfügten Umstrukturierung von Öl- und Gasförderung ist ein Dauerstreit zwischen der kurdischen Autonomiebehörde im Nordirak (Erbil) und der Zentralregierung in Bagdad neu entflammt. Bagdad beansprucht, Förderlizenzen, Öl- und Gasexport zentral über die Irakische Staatliche Ölhandelsgesellschaft (SOMO) abzuwickeln, die kurdische Regionalregierung (KRG) hat derweil ihre eigenen Verträge mit internationalen Ölkonzernen abgeschlossen. Ohne Zustimmung von Bagdad baute die kurdische Regionalregierung eine Pipeline, mit der ab Anfang 2014 Öl von Quellen um Erbil über Batman zum türkischen Hafen Ceyhan gepumpt wurde. Die Spannungen zwischen Bagdad und Erbil erhöhten sich. Die Zentralregierung stellte die vereinbarten Zahlungen aus dem nationalen Budget an Erbil ein und schloss die Pipeline, die aus Kirkuk Öl durch die Kurdengebieten zum türkischen Hafen Ceyhan brachte.

Ankara hielt sich zunächst an die internationale Vereinbarung, wonach das Öl nur mit Zustimmung von Bagdad exportiert werden kann. Ende Dezember 2013 bewilligte Ankara die Ausfuhr, Irak strengte dagegen ein juristisches Verfahren an. Im Mai 2014 exportierte die kurdische Regionalregierung erstmals mit Unterstützung der Türkei und ohne Zustimmung aus Bagdad auf eigene Rechnung Öl. 1 Million Barrel Öl wurden in Ceyhan auf einen Tanker geladen und verließen mit unbekanntem Ziel den Hafen. Die Einnahmen aus dem Verkauf wurden auf ein Konto der kurdischen Regionalregierung in Ankara gezahlt, nicht an Bagdad.

Der Vorfall fällt zeitlich zusammen mit dem Vormarsch des »Islamischen Staates«, der Anfang Juni 2014 in die nordirakische Stadt Mossul einmarschierte. Der irakische Regierungschef Maliki wurde für den Vormarsch verantwortlich gemacht. Er habe durch seine konfrontative und repressive Politik »die Sunniten« an die Seite von ISIL getrieben, hieß es in den USA und Europa. Maliki wurde zum Rücktritt aufgefordert.

Das »grüne Licht« für die Operation von ISIL im Irak sei am Rande des Energie- und Wirtschaftsgipfels des Atlantikrates (Istanbul, November 2013) gegeben worden, berichtete ein Vertrauter des libanesischen Politikers und Multimilliardärs Saad Hariri (www.nsnbc. me, 22.6.2014). Seit April 2013 sollte ISIL sich selbst durch den Verkauf syrischen Öls finanzieren. Das Öl sollte über den Irak und die kurdischen Gebiete in die Türkei zum Mittelmeerhafen Ceyhan transportiert und verkauft werden. Doch der irakische Präsident Maliki habe sich geweigert. Wäre Bagdad bei der Ausbeutung der syrischen Ölfelder (Deir Ezzor) und bezüglich der kurdischen Ölinteressen »kooperativer« gewesen, hätte der Westen sich vielleicht nicht (mit ISIL) gegen Maliki gewandt, so der Hariri-Vertraute.

Die kurdische Autonomieregierung nutzte die Schwäche des Zentralstaates. Die Peschmerga, die vor den anrückenden ISIL-Truppen aus der Umgebung von Mossul (zum Beispiel aus dem Ort Maxmour) ebenso geflohen waren wie die irakische Armee, wurden »lastwagen-

weise« (Guardian, 12.6.2014) nach Kirkuk gebracht. Dort patrouillier-
ten sie in den Straßen und »schützten« die Ölfelder. Der Einmarsch
beendete einen jahrelangen Streit darum, ob die Stadt Kirkuk eine
irakische oder kurdische Stadt sei. Bei einem Besuch der Stadt erklärte Massud Barzani, der Präsident der autonomen Region Kurdistan
(Nordirak), man werde »alle unsere Truppen« bringen, »um Kirkuk zu
sichern«. Mohammed Ihsan, ein Berater des kurdischen Präsidenten
Barzani, sagte, die Regierung in Bagdad werde akzeptieren müssen,
dass »Kirkuk jetzt zur autonomen Kurdenregion gehört«. (Quelle: Al
Shark al-Awsat, London).

Die USA und ihre Verbündeten erhöhten den Druck auf Maliki,
eine Regierung zu bilden, die die Interessen aller Iraker vertreten
könne. Nur so könne die Einheit des Iraks gewahrt werden. Gleichzeitig rief Washington bei einem Treffen in Paris mit NATO-Verbündeten
und den Golfstaaten dazu auf, gegen die Gefahr des »Islamischen
Staates« militärisch einzugreifen. Während US-Außenminister John
Kerry für die Einheit des Iraks plädierte, vertrat Israel, das seit Beginn
der arabischen Umwälzungen eher im Hintergrund agiert hatte, eine
andere Linie. Außenminister Avigdor Lieberman, der an dem Treffen
in Paris teilgenommen hatte, erklärte, die Interessen seines Landes
stimmten mit denen »moderater arabischer Nationen« überein. Sowohl Israel als auch diese »moderaten« Staaten, die er nicht spezifi-
zierte, »werden vom Iran, vom weltweiten Dschihad (Heiligen Krieg)
und al-Qaida bedroht.« Die Konflikte »in Syrien und im Irak können
in die Nachbarstaaten überschwappen« und bedrohten die Stabilität
der gesamten Golfregion, »vor allem in Kuwait«. Israel könne den
»moderaten arabischen Staaten« »effektive und zuverlässige Unterstützung« gewähren. Was er damit meinte, sagte Lieberman nicht. Für
ihn sei der Zerfall des Iraks zudem eine »ausgemachte Sache«, das
Land breche »vor unseren Augen auseinander«. Der Tag sei gekommen, an dem »eine neue diplomatisch-politische Struktur im Mittleren Osten« entstehe, Israel unterstütze die Bildung eines unabhängi-
gen Kurdistans im Nordirak. Ähnlich äußerte sich Präsident Shimon
Peres bei einem Treffen mit US-Präsident Barack Obama. Die Kurden
hätten bereits »de facto ihren eigenen demokratischen Staat gebildet«.

Dass er »demokratisch« sei, sehe man daran, dass »den Frauen Gleichberechtigung gewährt wird«. Schließlich schloss sich auch Ministerpräsident Benjamin Netanjahu mit einer Unterstützungserklärung für
einen kurdischen Staat an. Die Kurden hätten bewiesen, dass sie »ein
Volk von Kämpfern« seien, die »politische Entschlossenheit« gezeigt
hätten. Sie verdienten »politische Unabhängigkeit«.

Die Kontakte zwischen Israel und der (nordirakischen) Demokratischen Partei Kurdistans reichen zurück in die 1960er Jahre. Israel sah die ethnische Minderheit der Kurden als möglichen Bündnispartner gegen die arabischen Staaten an. Es war die Aufgabe des
israelischen Geheimdienstes, die Beziehungen zu den Kurden im Irak
auszubauen. Die KDP gruppiert sich um den einflussreichen Barzani-
Clan im Norden des Iraks und ist politisch die stärkste Partei in den
drei kurdischen Autonomieprovinzen.

Mitte Juli 2014 wandte sich der Leiter der UN-Unterstützungsmission für den Irak, Nikolay Mladenov, an den UN-Sicherheitsrat.
IS-Kämpfer hätten schwerste Grausamkeiten begangen, sagte der
UN-Diplomat per Videolink aus Bagdad. Der Sicherheitsrat müsse
Sanktionen gegen die Gruppe verhängen, forderte er. Die Verantwortlichen der Organisation und ihre Unterstützer müssten zur Re-
chenschaft gezogen werden. »Ausländische Kämpfer zu rekrutieren
und sie für Mord, Entführungen und schwere Menschenrechtsverlet-
zungen einzusetzen«, müsse von der »internationalen Gemeinschaft«
und dem Sicherheitsrat geahndet werden, sagte Mladenov. Alle UN-
Mitgliedsstaaten müssten die »bestehenden Sanktionen einhalten und
die Täter, die Organisatoren und Unterstützer dieser grauenhaften
terroristischen Taten zur Verantwortung ziehen«. Mladenov sprach
von »Kriegsverbrechen und Verbrechen gegen die Menschlichkeit«,
die ISIL bzw. der IS begangen habe. Die Gefahr, die von der Gruppe
ausgehe, betreffe nicht nur den Irak. Ausdrücklich warnte er allerdings
auch vor einem militärischen Eingreifen und sagte, »die Lösung dieser
Krise kann nicht im Werkzeugkasten militärischer Operationen gefunden werden«. Vielmehr müsse der Irak bei der Bildung einer neuen
Regierung unterstützt werden, die aktuellen Gefahren »bedrohen die
Existenz des irakischen Staates«. Nach UN-Angaben wurden allein

im Juli 2014 mehr als 900 Personen vom IS getötet, Zehntausende
Menschen wurden aus Mossul und anderen Orten der Provinz Niniveh vertrieben. Als einen Monat später, im August, jesidische Dörfer
im Nordirak angegriffen und deren Einwohner ermordet, verschleppt
und vertrieben wurden, begann eine von den USA neu geschmiedete
»Koalition« ihren neuen »Krieg gegen den Terror«.

Erst nachdem der irakische Ministerpräsident Maliki Ende August
seinen Rücktritt ankündigte und mit Haidar al-Abadi Ende September
ein neuer Mann an der Spitze der irakischen Regierung stand, kam es
zu einer Einigung im Ölstreit zwischen Bagdad und Erbil. Erbil wird
demnach 550.000 Barrel Öl pro Tag an Bagdad liefern, 250.000 Barrel von den Ölquellen um Erbil und weitere 300.000 Barrel Öl aus
Kirkuk. Im Gegenzug wird Bagdad die vereinbarten 17 Prozent aus
dem nationalen Budget an Erbil überweisen. 2013 entsprachen diese
17 Prozent einer Summe von 12 Milliarden US-Dollar.

Strategie des »Hornissennestes«:
Der Vormarsch des »Islamischen Staates«

Der plötzliche Vormarsch von ISIL aus Syrien auf Mossul und Bagdad
fand verschiedene Erklärungen. Während die einen ein starkes Bünd-
nis der irakischen Opposition (westirakische Stämme, Baath-Partei,
Offiziere der von den USA 2003 aufgelösten irakischen Armee) mit
ISIL ausmachten und von einem »Volksaufstand gegen Maliki« sprachen, vermuteten andere die Unterstützung interessierter regionaler
Staaten hinter ISIL. Die zweite Theorie basierte auf Berichten über
NSA-Dokumente, die angeblich über Edward Snowden bekannt wurden. Danach sei die Gruppe »Islamischer Staat im Irak und in der
Levante« ursprünglich von Geheimdienstagenten der USA, Großbri-
tanniens und Israels vermutlich nach 2003 gegründet worden.

Tatsache ist, dass etliche der ISIL-Anführer viele Jahre in den Ge-
fangenenlagern von USA und Großbritannien in der Provinz Basra
verbrachten und nach und nach wieder freigelassen worden waren.
Ein ehemaliger Sicherheitsoffizier im Camp Bucca, James Skylar Ger-

rond, sagte, das Lager sei wie ein »Dampfdrucktopf für Extremismus« gewesen. Festgenommen worden waren die Männer als Kämpfer von al-Qaida im Irak, die 2003 bis 2006 für schwere Anschläge verantwortlich gemacht wurde. Einige von ihnen hatten Erfahrung als Kämpfer von al-Qaida in Afghanistan gesammelt, wo ihr Kampf (gegen die Armee der Sowjetunion) wiederum von den Geheimdiensten Saudi-Arabiens und der USA aufgebaut und unterstützt worden war. Bekannt ist auch, dass der CIA mit Partnerorganisationen aus Saudi-Arabien, der Türkei und Jordanien, spätestens seit 2013 Kämpfer bewaffneter Gruppen aus Syrien in jordanischen Trainingslagern ausbildet.

Unterstützt wurde die zweite Darstellung auch durch ein Interview im arabischen Nachrichtensender *Al Mayadeen* (Beirut) mit Nabil Na'eem, einem ehemaligen al-Qaida-Kommandeur. Alle aktuellen al-Qaida-Einheiten, einschließlich ISIL, arbeiteten derzeit für die CIA, erklärte Na'eem. ISIL sei zudem als Teil einer Strategie für den Mittleren Osten gegründet worden, die »Das Hornissennest« genannt werde. Ziel dieser Strategie sei es, islamistische Kämpfer aus aller Welt nach Syrien zu schleusen. Die Strategie des »Hornissennestes« sei es, den Eindruck zu vermitteln, dass Israel von Feinden an allen seinen Grenzen umgeben sei und sich daher ständig wehren müsse. Mit einem anhaltenden Spannungszustand sollten die arabischen Nachbarstaaten zudem von Israel in militärische Auseinandersetzungen gezwungen werden, um Israel selbst freie Hand bei der Besetzung und Besiedlung arabischer Gebiete zu verschaffen. Unterstützt wird diese Darstellung wiederum durch ein Strategiepapier aus dem Jahr 1982. Darin hatte Oded Yinon, Journalist und (freier) Mitarbeiter des israelischen Außenministeriums, eine »Strategie für Israel in den 1980er Jahren« entworfen. (»A Strategy for Israel in the Nineteen Eighties«, Massachusetts, 1982, Special Document No. 1). Yinon machte in seinem Text den Vorschlag, »dass alle arabischen Staaten in kleine Einheiten zerbrochen« werden sollten. Syrien, Irak und schließlich auch der Libanon sollten »in ethnische und religiöse Gebiete« aufgelöst werden. Daran würden die arabischen Staaten schließlich zugrunde gehen. Offiziell wurde das Papier vom israelischen Außenministerium damals verworfen.

Der Kampf gegen den »Islamischen Staat«:
Ein in die Länge gezogener Krieg?

Seit Anfang 2015 herrscht im Irak Krieg, und wieder sind ausländische Truppen dort stationiert. Die US-Administration hat eine Koalition von 60 kriegswilligen Staaten geschmiedet, die aus der Luft,
von der See, auf dem Boden, logistisch oder mit Aufklärungsmaterial
sowie mit Waffen- und Ausbildungshilfe – etwa seitens der Bundesregierung – den »Kampf gegen den Terror« des »Islamischen Staates«
befeuern. Die Erfolge sind mäßig. Zwar ziehen sich die IS-Kampfverbände aus einigen Orten zurück, tauchen aber dann wie aus dem
Nichts an anderen Orten wieder auf. Die Aufzeichnungen des Internetportals *Iraq Body Count* zeigen wieder einen Anstieg der täglichen
Toten an. Für 2013 waren es 9.174, im Jahr 2014 verdoppelte sich die
Zahl fast auf 17.073. Allein im ersten Monat 2015 wurden 1.431 Tote
gezählt.

Viele Iraker fragen sich, was der internationale Kampfeinsatz
bringt. Die Zahl der Toten steigt ebenso wie die Zahl der Flüchtlinge, wirtschaftlich geht es nicht voran. Dass wiederholt Waffen,
Munitionskisten und Hilfsgüter, die für Peschmerga oder andere
kurdische Verbände gedacht sind, »versehentlich« in Stellungen
von IS-Kämpfern landen, befördert Spekulationen. Eine Meldung,
die die iranische Nachrichtenagentur IRNA Anfang Januar verbreitet, fällt auf den fruchtbaren Boden jahrelangen Misstrauens. Ein
Kommandeur der iranischen Freiwilligentruppen (Basij), die im Irak
gegen den »Islamischen Staat« kämpfen, wirft der US-Botschaft in
Bagdad vor, Schaltzentrale für den IS zu sein. Die irakischen Streitkräfte hätten Lieferungen der USA sichergestellt, die US-Flugzeuge
für IS-Kämpfer abgeworfen hätten, so der Kommandeur. Ähnliche
Vorwürfe waren erstmals im Oktober 2014 laut geworden. Der Parla-
mentsausschuss für Sicherheit und Verteidigung des irakischen Parla-
ments erklärte ebenfalls, dass Waffen und Munition der US-Amerikaner bei IS-Lagern in der Provinz Salahaddin, unter anderem bei
Tikrit gefunden worden seien. Das gleiche geschehe auch in anderen
Provinzen. Die internationale Koalition meine es »nicht ernst« mit

ihrem Kampf gegen den »Islamischen Staat«, so ein Abgeordneter. Die ausländischen Truppen seien mit ihrer modernen Ausrüstung in der Lage, den IS innerhalb eines Monats zu zerschlagen. Weil das nicht geschehe, vermutet der Abgeordnete, sehe es so aus, als zöge die US-Administration den Krieg in die Länge, um von der irakischen Regierung die Nutzungsrechte für die Militärbasen in Mossul und in Anbar (Westirak) zu bekommen.

Die US-Administration wies alle Vorwürfe zurück und erklärte, lediglich für die Kurden in der nordsyrischen Grenzstadt Kobanê 28 Pakete mit Waffen, Munition und Medikamenten abgeworfen zu haben. Eines der Pakete sei nicht bei den Kurden angekommen. Videoaufnahmen zeigten später, dass die Waffen bei IS-Kämpfern gelandet waren.

Auf der Flucht

Der neue Krieg und die andauernde ausländische Einmischung im Irak verhindern eine Lösung der innenpolitischen Querelen und Probleme, von denen es seit dem Krieg 2003 viele gibt.

Die Folgen für die irakische Gesellschaft sind verheerend. Millionen Menschen wurden im Zuge des Krieges 2003 und der daraufhin folgenden gewaltsamen Auseinandersetzungen innerhalb des Iraks vertrieben. Nach Angaben des Norwegischen Flüchtlingsrates (NRC) gilt jeder zehnte Iraker als Inlandsflüchtling. Der irakische Rote Halbmond gibt an, dass mehr als 82 Prozent der Inlandsvertriebenen alte Menschen, alleinstehende Frauen und Kinder unter zwölf Jahren sind.

Als Flüchtlinge im eigenen Land (internally displaced persons, kurz IDP) bezeichnet man den Vereinten Nationen zufolge »Personen oder Gruppen von Personen, die gezwungen wurden, aus ihren Wohnungen, Häusern oder Orten zu fliehen oder diese zu verlassen, wo sie bisher lebten«. Diese Definition ist, anders als bei der Definition von Flüchtlingen, mit keiner staatlichen Verpflichtung verbunden. Grund für ihre Flucht sind »bewaffnete Konflikte, Gewalt, Verletzung

der Menschenrechte, natürliche oder von Menschen gemachte Katastrophen«, heißt es weiter. Inlandsflüchtlinge werden diese Unglückli-
chen genannt, weil sie innerhalb ihrer Heimat auf der Flucht sind und
nie eine internationale Grenze überquerten.

Die Unterkünfte für Inlandsvertriebene sind unsicher, ungesund
und illegal, viele Menschen leben in Slums am Rande der irakischen
Großstädte. Es fehlt an Sicherheit, Nahrungsmitteln, Gesundheitsversorgung, es fehlt an sauberem Wasser und sanitären Einrichtungen. Es
fehlt an Bildung und Arbeit, Familien sind oft auseinandergerissen und
wissen nichts voneinander, Kinder mussten ihre gewohnte Umgebung
verlassen, sprechen eventuell die Sprache ihrer neuen Umgebung
nicht (kurdische Autonomieregion), alle leiden unter psychosozialem
Stress. Es gibt keinen Rechtsschutz, auf der Flucht gehen oft wichtige
Dokumente verloren. Häufig bewegen die Inlandsvertriebenen sich
von einem Ort zum nächsten, nicht zuletzt wegen Spannungen in den
Gemeinden, in denen sie Zuflucht suchen. Manche verstecken sich
auch. Etwa 60 Prozent der Inlandsvertriebenen wenden sich nicht an
staatliche Stellen, weil ihnen Dokumente fehlen, sie kein Geld für ent-
stehende Kosten haben oder weil sie den staatlichen Strukturen nicht
vertrauen. Arbeits- und Geldmangel treibt oder zwingt alleinstehende
Frauen und Mädchen häufig in die Prostitution.

Mit ihrer Flucht verlieren diese Menschen nicht nur ihr Hab und
Gut, Haus und Hof, sondern auch Schulen für die Kinder, medizinische Versorgung, Arbeitsplätze, Anschluss an öffentliche Dienste
wie Strom- und Wasserversorgung sowie nachbarschaftliche Unterstützung. Sie lassen auch die Gräber ihrer Vorfahren zurück. Als
Folgen treten massive physische, sozioökonomische und psychische
Schäden bei den Menschen auf, wenn sie vollkommen schutz- und
ziellos unterwegs sind. Anders als Flüchtlinge, die ihr Heimatland
verlassen haben, stehen Inlandsvertriebene offiziell zwar unter dem
Schutz ihrer Regierung oder nationaler Behörden, die sind im Irak
allerdings durch politischen Machtkampf und religiöse Spaltung weitgehend gelähmt.

All das gilt auch für die Menschen, die seit Beginn der Kämpfe
zwischen der irakischen Armee und Gruppen des »Islamischen Staat

im Irak und in der Levante« im Januar 2014 auf der Flucht sind. Betroffen sind vor allem Christen, Jesiden, Schabak und die wenigen verbliebenen Sabäer/Mandäer, eine der ältesten christlichen Gruppen im Mittleren Osten. Die Gewalt trifft allerdings ganz unabhängig von ihrer religiösen oder ethnischen Zugehörigkeit alle Iraker, die in den Kampfzonen leben. Auf 2,12 Millionen Menschen schätzen die Vereinten Nationen die Zahl der Inlandsvertriebenen im Irak Anfang 2015. Zehn Flüchtlingslager gibt es demnach allein in der nordirakischen Kurdenprovinz Dohuk, nahe der Grenze zur Türkei. 15 weitere Lager für Inlandsvertriebene befinden sich in den Provinzen Niniveh, Diyala, Bagdad, Kirkuk, Erbil, Missan und Sulaymania. Weitere Lager werden in den Provinzen Wassit, Babylon, Najaf und Kerbala gemeldet.

Die Verseuchung des Iraks

Die mörderischen Folgen vorheriger Kriege im Irak wurden nie beseitigt. Der dramatische Anstieg von Krebserkrankungen als Folge der radioaktiven Verseuchung durch eingesetzte Uranmunition (1991, 2003) wird international weitgehend ignoriert. Auch die Folgen der monatelangen Belagerung der Stadt Falludscha, bei der die US-Truppen massiv Waffen einsetzten, die für Wohngebiete verboten sind, wurden nicht untersucht. Die Verantwortlichen für die Verseuchung des Iraks – allen voran die USA, Großbritannien und Frankreich – weigern sich bis heute, ihre Verantwortung anzuerkennen und dem Land bei der Dekontamination und Entsorgung des Kriegsschrotts zu helfen. Auch mit der gesundheitlichen Versorgung der vielen Krebskranken und fehlgebildeten Kinder bleiben die Iraker auf sich gestellt.

Erneut setzen die US-Truppen – nun gegen den »Islamischen Staat« – A-10-Kampfflugzeuge ein, die für Transport und Einsatz von Urangeschossen speziell ausgestattet sind. 2014 lieferte die Bundesregierung 500 Milan-Raketen an die kurdischen Peschmerga im Nordirak. Nach dem Motto »Man schießt deutsch« (Zeit Online, 4.9.2014)

sollen die Milan-Raketen nun gegen den IS eingesetzt werden. Die
Raketen enthalten radioaktives Thorium und reagieren auf Mensch
und Natur wie Uranwaffen: »Ähnlich wie bei Munition aus abge-
reichertem Uran entsteht nach dem Aufprall der Rakete ein feiner,
radioaktiv und toxisch wirkender Staub, der über Nahrung, Atmung
und Trinkwasser in den menschlichen Körper gelangt. Die Folgen
sind schwere Gesundheitsschäden wie z. B. Lungenkrebs oder Schädigung des Erbguts.« (IPPNW, Pressemitteilung 7.10.2014)

Bei der Generalversammlung der Vereinten Nationen am 4. Dezember 2014 stimmte eine überwältigende Mehrheit der Mitgliedsländer dafür, dass Staaten, die durch den Einsatz von abgereicher-
tem Uran verseucht sind, internationale Hilfe gewährt werden müsse.
Auslöser der Resolution war unter anderem ein Bericht des Iraks,
in dem dieser die Vereinten Nationen um Hilfe bei der Entsorgung
der radioaktiven und giftigen Rückstände aus den Kriegen 1991 und
2003 bat. 150 Staaten stimmten für die Resolution, 27 – darunter auch
Deutschland – enthielten sich. Gegen die Resolution stimmten die
USA, Großbritannien, Frankreich und Israel.

US-Personal im Irak

Nach dem offiziellen Abzug der US-Truppen aus dem Irak 2011 ging
die Kontrolle der US-Stützpunkte an die irakische Armee über. Da
die ursprüngliche irakische Armee 2003 von dem damaligen US-
Statthalter in Bagdad, Paul Bremer, aufgelöst worden war, hatten die
USA und ihre Verbündeten während der Besatzungszeit (2003–2010)
eine neue irakische Armee aufgestellt, ausgebildet und ausgerüstet.
Als NATO-Verbündeter war auch Deutschland an der Ausbildung irakischer Militärs und Polizeikräfte beteiligt.

Gleichwohl blieben nach dem offiziellen Abzug 2011 rund 10.000
Ausbilder und Militärberater im Irak, um die US-Botschaft in Bagdad,
US-Interessen und US-Personal zu schützen. Die neue US-Botschaft
im Irak wurde Anfang 2009 eingeweiht und ist die größte ihrer Art
weltweit. Das Botschaftsgelände bedeckt in der »Grünen Zone« am

Tigris eine Fläche von rund 80 Fußballfeldern. 15.000 Angestellte arbeiten dort offiziell, die Baukosten wurden mit mehr als 750 Millionen US-Dollar angegeben.

Zum diplomatischen Personal der US-Botschaft gehörte wiederholt der US-Diplomat Robert Stephen Ford, der nicht zuletzt aufgrund seiner arabischen Sprachkenntnisse in Nordafrika und im Mittleren Osten eingesetzt war. In Bagdad war er zunächst von 2004 bis 2006, dann erneut von 2008 bis 2010. Im Dezember 2010 wurde Ford von US-Präsident Barack Obama als Botschafter nach Syrien geschickt. Der US-Kongress stimmte der Entsendung aus prinzipiellen Gründen nicht zu. Man wollte nicht, dass die USA offiziellen Kontakt zu einem »Schurkenstaat« aufnahmen, wie Syrien bezeichnet wurde.

Ein weiterer US-Diplomat, der nachhaltige Spuren im Irak und in anderen arabischen Staaten hinterlassen hat, ist der bereits erwähnte Jeffrey Feltman. Nach Einsätzen in Israel war Feltman nach dem Einmarsch der US-Truppen 2004 zunächst bei der CPA-Behörde im nordirakischen Erbil, der heutigen Hauptstadt der autonomen irakischen Kurdenprovinzen, tätig. Nach weiteren Stationen (Botschafter im Libanon 2004–2008, Staatssekretär im US-Außenministerium, 2009) wurde er 2012 zum Stellvertretenden UN-Generalsekretär für politische Angelegenheiten. Wikileaks enthüllte 2012 eine Korrespondenz aus dem für geopolitische Fragen zuständigen Think-Tanks Stratfor, die sich bereits 2011 mit einem Bericht des privaten syrischen Internetportals *Champress* befasste. Thema der Korrespondenz war ein Konzept aus dem Jahr 2008, das von Jeffrey Feltman und dem ehemaligen saudischen Botschafter in den Vereinigten Staaten und langjährigen saudischen Geheimdienstchef, Prinz Bandar bin Sultan, entwickelt worden sein soll. Bandar bin Sultan ist Neffe des saudischen Königs Abdullah. Feltman war damals US-Botschafter im Libanon. Ziel des detaillierten Plans war demnach der Sturz des syrischen Regimes.

Der damalige US-Vizepräsident Dick Cheney entwickelte die Idee des »kreativen Chaos« (US-Außenministerin Condoleezza Rice zur Zerstörung des Iraks) mit Prinz Bandar bin Sultan fort, wie Anfang 2007 der kenntnisreiche US-amerikanische Journalist Seymour Hersh

in der Zeitschrift *The New Yorker* schrieb. (Seymour Hersh, The Re-
direction, The New Yorker, 5.3.2007) Cheney und Bandar wollten
den infolge des Libanonkrieges 2006 gewachsenen Einfluss des Irans,
Syriens und der Hisbollah im Nahen Osten zurückdrängen, dafür
sollten religiöse und ethnische Gruppen in der Region gegeneinander ausgespielt werden. Basierend auf einem jahrhundertealten Reli-
gionsstreit unter den Muslimen, sollten Sunniten gegen die Schiiten
aufgewiegelt werden.

Erstes furchtbares Beispiel – vielleicht aber auch Vorlage – für diese Strategie war die professionelle, von Unbekannten verübte Spren-
gung der Al-Askari-Moschee in Samarra (2006 und erneut 2007), die
Muslimen aller Strömungen heilig ist. Für die Schiiten (der Gruppierung der Zwölferschia) hat die Moschee wegen der Grabstätten des
zehnten und des elften Imams besondere Bedeutung. Auch zwei weib-
liche Angehörige aus der Familie des Propheten Mohammad sind hier
beerdigt. Die Anschläge lösten ein Blutbad aus. Das Portal *Iraq Body
Count* zählte für 2006 29.400 Tote, 2007 waren es 25.968.

Der Plan zur Zerrüttung bzw. Zerstörung des ethnischen und religiösen Gesellschaftsmosaiks im Mittleren Osten dürfte auch Ergebnis der Erkenntnis gewesen sein, dass von dem Krieg gegen den Irak
2003 und der Zerstörung irakischer staatlicher Strukturen und der
säkularen Baath-Partei, nicht Washington und Riad profitierten, sondern das große Nachbarland Iran.

6.
Jordanien

Das Königreich der Haschemiten

Die Haschemiten (Banu Hashim) sind einer der größten arabischen Stämme, die jahrhundertelang das Gebiet des Hejaz entlang des Roten Meeres auf der arabischen Halbinsel regierten. Seit dem 10. Jahrhundert stellten die Haschemiten den religiösen Führer (Scherif) von Mekka, die Wurzeln der Banu Hasim reichen zurück bis zur Familie des Propheten Mohammad. Während der Besatzung des Hejaz durch das Osmanische Reich blieb der Einfluss der Haschemiten erhalten. Nach dem Ersten Weltkrieg setzte sich der damalige König von Najd (zentrales arabisches Hochland), Ibn Saud, gegen die Haschemiten durch und integrierte 1925 den Hejaz in das neue Königreich Saudi-Arabien.

Mit der Neuaufteilung der ehemaligen arabischen Provinzen des Osmanischen Reiches nach dem Ersten Weltkrieg entstand 1922 im südlichen Palästina Transjordanien, ein neuer Staat unter britischem Mandat. Als Anerkennung für die Rolle der Haschemiten im Kampf gegen die Osmanen, überließen die Briten dem haschemitischen König Abdullah I. den Thron Transjordaniens und unterstützten die Regierungsbildung in dem von Stämmen und Nomaden geprägten Mandatsgebiet. Eine Verfassung trat 1928 in Kraft, ein Jahr später fanden die ersten Parlamentswahlen statt. Ohne Wasser und ohne Bodenschätze war Transjordanien vollständig auf die ökonomische Unterstützung der Briten angewiesen, was in einer Reihe von bilateralen Abkommen besiegelt wurde. Herausragend bis heute ist die enge Zusammenarbeit auf militärischer Ebene. 1946 endete das britische Mandat, aus Transjordanien wurde Jordanien, das Königreich der Haschemiten.

Unmittelbar nach der Gründung des Staates Israel 1948 strömten palästinensische Flüchtlinge nach Jordanien, wo sie heute etwa 50 Prozent der Bevölkerung (6,5 Millionen) ausmachen. 1950 übernahm Jordanien mit britischer Unterstützung die Kontrolle über das Westjordanland, britische Truppen zogen erst 1958 aus Jordanien ab. Mit dem Sechs-Tage Krieg 1967 verlor Jordanien das Westjordanland an die israelische Besatzungsmacht, die auch Jerusalem besetzte. Der jordanische König allerdings behielt sein Amt als Hüter der Al-Aksa-Moschee in Ostjerusalem, die eine der wichtigsten heiligen Stätten für Muslime ist. Infolge des israelischen Eroberungskrieges flohen erneut Zehntausende Palästinenser nach Jordanien. Die folgenden Jahre waren in Jordanien mit Machtkämpfen zwischen den Palästinensern und der Regierung geprägt, Tausende Tote gab es 1970 mit der Niederschlagung der Palästinenser im »Schwarzen September«. 1974 folgte die Anerkennung der PLO durch den damaligen König Hussein. Der unterschrieb 1994 unter Vermittlung von US-Präsident Bill Clinton auch den Friedensvertrag mit Israel, das damals von Yitzhak Rabin vertreten wurde. Als Grenze zwischen beiden Staaten wurde der Jordan festgelegt. In den folgenden Jahren nahm Jordanien die Rolle des Mittlers zwischen dem Westen und Israel auf der einen und der palästinensischen Autonomiebehörde auf der anderen Seite ein. Doch die Beziehungen sind immer wieder angespannt. Ende 2014 zog Jordanien seinen Botschafter aus Israel ab, weil es für Muslime fast unmöglich geworden war, ungestört in der Al-Aksa-Moschee zu beten. Mit der NATO verbindet Jordanien seit 1994 eine Partnerschaft im Rahmen des Mittelmeer-Dialogs. Von den USA wurde Jordanien 1996 in die Liste der »wichtigen Nicht-NATO-Verbündeten« aufgenommen. Nach 2001 wurde das Land in den von den USA 2001 ausgerufenen »Krieg gegen den Terror« eingebunden, der – bis heute – vor allem vom jordanischen Militär und den Geheimdiensten geführt wird.

Gleichzeitig ist Jordanien ein wichtiges Rekrutierungsland für Dschihadisten, die in Afghanistan oder im Irak kämpften und heute in Syrien eine wichtige Rolle spielen. Abu Musa al-Zarqawi, ein Jordanier, gründete 2003 al-Qaida im Irak. Er stammte aus Zarqa, einer Stadt nördlich von Amman, die heute eins der großen Zentren für Islamisten in Jordanien ist. Ein anderes großes Zentrum ist in Irbid, das im Norden nur wenige Kilometer von der syrischen Grenze entfernt, unweit der südsyrischen Stadt Daraa liegt. Angefeuert von islamistischen Predigern entscheiden sich viele junge Jordanier, in den Dschihad zu ziehen. War es im Irak noch der Zorn über die US-Besatzung, so sind es in Syrien zunehmend konfessionelle Gründe. Die »Ungläubigen« um den syrischen Präsidenten Bashar al-Assad sollen vernichtet werden: Schiiten, Alewiten, Christen und ungläubige Sunniten, die nicht dem »wahren« Islam folgen. Nicht nur Arbeitslose und Arme ziehen in den Krieg, auch gut situierte und ausgebildete Männer verlassen ihre Familien, um in Syrien zu kämpfen. Manche stammen aus syrischen Familien, die Anfang 1980 aus Syrien flohen, als die Regierung dort einen Aufstand der Muslimbruderschaft blutig niederschlug. Andere wollen mit dem Dschihad die politischen Verhältnisse und die Grenzen zerstören, die westliche Staaten mit dem Sykes-Picot-Abkommen (1916) und der Balfour Erklärung (1917) nach dem Ersten Weltkrieg im Mittleren Osten geschaffen haben. Das betrifft auch das Königreich Jordanien. In einem Bericht der *New York Times* (12.4.2014) wird Munif Samara, ein prominenter Arzt und Islamist in Zarqa, mit den Worten zitiert: »Es gibt für die Syrer kein Syrien. Wo das Land des Islam ist, ist es unsere Pflicht, dort die Scharia durchzusetzen.« Geheimdienste schätzen die Zahl der jordanischen Dschihadisten in Syrien auf bis zu 1.200. Sie kämpfen in den Reihen der Nusra-Front und für den »Islamischen Staat«.

Verschärfung des politischen Klimas

Als um die Jahreswende 2010/11 die Umbrüche in Tunesien und Ägypten ihren Höhepunkt erreichten, befand Jordanien sich in einer anhaltenden innenpolitischen Krise. Sowohl säkulare demokratische Kräfte als auch die Anhänger des jordanischen Ablegers der Muslim-

bruderschaft (Islamische Aktionsfront) forderten Reformen. Beduinenstämme im Süden des Landes revoltierten, radikale Islamisten drohten
mit Anschlägen auf die jordanischen Streitkräfte. König Abdullah II.
hatte 2009 Parlament und Regierung aufgelöst und für November
2010 Neuwahlen angeordnet. Die Wahlen wurden von der Islamischen Aktionsfront boykottiert, was zu einem Sieg der königstreuen
Kandidaten führte. Straßenproteste brachen aus, Polizei und Armee
hielten sich zurück. König Abdullah II. sah sich allerdings erneut gezwungen, einen neuen Regierungschef zu installieren, den er mit politischen Reformen beauftragte. Da die Proteste nicht nachließen, wurde
der Regierungschef nur wenige Monate (Oktober 2011) später erneut
ausgewechselt. Auch dieser Ministerpräsident trat (April 2012) zurück,
weil er sich angesichts einer immer stärker werdenden islamistischen
Opposition nicht in der Lage sah, Reformen umzusetzen. König Abdullah II. ernannte zum vierten Mal innerhalb von zwei Jahren einen
neuen Regierungschef.

Zu diesem Zeitpunkt waren bereits Zehntausende syrische Flüchtlinge nach Jordanien gekommen, wo im Norden des Landes im Grenzgebiet zu Syrien Zaatari entstand, das größte Flüchtlingslager in der
arabischen Welt. Umgekehrt unterstützten Islamisten und die Muslimbruderschaft – die enge Kontakte in die südsyrische Staat Daraa
hatten – bewaffnete Gruppen in Syrien gegen die dortige Führung.

Die jordanische Regierungskrise hielt an. Im November 2012 kam
es – nach der Ankündigung, die Subventionierung von Benzin und
Heizöl aufzuheben – zu gewaltsamen Auseinandersetzungen zwischen Anhängern und Gegnern des Königs, drei Menschen starben.
Der König beraumte vorgezogene Neuwahlen für Januar 2013 an und
wechselte erneut den Ministerpräsidenten aus. Die Islamische Aktionsfront boykottierte wiederum die Wahlen, was zu einem klaren
Sieg der Königstreuen führte. Erstmals nahm König Abdullah II. direkte Beratungen mit dem Parlament auf.

Nachdem die Arabische Liga unter dem Druck Saudi-Arabiens
und Katars im November 2011 die Mitgliedschaft Syriens suspendiert
hatte, übernahm es wenige Tage später der jordanische König, als erstes arabisches Staatsoberhaupt den Rücktritt des syrischen Präsidenten

Bashar al-Assad zu fordern. In einem Exklusiv-Interview mit der britischen BBC (15.11.2011) sagte Abdullah II., wenn er in einer Lage wie der syrische Präsident wäre, würde er »zurücktreten und sicherstellen, dass wer auch immer nach mir kommt, die Fähigkeit hat, den Status Quo, den wir erleben, zu ändern.« Assad habe zwar »Reform im Blut«, doch läge dem syrischen Präsidenten das Wohl des Landes wirklich am Herzen, »würde er zurücktreten« und »das Regime ändern«. Gleichzeitig warnte Abdullah II. vor einer ausländischen Intervention in Syrien, die die »Büchse der Pandora« öffnen würde. Die BBC wertete die Äußerungen des jordanischen Königs als »Wendepunkt im Verhalten der arabischen Welt zu Syrien«. Die große politische, wirtschaftliche, militärische und finanzielle Abhängigkeit Jordaniens von Großbritannien und den USA legt nahe, dass König Abdullah II. sich in Absprache mit seinen Sponsoren äußerte.

Jordanien wurde zur Basis ausländischer Militärbeobachter und zum Mitglied der Kerngruppe der »Freunde Syriens«. Die USA schickten rund 700 Spezialkräfte nach Jordanien, die CIA organisierte Ausbildungslager in Jordanien und bildete Kämpfer für Syrien aus. Amman wurde Drehscheibe für Waffenlieferungen an die Kampfverbände. Wie viele Kämpfer über Jordanien in den Krieg nach Syrien geschleust worden sind, ist nicht klar, doch wurden sie sowohl unter den Flüchtlingen angeworben als auch aus nordafrikanischen Staaten eingeschleust. Als der syrische Botschafter in Amman das offen aussprach, worüber Medien ausführlich berichteten, wurde er im Mai 2014 des Landes verwiesen. Im November 2014 wurde der stellvertretende Vorsitzende der Islamischen Aktionsfront verhaftet, was die erste Verhaftung eines bekannten islamistischen Oppositionellen seit Jahren war. Das innenpolitische Klima verschärfte sich. Wegen »zunehmender Kriminalität und Morde«, wie es offiziell hieß, wurde im Dezember 2014 ein achtjähriges Moratorium der Todesstrafe aufgehoben und elf Männer wurden gehängt. Menschenrechtsgruppen protestierten und forderten politische Reformen, um die Ursache der Kriminalität – Armut und Arbeitslosigkeit – zu beseitigen.

Im Sommer 2014 hatte Jordanien sich mit der Luftwaffe der von den USA geformten »Anti-ISIL-Koalition« angeschlossen und be-

zahlte Weihnachten 2014 (24.12.2014) dieses Engagement mit dem
Absturz oder Abschuss eines seiner Kampfjets. Der Pilot wurde von
den IS-Kämpfern festgenommen und der Weltöffentlichkeit präsen-
tiert. Ein Gefangenenaustausch, wie vom »Islamischen Staat« gefordert, kam nicht zustande. Anfang Februar 2015 wurde ein Video veröffentlicht, das zeigt, wie der junge Mann in einem Käfig lebendig
verbrannt wird. Der Getötete – der 26-jährige Muath Kasasbeh – gehörte zu einem einflussreichen Beduinenstamm in Jordanien, und sein
Vater forderte, jeden einzelnen IS-Kämpfer zu töten. König Abdullah II. ließ daraufhin zwei zum Tode verurteilte Islamisten – darunter
eine Frau – hinrichten und kündigte einen »gnadenlosen Krieg« gegen
die Dschihadisten an.

Aufmarschgebiet und Militärbasis

Seit Ende 2011 berichteten diplomatische Quellen aus Amman von
ausländischen Militärtransporten, die Nacht für Nacht auf dem militärischen Teil des Flughafens von Amman eintrafen. Die erwähnte
Langzeitstudie der *New York Times*, die im März 2013 veröffentlicht
wurde, belegte Militärtransporte aus Kroatien nach Amman seit Dezember 2012. Etwa einen Monat früher begannen (auf dem Luftweg)
Militärtransporte von Amman nach Ankara. Die *NYT* berichtete im
Juni 2012, dass die CIA im Süden der Türkei und in Jordanien dabei
helfe, so genannte »nicht tödliche Waffen« und »Verteidigungswaffen«
an »ausgewählte« und überprüfte Kämpfer zu liefern. In beiden Ländern wurden so genannte »operation rooms« (Einsatzzentralen) aufgebaut, um die Kommunikation zwischen den Geheimdiensten der
»Freunde Syriens« und Kampfverbänden in Syrien aufrechtzuerhal-
ten.

Im November 2012 berichteten US-amerikanische Medien, dass
sowohl in der Türkei als auch in Jordanien bereits im Juni 2012 von
CIA und US-Spezialtruppen Trainingslager für die Kämpfer eingerichtet worden seien. Während der zweiwöchigen Ausbildung würden
diese im Umgang mit Anti-Panzer-Gewehren, Anti-Panzer-Raketen

und größeren Anti-Panzer-Geschützen geschult, berichtete die *Los Angeles Times* unter Berufung auf namentlich nicht bekannte US-Ausbilder und »Kommandeure der Rebellen«. Ein Geheimdienstmilitär der »Freien Syrischen Armee« berichtete von einem Trainingslager in Jordanien, in dem US-Amerikaner, Jordanier und Franzosen die Ausbildung leiteten. Das Lager soll sich auf einer Basis der US-Armee im Südwesten Jordaniens befunden haben, pro Kurs würden bis zu 45 Kämpfer ausgebildet, die demnach aus Daraa (Südsyrien) und aus der Umgebung von Damaskus kamen. Sie seien von einem Militärrat in Daraa ausgesucht worden. In den Ausbildungspausen hätten sie die Männer befragt, um sich ein Bild von der Lage in Syrien zu machen, berichtete einer der CIA-Männer. Nach der Ausbildung seien die Kämpfer wieder nach Syrien zurückgeschickt worden. Die Waffen, die sie über die offiziellen US-Basen erhalten hatten, seien zumindest teilweise aus Katar, Saudi-Arabien und anderen arabischen Staaten gekommen. Ein Sprecher der »Freien Syrischen Armee«, Louay al-Mekdad, sagte gegenüber der Nachrichtenagentur AP, dass die Golfstaaten seiner Gruppe auch neue Anti-Panzer-Raketen und Flugabwehrraketen geliefert hätten. Schließlich wurden auch Einzelheiten über die Spezialkräfte bekannt, die die USA in Jordanien seit 2011 wiederholt aufgestockt hatte. Unter den 700 Spezialisten waren Soldaten eines Patriot-Raketenabwehrsystems, Kampfjetpiloten, Kommandoeinheiten und Spezialisten für Kommunikationssysteme. Die Stationierung von US-Spezialkräften und militärischer Ausrüstung in Jordanien verlief weitgehend ohne öffentliche Bestätigung. Als der Umfang des militärischen Engagements aufgrund von Aussagen der oppositionellen Kampfverbände gegenüber Medien nicht mehr zu leugnen war, lieferte Washington die Begründung, dass Syrien im Besitz von Chemiewaffen sei und diese wahrscheinlich auch einsetzen würde. Die syrische Regierung wies diese Unterstellung zurück. Ein Sprecher des syrischen Außenministeriums erklärte ausdrücklich, dass die Regierung diese Waffen, sofern sie vorhanden seien, nie gegen die Bevölkerung einsetzen werde.

Kritik an der kontinuierlichen verdeckten Aufrüstung von Kampfverbänden kam von Anfang an aus Russland. »Wie kann die USA eine der zentralen syrischen Oppositionsgruppen, die Nusra-Front, als Terrororganisation einstufen und an die gleichen Leute Waffen liefern«, fragte Präsident Putin. Und: »Wo werden die Waffen landen, welche Rolle werden sie spielen?« Im Sommer 2014 fanden Mitglieder der britischen Organisation »Conflict Armament Research« Waffen, die 2012 von Saudi-Arabien und Katar an die Kampfverbände in Syrien geliefert worden waren, in nordirakischen Stellungen des »Islamischen Staates«.

Mitte Februar 2014 veröffentlichte das *Wall Street Journal* (14.2.2014) einen Bericht darüber, wie Saudi-Arabien die Kampfverbände in Syrien mit mobilen Luftabwehrraketen ausgerüstet habe. Aus dem Beitrag ging auch hervor, dass die USA den Kämpfern Millionen US-Dollar zwecks Zahlung von Löhnen übergeben hätten. Der Bericht basierte auf einem Gespräch mit dem Anführer der »Südfront«-Brigaden, Bashar al-Zoubi, der eigenen Aussagen zufolge mit Geheimdienstkräften in Amman kooperierte. Die Unterstützung mit Waffen habe »exzellente Ergebnisse geliefert«, so Al-Zoubi. »Besonders die TOW-Raketen haben die Effektivität ihrer Panzer (gemeint sind die der syrischen Armee) reduziert.« TOW kennzeichnet eine Panzerabwehrlenkwaffe aus US-Produktion. Al-Zoubi sprach von einer »Einsatzzentrale« in Amman, in der Mitarbeiter aus elf Staaten mit ihm und seinen Brigaden zusammenarbeiteten. Diese Staaten gehörten der Gruppe der »Freunde Syriens« an, wie es hieß, und entsprachen vermutlich den »London 11« der Steuerungsgruppe der »Freunde Syriens«. Namentlich genannt wurden in dem Artikel die USA, Frankreich, Großbritannien und Saudi-Arabien. Da auch Deutschland den »London 11« angehört, liegt nahe, dass auch deutsche Geheimdienstmitarbeiter in Amman stationiert waren oder noch sind. Eine entsprechende Anfrage der Autorin (16.2.2014) im Auswärtigen Amt, wo alle Informationen in einer »Task Force Syrien« zusammengeführt werden, blieb ohne Antwort.

So wie Armeen und Geheimdienste der Staatengruppe der »Freunde Syriens« Jordanien zu ihrer Basis gemacht haben, richteten sich auch Kampfgruppen und -bündnisse dort ein. Jordanien wurde an der Südgrenze Syriens zum Hinterland einer Allianz von mehr als

50 Kampfverbänden, die sich – im Februar 2014 zumindest teilweise – in der »Südfront« zusammenschlossen. Westliche Medien bezeichneten sie als »moderate Rebellen«. Die Gruppe spricht von sich selbst als »starker militärischer Arm des syrischen Volkes«. Man kämpfe, »um Syrien von Tyrannei und Extremismus zu befreien«, hieß es in einer Erklärung. Man verteidige »die Rechte des syrischen Volkes«. Als Anerkennung dafür sollen die Kämpfer ab 2015 in ein dreijähriges Ausbildungs- und Ausrüstungs-Programm von US-Militärs aufgenommen werden, um offiziell gegen Islamisten in Syrien (»Islamischer Staat«) zu kämpfen. Ihrem eigenen Programm zufolge wollen sie auch die syrischen Streitkräfte niederringen und den syrischen Präsidenten Bashar al-Assad stürzen. Die Führung der Formation liegt bei dem bereits beschriebenen »operation room« in Amman. Um den Kampf besser koordinieren zu können, wurden zusätzlich Einsatzzentralen in Syrien eingerichtet. Am 1. Januar 2015 präsentierte sich eine militärische Struktur aus Divisionen, Regimentern und einem Oberkommando, in dem Kampfverbände aus Daraa, dem Umland von Damaskus bis hin zum Qalamoun Gebirge an der Grenze zum Libanon vertreten sind. Der Zusammenschluss war vermutlich eine Voraussetzung dafür, in die US-Ausbildungsprogramme aufgenommen zu werden. In deren Rahmen sollen die Kämpfer in der Türkei, in Jordanien und Saudi-Arabien ausgebildet werden. Auch in Katar gibt es ein Trainingslager. Offiziell heißt es, die Nusra-Front sei nicht vertreten, de facto aber kooperiert diese mit der »Südfront«, das heißt sie treffen Absprachen. Besonders stark ist die Nusra-Front in der entmilitarisierten Zone des Golan vorgerückt, wo sie die UN-Blauhelme vertrieben haben.

Hinter den bewaffneten Verbänden stehen weiterhin regionale und internationale Sponsoren. Vieles deutet darauf hin, dass Katar besonders gute Verbindungen zur Nusra-Front (al-Qaida) unterhält. Saudi-Arabien steht hinter der »Südfront« und der »Armee des Islam«, die neben anderen Kampfverbänden in den östlichen Vororten von Damaskus ausharren. Für alle Kampfverbände, die südlich und westlich von Damaskus aktiv sind, ist Jordanien Aufmarschgebiet und Hinterland.

Das macht Jordanien anfällig für Konflikte, die leicht zwischen
den in Syrien konkurrierenden Kampfgruppen eskalieren können.
Der Militäreinsatz im Rahmen der »Anti-IS-Allianz« ist hoch um-
stritten in Jordanien. Der Einfluss radikaler Islamisten, die die Nusra-
Front und den »Islamischen Staat« unterstützen, ist groß. Nach der
Verbrennung des jordanischen Kampfpiloten hat König Abdullah II.
einen »gnadenlosen Krieg« gegen IS angekündigt. Es dürfte nur eine
Frage der Zeit sein, wann Islamisten in Jordanien darauf reagieren
werden.

Damit Jordanien weiterhin auf dieses Messers Schneide bestehen
kann, hat die US-Administration Anfang Februar 2015 ihre Unterstützung für den jordanischen König nicht nur erneuert, sondern auch
erhöht. In einem Abkommen über die strategische Partnerschaft beider Staaten verpflichteten die USA sich, die Stabilität Jordaniens zu
erhalten. Dafür wird Jordanien militärisch und wirtschaftlich unterstützt, ebenso bei sozialen und politischen Reformen. Da Jordanien
sich »an der Front im Kampf gegen IS und andere extremistische
Ideologie und Terroristen« befinde, »viele Flüchtlinge aus Syrien und
dem Irak aufgenommen und Probleme mit der Energieversorgung«
habe, erhöhte die US-Administration für weitere zwei Jahre (2015–
2017) ihre jährlichen Hilfszahlungen von 660 Millionen auf eine Milliarde US-Dollar.

Flüchtlinge zwischen den Fronten

Anfang Februar 2015 organisierte die Internationale Organisation für
Migration (IOM) für Diplomaten in Amman eine Fahrt an die Grenze zu Syrien. In einer Presseerklärung informierte die Organisation
darüber, dass 27 Botschaften hochrangige Vertreter geschickt hätten,
um diesen zeigen zu lassen, mit welcher schwierigen Realität es jordanische Behörden und internationale Hilfsorganisationen zu tun
haben, wenn sie Flüchtlingen aus Syrien helfen wollen. Den Diplomaten wurden auch die jordanischen Grenzwächter gezeigt, die den
Flüchtlingen helfen. Diese Grenzwächter sind Teil eines IOM-Hilfs-

projekts, das seit 2011 unter anderem von der Europäischen Union, Großbritannien, den USA, den Vereinigten Arabischen Emiraten und Kuwait finanziert wird. Die in der IOM-Erklärung genannten Staaten finanzieren auch Kampfverbände in Syrien, was allerdings nicht in der Erklärung zu lesen war. Aufgabe der Grenzwächter sei es, die Flüchtlinge an der Grenze abzuholen und sie auf drei Lager zu verteilen, heißt es in der Erklärung (4.2.2015), die IOM habe sie geschult. Man hoffe, dass die Finanzierung dieser »wichtigen humanitären Unterstützung für die verzweifelten Menschen« durch die internationale Gebergemeinschaft so lange anhalte, »wie der Konflikt in Syrien dauert«.

Generalstabsmäßig werden im jordanisch-syrischen Grenzgebiet die Flüchtlingsströme verwaltet. Empfang an der Grenze, Transport zu einem der Lager, wo sie von internationalen Helfern betreut werden. Für die Geberländer, die »Helfergemeinde«, auf deren Geld man angewiesen ist, werden exzellente Übersichtskarten entworfen und regelmäßig im Internetportal *Relief Web* eingestellt. Herausgeber ist die OCHA, die UNO-Organisation für die Koordination der Humanitären Hilfe weltweit. Ganz oben auf der Liste der Katastrophenländer steht jeweils das Land, zu dem die meisten Presseerklärungen herausgegeben wurden. Syrien besetzt seit 2011 stets einen der drei ersten Plätze und wurde nur durch die Ebola-Krise oder Flutkatastrophen kurzfristig von Platz eins verdrängt. Auf digitalisierten Karten und Schautafeln zeigen Symbole die vielfältige Hilfe an: Ein Buch bedeutet Unterricht, ein Korb mit Ähren bedeutet Nahrungsmittelhilfe, ein tropfender Wasserhahn die Versorgung mit Wasser, Toiletten und Hygieneartikeln. Zudem gibt es verschiedene Kategorien von Hilfsbedürftigen: Kinder und Frauen, Inlandsvertriebene und Flüchtlinge. Ergreifende Schicksalsberichte von Kindern, Frauen und Kranken werden mit Fotos und Videoclips unterlegt. Entlang der syrisch-jordanischen Grenze gibt es Zeltstädte für Flüchtlinge, ein offizielles Registrierungszentrum und einen Grenzübergang, über den die UNO Hilfsgüter nach Syrien in Gebiete bringt, die unter Kontrolle der Kampfverbände stehen. Ähnliche Hilfslieferungen gibt es auch aus dem Irak und aus der Türkei nach Syrien. Juristische Grundlage die-

ser grenzübergreifenden Operationen sind die UN-Sicherheitsratsresolutionen 2165 und 2191 aus dem Jahr 2014. Danach kann die UNO
auch ohne Zustimmung der syrischen Regierung Hilfslieferungen aus
dem Ausland nach Syrien bringen. Die Regierung wird lediglich »be-
nachrichtigt«. Die Resolution bekräftigt die »Souveränität, Unabhängigkeit, Einheit und territoriale Unversehrtheit Syriens« beschließt
aber gleichzeitig, Grenzübergänge zu benutzen, die von bewaffneten
Gruppen kontrolliert und auch für den Transport von Waffen und
Kämpfern benutzt werden.

Eigenen Angaben der UNO (20.1.2015) zufolge erhielten auf diesem Weg über den syrisch-jordanischen Grenzübergang Al Ramtha
376.490 Personen Lebensmittel- und Hygienepakete, Decken, Erste-
Hilfe-Kästen, Medikamente und Operationsmaterial sowie Spielzeug
für Kinder. Das Material war von sechs Organisationen (UNHCR,
UNICEF, UNFPA, WFP, WHO und IOM) zusammengestellt und
mit 187 Lastwagen in die Provinzen Daraa und Qunaitra geliefert
worden. Beide Provinzen sind in weiten Bereichen unter Kontrolle
von Kampfverbänden, darunter auch der Nusra-Front. Letztere hat
zudem im September 2014 eine UN-Blauhelm-Mission aus Qunaitra
vertrieben und Zehntausende Zivilisten in dem Gebiet zu Flüchtlingen gemacht. Die syrische Regierung lehnt diese Art von Hilfe mit der
Begründung ab, dass sie den bewaffneten Gruppen dazu verhilft, ihre
Angriffe fortzusetzen. Tatsächlich gibt es Belege, dass Hilfsgüter aus
humanitären Lieferungen direkt oder durch Erpressung der Zivilbevölkerung in die Hände von Kampfgruppen fallen. Wie Waffenlieferungen, so helfen auch humanitäre Güter den Kampfverbänden, ihre
Position zu festigen und den Krieg fortzusetzen. Die UNO argumen-
tiert, dass alle Kampfparteien verpflichtet seien, der Zivilbevölkerung
zu helfen.

Die USA, Großbritannien, Frankreich, die EU, Kanada und die
Golfmonarchien senden so genannte humanitäre Hilfe an Jordanien.
Das US-Außenministerium zahlte dafür zwischen 2012 und 2014 ins-
gesamt 444,8 Millionen US-Dollar, Kanada überwies im gleichen
Zeitraum an das Königreich 48,26 Millionen US-Dollar an »humani-
tärer Unterstützung«. Das Geld der kanadischen Regierung soll laut

einer Erklärung die Auswirkungen möglicher Chemiewaffen oder anderer Massenvernichtungswaffen lindern. Außerdem werden mit dem Geld Sicherheitskräfte im Umgang mit Flüchtlingen ausgebildet. Drittens fließt das Geld in den jordanischen Anti-Terror-Kampf. Das macht deutlich, dass die »humanitäre Hilfe« tatsächlich in militärische und sicherheitspolitische Projekte fließt. 3,8 Millionen US-Dollar (aus Kanada) sind zudem für den Aufbau Medien gedacht und sollen die Kommunikation aus Jordanien mit »syrischen Aktivisten und Mitgliedern der Zivilgesellschaft sichern«. Auch das ist nicht, was klassischerweise als »humanitäre Hilfe« gilt.

Nach Angaben des UN-Hilfswerks für Flüchtlinge (UNHCR) hat Jordanien etwa 17 Prozent der schätzungsweise vier Millionen syrischen Flüchtlinge aufgenommen (Türkei 43 Prozent, Libanon 30 Prozent, Irak 6 Prozent, Ägypten / Nordafrika 4 Prozent). Ende 2014 waren nach offiziellen UN-Zahlen 622.000 Flüchtlinge registriert, die jordanische Regierung spricht allein von 1,6 Millionen Syrern in Jordanien. Von den registrierten Flüchtlingen leben nur knapp über 100.000 in den offiziellen Lagern.

Drei offizielle Flüchtlingslager gibt es in Jordanien. Das größte Lager ist Zaatari. Das Lager Azraq gehört zum Verwaltungsdistrikt Zarqa, einem der jordanischen Zentren für Islamisten. Das dritte Lager nennt sich »Jordanisches Lager der Emirate« (ECI) und wird von den Vereinigten Arabischen Emiraten (VAE) verwaltet. Zusätzlich gibt es in fast allen jordanischen Städten Flüchtlingsunterkünfte, im Umland des Grenzübergangs Al Ramtha wurden zudem drei größere Auffanglager gebaut, wo Flüchtlinge vorübergehend untergebracht sind.

Alle Lager befinden sich in der Wüste und sind im Sommer glühender Hitze, im Winter großer Kälte und Überflutungen ausgesetzt, sofern es regnet. Das Lager Al Azraq wurde im Sommer 2014 eingerichtet und wird von der jordanischen Regierung und dem UNHCR kontrolliert. Das ECI-Camp (Mrajeeb Al Fhood) wurde im Frühling 2013 eröffnet und wird von der Rothalbmondgesellschaft der VAE geleitet. Alle Kosten des Lagers tragen die Emirate. Journalisten, die durch das Lager geführt wurden, bezeichneten es als »5-Sterne-Camp«, in dem es immer Strom und Wasser gibt und wo die rund

3.500 Flüchtlinge in weißen Fertighäusern mit festen Dächern leben. Im ECI-Lager gibt es einen Supermarkt, einen öffentlichen Treffpunkt und Medienzentren. Es gibt Kliniken, Schneider, Friseure und einen Kinderspielplatz. Will aber einer der Flüchtlinge das Lager verlassen, benötigt er die Zustimmung eines jordanischen Sponsors. Ein hoher Metallzaun, Überwachungskameras und nächtliche Bestrahlung stellen sicher, dass niemand unkontrolliert herein- oder herausspaziert.

Das Al-Zaatari-Lager wurde im Juli 2012 aus dem Wüstensand gestampft. Inzwischen leben dort mehr als 120.000 Menschen, damit ist Zaatari die fünftgrößte Stadt Jordaniens, umgeben von einem Zaun. Unter Hilfsorganisationen gilt Zaatari als nicht kontrollierbar, Konflikte und Kriminalität gehören zum Alltag. Frauenrechtsorganisationen berichteten von organisierter Prostitution und Familien, die ihre Töchter verkaufen. Die Kunden: arabische Geschäftsleute vom Golf. Luftaufnahmen zeigen das Lager als eine dichte Ansammlung von Hütten mit wenigen großen und vielen kleinen Verbindungsstraßen. Humanitäre Arbeiter berichteten (der Autorin), dass junge Männer im Lager angeworben worden seien, um als Kämpfer ausgebildet zu werden und zurück nach Syrien zu gehen. Um die Lage einigermaßen unter Kontrolle zu bringen, wurden scharfe Kontrollen eingeführt und Überwachungskameras installiert. Die Kosten des Lagers betragen pro Tag 500.000 US-Dollar (BBC, 3.9.2013); durchschnittlich werden in Zaatari 13 Kinder pro Tag geboren. 55 Prozent der Bevölkerung in dem Lager sind jünger als 18 Jahre, 21 Prozent sind Kinder unter fünf Jahren.

7.
Israel

Als Israel kurz nach seiner Staatsgründung im Mai 1948 seine Mitgliedschaft bei den Vereinten Nationen beantragte, wurde der Antrag vom
UN-Sicherheitsrat nicht behandelt. Im Dezember des gleichen Jahres
wurde der gleiche Antrag im UN-Sicherheitsrat erneut behandelt. Von
den elf Staaten stimmten fünf dafür, fünf enthielten sich. Die einzige
Nein-Stimme kam von Syrien, das die arabischen Staaten im Sicherheitsrat vertrat. Im März 1949 versuchte Israel erneut, Mitglied bei den
Vereinten Nationen zu werden. Dieses Mal stimmten neun Staaten im
UN-Sicherheitsrat dafür, Großbritannien enthielt sich und Ägypten,
das Syrien im Sicherheitsrat abgelöst hatte, stimmte mit Nein. Im Mai
1949 wurde der Antrag von Israel von der UN-Vollversammlung –
damals 58 Staaten – mehrheitlich (37 Stimmen) angenommen. Neun
Staaten enthielten sich und zwölf lehnten die Mitgliedschaft Israels ab,
darunter erneut Syrien und Ägypten sowie die anderen arabischen
Staaten Irak, Libanon, Saudi-Arabien und Jemen.

Seit 1949 hatte es zwischen Syrien und Israel Grenzgefechte auf dem
Golan gegeben, Israel wollte sein Gebiet auf das östliche Ufer des Sees
Genezareth und nördlich davon bis an den Fuß des Hermon-Gebirges
ausdehnen. Es handelt sich dort um außerordentlich fruchtbares und
gut bewässertes Gebiet, das seit Jahrhunderten von libanesischen und
syrischen Drusen und syrischen Tscherkessen kultiviert worden war.
Die UNO hatte in ihrem Teilungsplan 1947 Teile dieser Gebiete Israel
zugesprochen, was Syrien und der Libanon nie akzeptierten. Während
des Krieges jüdischer Kampfverbände gegen die britischen und palästinensischen Einheiten 1948 – in Israel spricht man vom »Unabhän-

gigkeitskrieg«, die Araber sprechen vom Palästina-Krieg – hatte Syrien
Soldaten auf den Golanhöhen und rund um das Hermon-Gebirge stationiert, das Israel im UN-Teilungsplan zugesprochen worden war. Der
Krieg endete für Syrien mit einer Niederlage, die durch einen Waffenstillstand besiegelt wurde. 1949 zog Syrien seine Truppen zurück, die
umstrittenen Gebiete sollten von der UNO entmilitarisiert werden.

Während Syrien nach seiner Unabhängigkeit (1946) in den 1950er
Jahren eine turbulente innenpolitische Zeit durchlebte, folgte in Israel
auf die Staatsgründung gleich eine stabile Phase mit gleichzeitigem
Ausbau der internationalen Beziehungen. Militärisch wurde Israel von
Frankreich und den USA ausgerüstet, die syrische Armee wurde nach
und nach von der Sowjetunion aufgebaut. Die permanenten Versuche
von Israel, die Grenze Richtung Syrien immer weiter auszudehnen,
wurden von den syrischen Streitkräften abgewehrt. Allerdings führte
jede Reaktion Syriens auf die israelischen Ausdehnungsversuche zu
einem noch schärferen Angriff der israelischen Streitkräfte.

Aus israelischer Sicht spricht man von drei Angriffen Syriens auf
Israel – 1948, 1967 und 1973 – gegen die man sich gewehrt habe. Aus
syrischer Sicht handelt es sich um Kriege zur Verteidigung arabischen
Bodens bzw. der Rückgewinnung des Golan, den Israel 1967 besetzt
hatte. Dem Vormarsch der inzwischen hochgerüsteten israelischen Armee auf die Golanhöhen 1967 hatten die syrischen Streitkräfte nicht
viel entgegenzusetzen. 130.000 Menschen wurden aus ihren Dörfern
vertrieben und flohen nach Damaskus. Etwa 7.000 Syrer, die meisten
Drusen, blieben in ihren Dörfern in dem von Israel besetzten Teil des
Golan, 16.000 Syrer blieben in jenem Teil, der nicht von Israel besetzt worden war. In einem weiteren Krieg (1973) gelang es Syrien,
einen Teil der Golanhöhen mit der Provinzhauptstadt Qunaitra zu-
rückzuerobern. Basierend auf der bereits 1949 eingerichteten Pufferzone zwischen beiden Staaten wurde 1974 eine UN-Blauhelmmission
(UNDOF) auf den Golanhöhen stationiert, die den Waffenstillstand
zwischen Israel und Syrien gewährleisten sollte.

Nach der Auflösung der Sowjetunion musste Syrien sich neu posi-
tionieren und beteiligte sich 1991 an der westlichen Militärinterven-
tion gegen den Nachbarstaat Irak als Teil einer so genannten Friedens-

truppe zum Schutz von Saudi-Arabien. Im gleichen Jahr nahm Syrien an der von den USA und der zu der Zeit noch existierenden Sowjetunion vorbereiteten Friedenskonferenz in Madrid teil. Die Konferenz, die weitere Nachfolgekonferenzen hatte, leitete direkte Gespräche zwischen Israel und den Palästinensern ein.

1996 sponserte die US-Administration erstmals israelisch-syrische Gespräche über die Zukunft der Golanhöhen im Weißen Haus in Washington. Nach dem Motto »Land für Frieden« gab Syriens Präsident Hafiz al-Assad bis zu seinem Tod im Jahr 2000 den Anspruch auf die vollständige Rückgabe der Golanhöhen nie auf. Da Israel zu einem Rückzug nicht bereit war, scheiterten die Gespräche.

Syriens Position hinsichtlich der Golanhöhen entspricht bis heute dem in verschiedenen UN-Resolutionen bekräftigten völkerrechtlichen Anspruch. Danach ist die Besetzung und die 1981 erklärte Annexion der Golanhöhen durch Israel völkerrechtswidrig. Die UN-Charta, Artikel 2 (4), verbietet es ohnehin den UN-Mitgliedsstaaten, die territoriale Integrität und die politische Souveränität von anderen Staaten zu bedrohen oder gewaltsam zu verletzen. Die Resolution 242 des UN-Sicherheitsrats fordert zudem eindeutig ein Ende der israelischen Besatzung und stellt fest, dass alle israelischen Siedlungen und baulichen Veränderungen auf dem besetzten Golan illegal sind.

1948 hatte Israel es sehr eilig, als Mitglied der Vereinten Nationen aufgenommen zu werden. Heute verletzt Israel als Besatzungsmacht wie kein anderes UN-Mitglied die von den Vereinten Nationen festgelegten Prinzipien gegenüber Nachbarstaaten und gegenüber der Zivilbevölkerung in Gebieten unter israelischer Besatzung. Sämtliche diesbezüglichen UN-Resolutionen werden von Israel missachtet. Syrien und Israel befinden sich bis heute im Kriegszustand.

2007 kam es erneut zu einer Madrid-Konferenz, dieses Mal unter der Vermittlung von Dänemark und Norwegen. Offizielle Vertreter Syriens nahmen nicht teil, wohl aber einzelne »Individuen« die, so berichtete es die arabische Zeitung *Al Hayat* (3.1.2007), für ihre Teilnahme an dem Treffen »die Genehmigung der Regierung« hatten. Die Gespräche fanden vor dem Hintergrund der damaligen Lage im Irak statt, durch die die USA enorm unter Druck geraten waren.

US-Präsident George W. Bush machte Syrien für die Aufstände gegen die Besatzungstruppen im Zweistromland verantwortlich und drohte Damaskus. Die »Untersuchungsgruppe Irak« (Iraq Study Group) war unter Leitung des früheren US-Außenministers James Baker hingegen zu dem Ergebnis gekommen, mit Damaskus einen Dialog aufzunehmen. Aus Kreisen der Baath-Partei in Damaskus war zu hören, dass ohne eine Rückgabe der Golanhöhen Syrien über nichts mit den USA zu sprechen habe. »Alle Probleme in der Region hängen damit zusammen, dass Israel das Land der Araber besetzt hält«, schrieb die syrische Tageszeitung *Al Thawra*. »Die Rückgabe der Golanhöhen hat für Syrien oberste Priorität«. Gleichwohl war Syriens Präsident Bashar al-Assad an Verhandlungen mit Israel über den Golan interessiert, um die Ausbreitung des irakischen Chaos auf den Mittleren Osten zu verhindern, wie der Journalist Patrick Seale 2007 analysierte. Assad machte die gescheiterte US-Politik im Irak für die Gewalt verantwortlich, erläuterte Seale, der 2014 gestorben ist und einer der besten Kenner Syriens und der syrischen Politik war.

Unter Vermittlung der Türkei fanden 2007/2008 geheime und indirekte »Nachbarschaftsgespräche« über einen möglichen Friedensvertrag zwischen Israel und Syrien statt. Syrien brach die Gespräche ab, als Israel im Dezember 2008 erneut einen Krieg gegen den Gazastreifen begann. Für Gespräche mit Syrien über den Golan und einen Friedensvertrag hat Israel seit damals Vorbedingungen formuliert: Erstens muss Syrien seine Beziehungen zum Iran beenden. Zweitens muss Syrien seine Beziehungen zur libanesischen Hisbollah beenden, drittens muss Syrien die Büros palästinensischer Organisationen in Syrien schließen, vor allem die der Hamas und des Islamischen Dschihad. Viertens muss Syrien seine Chemiewaffenbestände und andere (mögliche) Massenvernichtungswaffen aufgeben. Hardliner in Israel waren allerdings nie an einer Einigung mit Syrien über die Golanhöhen interessiert. Zumal das Ansehen des jungen Präsidenten Bashar al-Assad auf der »Arabischen Straße« nach dem israelisch-libanesischen Krieg 2006 rasant in die Höhe gestiegen war.

In dem Bericht »Mapping Peace between Syria and Israel« (März 2009) von Frederic C. Hof, Mitarbeiter des US-amerikanischen Think-

Tanks Atlantic Council, heißt es, ein Frieden zwischen Israel und Syrien könnte sehr gut »einen palästinensischen Staat im Frieden mit Israel« befördern. Sowohl der Golan als auch ein Teil des von Israel besetzten Jordantals sei für Israel von großer strategischer Bedeutung, für Syrien eher »marginal«. Hof schlägt in dem Bericht auch eine Art Naturschutzgebiet für den besetzten Golan vor, das beiden Seiten als vertrauensbildende Maßnahme offen stehe solle.

Mit Beginn der Umbrüche in der arabischen Welt 2010/2011 blieb es in den besetzten palästinensischen Gebieten ruhig. Im Sommer 2011 gingen allerdings Israelis zu Tausenden auf die Straßen und errichteten ein Protestcamp, um für bezahlbaren Wohnraum und gegen steigende Preise zu protestieren.

Durch Vermittlung von Deutschland und Ägypten wurde im Oktober 2011 der israelische Soldat Gilad Shalit von der Hamas im Austausch für 1027 palästinensische Gefangene freigelassen. Zu diesem Zeitpunkt war die Hamas – als Organisation der Muslimbruderschaft – bereits in die bewaffnete Eskalation in Syrien involviert.

Alte und neue Freunde Israels trommeln zum Krieg gegen Syrien

Israel änderte zu der Zeit seine politische Strategie gegenüber Syrien und nahm – durch ein Netz von Freunden Israels im europäischen Ausland, wie den französischen Schriftsteller Bernard-Henri Levy – umgehend Kontakt zu einigen Protagonisten des oppositionellen Syrischen Nationalrates (SNC) auf. Schon Anfang Juli 2011 organisierte Levy in Paris unter dem Namen »SOS Syrien« eine Solidaritätsveranstaltung für die syrische Opposition, auf der die Rolle und das Interesse Israels an dem innersyrischen Konflikt schnell deutlich wurden. Israelkritische syrische Oppositionelle waren der Veranstaltung fern geblieben, einigen Oppositionellen, die die deutlich zionistische Ausrichtung der Veranstaltung kritisierten, wurde die Tür gewiesen. Neben Levy, der sich kurz zuvor vehement für den Krieg gegen Libyen ausgesprochen hatte, nahmen auch der ehemalige Minister für humanitäre Angelegenheiten, Bernard Kouchner, teil. Auch der ehemalige maoistische Philosoph André Glucksmann war gekommen, der sich seit dem Ende der Sowjetunion konsequent für die Militärinterventionen in Jugoslawien, Irak, Afghanistan und Libyen ausgesprochen hatte.

Levy sprach sich von Anfang an für eine militärische Intervention in Syrien aus. Im französischen Magazin *Le Point* erklärte er dem syrischen Präsidenten Bashar al-Assad quasi den Krieg. Er, Levy, wolle seinen Einfluss auf den französischen Präsidenten Nicolas Sarkozy dahingehend geltend machen, in Syrien nach seiner »Gaddafi-Theorie« vorzugehen. Die NATO-Intervention in Libyen habe gezeigt, dass man mit einer neuen Doktrin im 21. Jahrhundert autoritäre Regime stürzen könne. Schon Anfang des Jahres 2011 hatte sich Levy eigenem Bekunden zufolge mit Rifaat Assad, dem Onkel des amtierenden syrischen Präsidenten, in London getroffen. Dieser hatte daraufhin öffentlich zum bewaffneten Aufstand in Syrien aufgerufen und Bashar al-Assad aufgefordert, die Macht abzugeben. Rifaat Assad ist ein Bruder des früheren syrischen Präsidenten Hafez al-Assad und war lange in Syrien als Vizepräsident im Amt. Nachdem er 1984 versucht hatte, seinen Bruder Hafez zu stürzen, wurde er von diesem kurzerhand – und finanziell voll versorgt – ins Exil geschickt.

Levy traf sich mit verschiedenen Oppositionellen, die eine ausländische Intervention in Syrien befürworteten. Er wundere sich, dass »Bashar Assad nicht versteht, dass die gleiche Koalition, die Gaddafi gestürzt hat, jetzt zusammenkommt, um ihn zu stürzen«, so Levy in *Le Point*. Diese Position wiederholte er in den folgenden Monaten auch in deutschen Zeitungen. In der *Zeit* schrieb er (Dezember 2012): »Ist noch Zeit für eine Intervention? Die Antwort lautet ja.« Dafür könnten verschiedene Strategien durchgesetzt werden, so eine Flugverbotszone, die von den NATO-Flughäfen in der Türkei überwacht werden sollte, »oder aber wir liefern den Rebellen die Waffen, damit sie sich die 25 militärischen und zivilen Flughäfen, von denen die todbringenden Maschinen aufsteigen, zurückholen.« Er sprach sich auch dafür aus, das Veto von Russland und China im UN-Sicherheitsrat gegen eine militärische Intervention zu unterlaufen. Weil »die Franzosen, dann die Briten und Amerikaner und später auch die Arabische Liga das

Oppositionsbündnis als einzigen Repräsentanten eines abgeschlachteten Volkes anerkannt haben«, spreche »nichts mehr dagegen«.

Führende Oppositionelle des Syrischen Nationalrates, der 2012 in die »Nationale Koalition der revolutionären und oppositionellen Kräfte in Syrien« (Etilaf) umgewandelt worden war, sprachen sich im Herbst 2011 dafür aus, nach dem angestrebten Sturz von Präsident Assad in Syrien umgehend einen neuen politischen Kurs Richtung Israel anzusteuern und einen Friedensvertrag abzuschließen. Die israelische Arbeitspartei nahm Kontakt zu diesen Oppositionellen auf, wie der ehemalige Minister und Knesset-Abgeordnete Yitzhak Herzog israelischen Medien Ende Februar 2012 bestätigte. Herzog, der zu dem Zeitpunkt Mitglied im Ausschuss für Außenpolitik und Verteidigung war, setzte sich für die medizinische bzw. humanitäre Versorgung der Rebellen ein, militärische Unterstützung schloss er aus.

Doch dieser Teil der syrischen Auslandsopposition wollte mehr. Der Arzt Kamal al-Labwani gehört inzwischen zu einem der besten Freunde Israels, das er wiederholt zu mehr Handeln in Syrien aufgefordert hat. Labwani, der zwischen 2001 und 2010 unter anderem wegen seiner Mitarbeit in der Gruppe »Damaskus-Erklärung« zwei mehrjährige Haftstrafen in Syrien verbüßt hatte, war Ende 2011 aufgrund einer Amnestie freigelassen worden und reiste mit seiner Familie nach Schweden aus, wo er politisches Asyl erhielt. Seit er Syrien verlassen hat, wirbt Labwani für Unterstützung des bewaffneten Aufstandes in Syrien und die Institutionalisierung der Auslandsopposition. Dabei war er vor allem in den USA unterwegs, beim Kongress und beim Senat, sowie in Deutschland und in Israel.

Labwani gehört zu den Gründungsmitgliedern des Syrischen Nationalrates. Im März 2012 trat er gemeinsam mit zwei weiteren SNC-Gründungsmitgliedern aus der Gruppe aus, die sie beschuldigten, korrupt zu sein und eine Front für die Muslimbruderschaft darzustellen. Sie warfen dem SNC außerdem vor, die Kämpfer in Syrien nicht bewaffnet zu haben. Kurz darauf trat Labwani wieder ein unter der Bedingung, dass der SNC sich politisch erweitern und demokratischer werden müsse. Doch ein Jahr später, im Februar 2013, trat Labwani erneut aus dem SNC – dieses Mal mit 18 weiteren Personen – aus und gründete die Syrische Patriotische Gruppe. Wiederum ein Jahr später, im März 2014, machte Labwani (in der arabischen Welt) Schlagzeilen, als er eine Forderung des »United States Institute of Peace« aus dem Jahr 2009 aufgriff und vorschlug, aus den von Israel besetzten Golanhöhen »einen internationalen Friedenspark« zu machen und ihn als Tourismusattraktion für die ganze Welt zu öffnen. Im Gegenzug solle Israel eine 100 km umfassende Flugverbotszone über den Süden Syriens verhängen und mit dem Patriot-Raketenabwehrsystem gegen die syrische Armee schützen. Er ziehe ein Eingreifen Israels in den innersyrischen Krieg einem Eingreifen der NATO vor. Im September 2014 war Labwani Gast auf der jährlichen israelischen Internationalen Anti-Terror-Konferenz in Herzliya eingeladen, was er zu einem zweiwöchigen Besuch in Israel nutzte. Er sei bereit, sich mit israelischen Politikern zu treffen, »wann immer sie wollen«, sagte er und die israelischen Medien widmeten dem syrischen Oppositionellen ausführliche Berichte. Die USA sollten erst finanzielle und politische Unterstützung leisten, um politische Institutionen und Führungseliten der Opposition in den »befreiten Gebieten« Syriens aufzubauen. Dann sei auch militärische Hilfe willkommen, sagte Labwani.

Nach der Herzliya-Konferenz reiste Labwani unter großer israelischer Medienanteilnahme durch Israel und stand auch verletzten syrischen Kämpfern in einem Krankenhaus (so im Sieff-Krankenhaus) bei, er besuchte Jerusalem und Tel Aviv sowie die von Israel besetzten Golanhöhen. »60 Jahre lang hat Assad uns gesagt, Israel sei der Feind, und jetzt schlachtet er uns ab und Israel kümmert sich um uns«, so Labwani. »Wer ist der Mörder und wer ist der Feind?« Begleitet wurde Labwani von dem israelisch-amerikanischen Geschäftsmann Moti Kahana, der eigenen Angaben zufolge humanitäre Hilfe für syrische Kriegsflüchtlinge leistet. Israelischen Medien zufolge organisierte Kahana im Sommer 2014 auch die Flucht einer muslimisch-jüdischen Familie aus Syrien. Israelische Medien berichteten, Kahana, der sich gern mit der Fahne der syrischen »Revolution« fotografieren lässt, habe über syrische Oppositionelle die Verbindung zu jüdischen Familien in Damaskus hergestellt. Diese hätten die Familie dann ziehen lassen. Von dort, wo die Familie angekommen sei – vermutlich Jordanien –, sei sie mit Hilfe der israelischen Hilfsorganisation »Flying Aid« (Fliegende Hilfe) nach Israel geflogen worden. Die Familie wurde nördlich von Tel Aviv in einem Wohnkomplex der israelischen Regierung untergebracht.

Die wenigen Juden, die es in Syrien noch gibt, leben in Damaskus. Sowohl in der Altstadt als auch im Damaszener Vorort Jobar stehen Synagogen, die Ausreise ist ihnen von Regierungsseite freigestellt. Eigentum von Juden in Damaskus – Häuser und Geschäfte – unterliegt dem Schutz der Regierung und darf nicht angetastet werden, solange die rechtmäßigen jüdischen Besitzer nicht zustimmen. Aus israelischer Sicht wurde das Eigentum vom syrischen Staat beschlagnahmt.

In dem Damaszener Vorort Jobar steht eine der ältesten Synagogen. Der Ort soll in der Geschichte mehrheitlich von Juden bewohnt gewesen sein, von denen aber die Mehrheit zum Islam konvertierte. Heute ist der Ort fest im Griff von erzkonservativen Islamisten, die zu Beginn der bewaffneten Auseinandersetzung 2012 Angehörige anderer Religionsgruppen wie Christen, Schiiten und Ismaeliten aus Jobar vertrieben.

Unter den Augen der UNO: Vormarsch durch die entmilitarisierte Zone

Wie die israelische und syrische Armee, verfolgte auch die UN-Mission zur Beobachtung des Waffenstillstandes auf dem Golan (UNDOF) genau, wie die dortige entmilitarisierte Zone zum Aufmarschgebiet von Kampfverbänden wurde. Die Pufferzone ist ein schmaler Streifen, der sich über rund 80 km von der jordanischen Grenze im Süden bis zur libanesischen Grenze im Norden erstreckt.

Die Mission wurde vom UN-Sicherheitsrat per Resolution Nr. 350 vom 31. Mai 1974 eingerichtet. Ihre Aufgabe ist es, den Waffenstillstand zwischen Israel und Syrien zu bewahren und dafür zu sorgen, dass die Streitkräfte beider Länder auseinandergehalten werden. Zudem soll UNDOF die in der Resolution festgelegte entmilitarisierte Zone überwachen. Dieses Gebiet liegt vollständig auf syrischem Territorium. Die östliche Grenzlinie der Pufferzone wird von UNDOF als »Bravo-Linie« bezeichnet, die westliche Grenzlinie zum von Israel besetzten Golan als »Alpha-Linie«.

Im Norden grenzt die Pufferzone an die Ausläufer des Berges Hermon (arabisch Jbeil Scheich), der mit 2.814 m höchste Berg Syriens. Er gehört zum Anti-Libanon-Gebirge und wird seit 1967 im Südwesten von israelischen Besatzungstruppen kontrolliert. 1981 wurde das Gebiet von Israel völkerrechtswidrig annektiert. Seine Bedeutung liegt im Wasserreichtum und dem fruchtbaren Boden. In dem Gebirge entspringen der Banias, der Hasbani und der Al Liddan, drei der wichtigsten Quellflüsse des Jordan. Schon bei der Pariser Friedenskonferenz 1920 hatten die Vertreter der Zionistischen Weltorganisation eine Karte für die von ihnen geforderte »jüdische Heimstatt« in Palästina vorgelegt, auf der hier die Nordgrenze verlief.

Im Süden grenzt auf syrischer Seite die Provinz Daraa an die Pufferzone, auf jordanischer Seite ist es der Yarmuk-Fluss, der weiter südlich in den Jordan mündet. Auf dem von Israel beanspruchten Golan ist der nächstgrößere Ort Fiq. Die Provinz Daraa ist zu großen Teilen unter Kontrolle der »Südfront«, eine Allianz verschiedener Kampfverbände, die ihr Hauptquartier in Jordanien hat. Seit 2013 hat die Nusra-Front hier die Führung übernommen.

Seit Anfang 2012 beobachtet die UNDOF-Mission Bewegungen der Kampfverbände in der entmilitarisierten Zone. Die Kämpfer zogen entlang der Alpha-Linie nach Norden, wo sie die dort lebende syrische Bevölkerung bedrängten, sich ihnen anzuschließen. In der Pufferzone lebende Beduinenstämme schlossen sich – gegen entsprechende Bezahlung und Bewaffnung – teilweise den Kampfverbänden an. Andere Beduinenführer verhandelten monatelang, um die Kämpfer aus ihren Wohn- und Siedlungsgebieten fernzuhalten.

Im Herbst 2012 wurden die Dörfer Burayqah, Bir al-Ajam und Ar Ruwayhinah überfallen, die Zivilbevölkerung floh. Auch auf eine nahegelegene UNDOF-Station feuerten die Kämpfer und errichteten Straßensperren vor den UN-Stellungen, die sie mit Sprengsätzen versahen. Schließlich griff die syrische Armee die Kämpfer an, obwohl ihr militärisches Engagement aufgrund der Waffenstillstandsvereinbarung mit Israel in der entmilitarisierten Zone nicht erlaubt war. Da die Kämpfer sich meist im Schutz der Alpha-Linie (Israel) bewegten, kam es wiederholt zu Raketen- oder Mörser-Einschlägen auf dem von Israel besetzten Golan. Israel reagierte umgehend, beschwerte sich und schoss zurück auf die syrischen Stellungen. Die Kampfverbände hielt Israel nicht auf. Zunehmend wurden UN-Blauhelmsoldaten angegriffen, es kam zu Feuergefechten und Entführungen. UN-Ausrüstung wurde von den Kämpfern gestohlen. Österreichische UN-Soldaten wurden auf dem Weg zum Flughafen Damaskus beschossen. Im Sommer 2013 zog Österreich, das seit 1974 die UNDOF-Mission geleitet hatte, sämtliche Soldaten ab. Auch Japan und Kroatien riefen ihre Blauhelme vom Golan zurück.

Im Sommer 2014 spitzte sich die Lage in der entmilitarisierten Zone weiter zu. Die UNDOF-Mission berichtete allein für einen Tag (10.6.2014) von 59 Vorfällen unweit der Position 85. Unter anderem beobachteten die Blauhelme »bewaffnete Mitglieder der Opposition, die 89 verwundete Personen von der Bravo-Seite über die Waffenstillstandslinie zur IDF brachten und die IDF auf der Alpha-Seite 19 behandelte und 2 verstorbene Individuen an die bewaffneten Mitglieder der Opposition auf der Bravo-Seite übergaben«. IDF ist die Abkürzung für »Israel Defense Forces«. Das israelische Gesundheitsministerium gab etwa im gleichen Zeitraum bekannt, Israel habe mehr als 1.000 Syrer in vier Krankenhäusern »im Norden Israels« (besetzter Golan) behandelt. Darunter seien auch Kämpfer der »Freien Syrischen Armee« gewesen.

Bei der »Freien Syrischen Armee« handelt es sich vermutlich eher um Kampfverbände der Nusra-Front und »Südfront«. Diese zogen zu dem Zeitpunkt bereits auf Qunaitra vor, der Hauptstadt der gleichnamigen syrischen Provinz auf dem Golan. Das Haupttor unweit von Qunaitra zwischen dem von Israel besetzten Golan und Syrien wurde gestürmt, die UN-Soldaten wurden vertrieben. Ende August wurde bekannt, dass die Kampfverbände 43 UN-Blauhelme entführt hatten. Ein weiterer UN-Stützpunkt mit 81 Blauhelmsoldaten wurde belagert. Die Kämpfer forderten den Abzug der UN-Mission aus der entmilitarisierten Zone. Die UNO schaltete unter anderem die USA und Katar ein, bei denen man eine gewisse »Kontrolle über die Kämpfer« vermutete, wie UN-Sprecher Stéphane Dujarric erklärte. Zwei Wochen später wurden die Entführten freigelassen und von der syrischen Seite der entmilitarisierten Zone auf den von Israel kontrollierten Bereich abgezogen. Alle UN-Stellungen wurden geräumt, wie die Nusra-Front verlangt hatte. Israelische Medien berichteten später, Katar habe eine zweistellige Millionensumme für die Freilassung der UN-Blauhelme bezahlt. Katar streitet das ab.

Dass es tatsächlich eine enge Kooperation zwischen Israel und den von der Nusra-Front angeführten Kampfverbänden in der entmilitarisierten Zone auf dem Golan gibt, bestätigen auch die von UNDOF alle drei Monate erstellten Berichte an den UN-Sicherheitsrat.

Der UNDOF-Bericht (4.9.–19.11.2014) beschreibt detailliert die verschiedenen Begegnungen zwischen Kämpfern und dem israelischen Militär. So wurde beispielsweise beobachtet, wie »zwei Individuen« ungehindert von der »Bravo-Line« (syrische Seite) zur »Alpha-Linie« (israelische Seite) gegangen seien, die israelischen Soldaten hatten den beiden ein Tor geöffnet. »In der Nähe der UN-Position 85 konnte UNDOF wiederholt beobachten, wie bewaffnete Mitglieder der Opposition sich mit der IDF über die Waffenstillstandslinie hinweg ausgetauscht haben«, heißt es. Der beschriebene Ort liegt etwa 15 km südlich von Kuneitra und wurde mehrfach für die Passage verwundeter Kämpfer in den von Israel annektierten Golan benutzt. Nach ihrer Behandlung und Genesung konnten die Kämpfer ungehindert den Rückmarsch nach Syrien antreten. Auch die Übergabe von Paketen an die Kämpfer wurde beobachtet.

In einem früheren Bericht (10. Juni 2014) heißt es beispielsweise, dass an der beschriebenen UN-Position 85 im dreimonatigen Berichtszeitraum 59 Mal Verletzte an die israelische Armee (»Alpha-Linie«) übergeben und 19 behandelte Männer zurückgekommen seien. Auch zwei Leichname seien an die Kämpfer zurückgegeben worden. UNDOF geht davon aus, dass mehr als 1.000 verletzte Kämpfer in Israel behandelt worden seien.

Außerdem wird berichtet, dass IDF-Soldaten auf syrischem Territorium (in der Pufferzone) – etwa 300 m von der israelischen Seite entfernt – Zelte für 60 bis 70 Familien errichtet hätten. Syrien habe sich darüber bei UNDOF beschwert und Israel aufgefordert, das Zeltlager wieder abzubauen. Damaskus sagte, es handele sich um eine »Basis für bewaffnete Terroristen« und man sehe es daher als »legitimes militärisches Ziel« an.

UNDOF berichtete zudem, dass Drusen, die nach 1967 ihre Dörfer auf dem von Israel besetzten und annektierten Golan nicht verlassen hatten, gegen die Behandlung verletzter Kämpfer durch Israel protestierten.

Das Agieren von Kampfverbänden im Windschatten von Luftangriffen

Seit Januar 2013 hat die israelische Luftwaffe sechs Mal Einrichtungen der syrischen Streitkräfte in der Umgebung von Damaskus und bei Lattakia bombardiert. Im Januar 2015 wurde ein Konvoi libanesischer Hisbollahkämpfer von Hubschraubern mit zwei Raketen zerstört. Dabei kam auch ein iranischer General ums Leben. Die genaue Zahl von Angriffen auf syrisches Territorium auf dem Golan ist unklar. Offiziell hat Israel keinen der Angriffe bestätigt. Israelische Medien erklärten unter Berufung auf zumeist namentlich nicht genannte Quellen im israelischen Militär, bei den Luftangriffen seien jeweils »Waffen für die Hisbollah zerstört« worden. In jedem Fall habe es sich um einen »Akt der Selbstverteidigung« gehandelt.

Von syrischer Seite wurden die Angriffe scharf kritisiert. Die Regierung beschwerte sich jeweils offiziell und schriftlich beim UN-Sicherheitsrat und beim UN-Generalsekretär über die Verletzung der staatlichen Souveränität und territorialen Integrität Syriens. Wiederholt gab es in Syrien Kritik an der Regierung, dass sie auf die israelischen Angriffe lediglich diplomatisch, nicht aber militärisch reagiere.

Israel verhalte sich wie die »Luftwaffe von ISIL«, hieß es in einem Kommentar des renommierten US-amerikanischen Internetportals *Information Clearing House*, das nach eigenen Angaben Nachrichten verbreitet, die »weder bei CNN noch bei Fox News« zu finden seien.

Die USA unterstütze Israel und die israelischen Streitkräfte, und man müsse sich fragen:»Warum kämpfen wir auf der gleichen Seite wie Terroristen?«

Medien und Kommentatoren spekulieren seit 2011 darüber, welche Interessen Israel in dem Krieg verfolgt und auf welcher Seite es steht. Während einige in Israel den syrischen Präsidenten Bashar al-Assad einem»Islamischen Kalifat« in Syrien vorziehen würden, nutzt Israel ohne Zweifel die Kampfverbände, um Informationen auszutauschen. Israelischen Medien zufolge soll es einen»Waffenstillstand« zwischen der israelischen Armee und der Nusra-Front geben, die im August 2014 den wichtigsten Grenzübergang auf dem besetzten Golan bei Kuneitra eingenommen hatte. Die Nusra-Front kooperiert andernorts in Syrien gelegentlich mit dem»Islamischen Staat«, beide Gruppen sind vom UN-Sicherheitsrat als»Terrorgruppen« gelistet.

Erst nachdem der syrische UN-Botschafter Bashar al-Jaafari in New York die Unterstützung Israels für die Kampfverbände auf dem Golan öffentlich kritisiert hatte, habe die israelische Armee eingeräumt, 20 verletzte Kämpfer aufgenommen zu haben. Mitte September 2014 haben die UN-Beobachter die»Bravo-Linie« geräumt und den Kampfverbänden überlassen. Die entmilitarisierte Zone entlang der syrischen»Bravo-Linie« gibt es nicht mehr.

Am 23. September 2014 schoss die israelische Luftabwehr in dem Gebiet einen syrischen Kampfjet ab, der angeblich israelischen Luftraum verletzt hatte. Später hieß es aus israelischen Militärkreisen, man habe gewusst, dass nicht Israel das Ziel des Kampfjets gewesen sei. Damaskus erklärte, der Kampfjet habe Stellungen der bewaffneten Gruppen angegriffen. UNDOF bestätigte ein Eindringen des Kampfjets in israelischen Luftraum nicht. Man habe lediglich eine Explosion am Himmel wahrgenommen und beobachtet, dass Reste des Kampfjets auf der syrischen Seite der»Bravo-Linie« niedergegangen seien. Der Bericht bestätigte zudem, dass sowohl Israel als auch Syrien der UNO gegenüber deutlich gemacht haben, dass sie die Fortdauer der UN-Mission auf dem Golan wollen.

Israel scheint sich in Syrien allerdings alle Optionen offen zu halten. Die Kooperation mit Teilen der politischen Opposition, mit ver-

schiedenen Kampfverbänden und sogar mit der Nusra-Front wird vermutlich aus israelischer Sicht als Schutzmaßnahme gesehen. Man will
verhindern, dass die Kampfverbände auch auf der israelischen Seite
des Golan vormarschieren und Jerusalem erobern könnten, wie einige
Dschihadisten es angekündigt haben. Der Abnutzungskrieg, den die
Kampfverbände mit großer Unterstützung verschiedener Geld- und
Waffenlieferanten gegen die syrische Armee führen, nutzt Israel, weil
es Syrien schwächt. Auch die Zerstörung der syrischen Infrastruktur
und die großen Fluchtbewegungen kommen Israel entgegen, solange
es den Konflikt vom eigenen und beanspruchten Territorium fernhal-
ten kann. Ein politisch und wirtschaftlich starkes Syrien, wie es noch
2010 vorhanden war, hätte Israel womöglich dazu drängen können,
den legitimen Ansprüchen auf die Rückgabe der Golanhöhen nachzukommen.

Israelische Sicherheitskräfte – einschließlich des Geheimdienstes
Mossad – dürften tatsächlich eine wichtige Rolle innerhalb der vielfältigen und untereinander auch verfeindeten syrischen Opposition spielen. Das entspricht den israelischen Interessen in der Region. Auch in
die geheimdienstliche Kooperation in Jordanien, von wo aus die bewaffneten Gruppen in Syrien unterstützt werden, dürfte Israel zumindest indirekt eingebunden sein, zumal es den Partnerdiensten eigene
geheimdienstliche Erkenntnisse über das Geschehen in Syrien anbie-
ten kann. Im Juli 2014 kam in dem arabischen Nachrichtensender *Al
Mayadeen* (Beirut) ein ehemaliger al-Qaida-Kommandant namens Nabil Naeem zu Wort, der beschrieb, dass alle heutigen Einheiten des
al-Qaida-Netzwerks einschließlich des »Islamischen Staates« Teil des
bereits genannten Hornissennestes«, einer geheimdienstlichen Strategie für den Mittleren Osten, seien. Demnach sollen Dschihadisten aus
aller Welt nach Syrien geschleust werden, um den Eindruck zu vermitteln, dass Israel von Feinden an allen seinen Grenzen umgeben sei.
Zur Erinnerung: Schon 1982 hatte das israelische Außenministerium
in einem Strategiepapier den Vorschlag entwickelt, »dass alle arabischen Staaten in kleine Einheiten zerbrochen« werden sollten. Syrien,
Irak und schließlich auch der Libanon sollten »in ethnische und religiöse Gebiete« aufgelöst werden.

Auf dieser Linie liegt auch die genannte Theorie des »kreativen Chaos«, von der die damalige US-Außenministerin Condoleezza Rice angesichts des Israel-Libanon-Krieges 2006 sprach. Ziel ist eine Neuordnung des Mittleren Ostens nach ethnischen und religiösen Kriterien, was ganz dem Selbstverständnis von Israel als »jüdischem Staat« entspricht. Der Historiker Michael Wolffsohn, der bis 2012 an der Universität der Bundeswehr München lehrte, hat wiederholt das Ende der »Kunststaaten« im Nahen und Mittleren Osten beschworen. Man habe im Mittleren Osten gesehen, dass die Nationalstaaten gescheitert seien. Als Ordnungsmacht dieser neuen ethnischen und konfessionellen Gebilde, die Wolffsohn vorschweben, käme nur der »jüdische Staat« Israel in Frage: Als herausragende Militärmacht und »einzige Demokratie im Mittleren Osten«.

Die US-Administration erhöhte Ende 2014 die in Israel stationierten US-amerikanischen Kampfsysteme auf insgesamt 1,8 Milliarden Dollar. Die Aufstockung der Militärhilfe erfolgte durch das »Gesetz über die strategische Partnerschaft zwischen den USA und Israel« und erlaubt auch die Lieferung von modernen Lufttanksystemen, mit denen Kampfjets bei langen Einsätzen mit Treibstoff versorgt werden können. Frühere US-Regierungen hatten die Lieferung dieser Tankflugzeuge unterbunden, um zu verhindern, dass Israel eigenmächtig den Iran angreift. Israel kann sich im Kriegsfall jeweils aus diesem Arsenal bedienen, was sowohl 2006 beim Krieg gegen den Libanon als auch bei dem gegen den Gazastreifen im Sommer 2014 der Fall war.

Die Exportwirtschaft und Energieversorgung Israels

Wie auch Syrien und die Türkei, so gehörte Israel vor dem Beginn der Umbrüche in der arabischen Welt zu den wachsenden Ökonomien des östlichen Mittelmeerraums. Der Reichtum basiert im Wesentlichen auf der Exportwirtschaft im internationalen Rahmen, vor allem mit der EU. Die regionale Exportwirtschaft ist aufgrund der politischen Spannungen zu den arabischen Nachbarstaaten beschränkt. International macht Israel Geschäfte im militärischen und sicherheitsrelevanten Hochtechnologiebereich (Maschinenbau, Flugzeugproduktion, Drohnen, Messinstrumente) sowie beim Export von Nahrungsmitteln, die allerdings vielfach aus illegalen Siedlungen in den besetzten palästinensischen Gebieten stammen. Menschenrechtsgruppen wie Pax Christi fordern mit der Kampagne »Besatzung schmeckt bitter« eine Kennzeichnungspflicht für diese Produkte in der gesamten EU, wie es in Großbritannien, Dänemark, in der Schweiz und Südafrika bereits üblich ist. Die EU hält eine entsprechende Leitlinie auf Druck der US-Administration bisher zurück. Zur Begründung heißt es, eine entsprechende Entscheidung würde den Nahost-Friedensprozess stören.

Im Energiesektor ist Israel bis heute abhängig von Gaslieferungen aus Ägypten. Anschläge auf die über die Sinai-Halbinsel verlaufenden Rohre haben in den letzten Jahren wiederholt zu empfindlichen Ausfällen geführt. Das hofft die israelische Regierung zu ändern, seit große Gasvorkommen im östlichen Mittelmeerraum gefunden wurden. Zwar liegt Israel noch im Streit um die Abgrenzung der Gasvorkommen mit dem nördlichen Nachbarland Libanon, doch hat man mit Unterstützung US-amerikanischer Firmen bereits mit der Erschließung begonnen. Israel will nun selber zum Exporteur von Naturgas werden und dient sich, angesichts der neuen Ost-West-Eskalation in der Ukraine, der Europäischen Union an. Offen wird in der EU darüber nachgedacht, sich von den Öl- und Gaslieferungen aus Russland zu lösen, und genau hier sieht Israel seine große Chance.

Mit Jordanien hat Israel bereits einen 15-Jahres-Vertrag für die Lieferung von Gas abgeschlossen. Ein weiterer Abnehmer soll Zypern werden, dem ein Teil des Leviathanfeldes zusteht, aus dem Israel das Gas fördert. Im August 2013 unterzeichneten beide Staaten ein »Memorandum« über die geplante Ausbeutung. Gleichzeitig begann Israel Verhandlungen mit der Türkei über den Bau einer Pipeline nach Europa, die aber aufgrund der abgekühlten Beziehungen beider Staaten über die Lage in Gaza keine Fortschritte machen. Für den Transport sind sowohl Land- als auch Unterwasserpipelines im Gespräch. Der Transport über Land müsste Anschluss an ein geplantes arabisches Pipeline-Projekt bekommen, das von Ägypten aus Jordanien und Syrien beliefern und in die Türkei fortgesetzt werden soll. Israel könnte sich über Amman Anschluss an diese Pipeline verschaffen, was angesichts der politischen Umstände in der Region allerdings ausgeschlossen scheint.

Der andere Transportweg wäre durch eine Unterwasserpipeline, die noch gebaut werden müsste. Im November 2014 legte Israel der EU einen entsprechenden Plan vor, die Milliarden Euro in den Bau des gigantischen Projekts investieren soll. Die Pipeline soll von der israelischen Mittelmeerküste nach Zypern gebaut werden. Von dort würde das Gas nach Griechenland und Italien transportiert werden. Inzwischen beansprucht allerdings auch die Türkei, Zugriff auf die Gasfelder vor Zypern zu bekommen. Zypern lehnt Verhandlungen mit der Türkei ab. Nikosia, Hauptstadt der Republik Zypern, sieht die Türkei als Besatzungsmacht in Nordzypern. Die Türkei hatte den Norden Zyperns 1974 besetzt und systematisch mit Bevölkerung aus Anatolien besiedelt.

Die beiden größten bisher erschlossenen Felder sind Leviathan und Tamar, die Israel sich ohne weitere Rücksprache mit anderen Anrainerstaaten angeeignet hat. Während das Leviathanfeld für den Export ausgebeutet werden soll, soll Tamar die Energieversorgung Israels sichern. Aus dem Export erhofft Israel sich in den nächsten 20 Jahren Einnahmen in Höhe von rund 60 Milliarden US-Dollar. Ministerpräsident Benjamin Netanjahu hat die Aufstellung einer militärischen Sondereinheit zum Schutz der Gasfelder angeordnet.

Weitere, bisher aber nicht erschlossene Gasvorkommen gibt es im gesamten östlichen Mittelmeerraum vor den Küsten des palästinensischen Gazastreifens, vor der Küste Libanons und Syriens. Auch Ägypten fordert seinen Anteil. Während die anderen Staaten ihre maritimen Wirtschaftszonen noch nicht eindeutig abgesteckt haben, hat Israel Fakten geschaffen. Der Libanon, der sich formal mit Israel im Krieg befindet, hat sich bei den Vereinten Nationen beschwert, dass Israel sein Gebiet überdehnt. Ägypten gibt an, dass das Leviathanfeld näher an der ägyptischen Hafenstadt Damietta liege als an Haifa und daher Ägypten zustehe. Grundlage des ägyptischen Anspruches ist die Unterwasserscheide, auf der sowohl die Gasfelder als auch der ägyptische Landsockel liegt.

8.
Der Libanon

Nach der Herstellung diplomatischer Beziehungen zwischen Syrien und dem Libanon (Oktober 2009) und dem Abzug der letzten syrischen Truppen (Mai 2010) aus dem Zedernstaat entspannten sich die Beziehungen zwischen beiden Staaten. Syrien und der Libanon waren von der Mandatsmacht Frankreich in den 1940er Jahren aus ihrem ursprünglichen geographischen und sozialen Gefüge der Levante / Groß-Syriens herausgeschnitten worden, was die Syrer nie akzeptierten und auch viele Libanesen bis heute nicht anerkennen. Angespannt blieben die Beziehungen wegen der Untersuchung des Mordes an dem ehemaligen libanesischen Ministerpräsidenten Rafik Hariri (Februar 2005), den ein Teil der Libanesen Syrien anlasteten. Syrien bestritt die Verantwortung. Auch die Bildung einer Regierung der Nationalen Einheit der beiden politischen Lager (Juni 2009) war ein deutliches Zeichen von Entspannung. Sie war unter Vermittlung Syriens und Saudi-Arabiens zustande gekommen, der jeweiligen regionalen Partner der im Libanon konkurrierenden Parteien. International und regional standen die Zeichen für den Mittleren Osten auf Kooperation statt offener Konfrontation.

Die 14.-März-Allianz der Zukunftsbewegung entstand nach dem Mord an Rafik Hariri und wird von dessen Sohn Saad Hariri geführt. Sie verfolgt eine säkulare, wirtschaftsliberale, am Westen orientierte Politik und ist eng mit Saudi-Arabien und Frankreich verbunden. Ihr rechnen sich mehrheitlich sunnitische Muslime des Libanon zu und christliche Parteien, die sich stark an Frankreich anlehnen. Die generelle Ausrichtung ist kritisch bis feindlich gegenüber Syrien und dem

Iran. Auch gegenüber Israel nimmt die Bewegung eine distanziert kritische Position ein.

Die Allianz des 8. März entstand ebenfalls nach dem Mord an Rafik Haririi und ist ein Bündnis um die schiitisch-muslimische His-bollah, eine religiös ausgerichtete Partei mit säkularer, politischer Pra-xis. Die Hisbollah zählt sich zu der »Achse des Widerstandes« (Iran, Syrien, Hisbollah) gegen die Politik Israels und gegen die Vorherr-schaftsansprüche von USA, EU und Golfstaaten in der Region. Zu dieser Allianz zählt auch die ebenfalls schiitisch-muslimische Amal-Bewegung sowie die christlich-maronitische Freie Patriotische Bewe-gung von General Michel Aoun und andere Parteien, auch solche von Drusen. Die Progressive Sozialistische Partei des Drusenführers Walid Jumblatt ragt aus den libanesischen Parteienblocks mit einem stets unberechenbaren Zickzackkurs heraus.

Attentate spalten das Land

Im Januar 2011 zerbrach die Regierung der Nationalen Einheit. Die Minister der Hisbollah und deren Verbündete traten zurück. Hinter-grund war der Streit um den Umgang der libanesischen Regierung mit dem UN-Sondertribunal zur Aufklärung des Mordes an dem frü-heren Ministerpräsidenten Rafik Hariri 2005. Die Hisbollah warf den USA vor, massiven Druck auf den seit 2009 amtierenden Regierungs-chef Saad Hariri ausgeübt und so eine innersyrische Einigung verhin-dert zu haben. Hariri, der sich meist in Saudi-Arabien aufhielt, war zu dem Zeitpunkt in den USA. Im Sommer des gleichen Jahres formte Najib Mikati eine neue Regierung, in der die Hisbollah die meisten Minister stellte. Fast gleichzeitig stellte das UN-Sondertribunal für den Libanon vier Haftbefehle gegen Mitglieder der Hisbollah aus. Diese wies die Anschuldigungen zurück und erklärte, das Tribunal als einen »Verbündeten Israels« zu boykottieren.

Zu diesem Zeitpunkt eskalierte der innersyrische Konflikt fast mit jedem Tag. Schon im Sommer 2011 kommt es zu ersten tödlichen Auseinandersetzungen zwischen Unterstützern und Gegnern der syrischen Regierung in Tripoli und Beirut. Als Ende des Jahres die Kämpfe in Baba Amr (Homs) eine kriegerische Dimension annahmen, wurde klar, dass die bewaffneten Gruppen Nachschub aus dem Libanon erhielten. Journalisten wurden gegen hohe Bezahlung über die Grenze in die Kampfzone geschmuggelt. Ein französischer Arzt (Jacques Bérès), der den Verwundeten in Baba Amr helfen wollte, erzählte dem britischen *Guardian* (11.2.2012), dass in dem Fahrzeug, das ihn transportierte, neben seiner medizinischen Ausrüstung auch zwei Dutzend Raketenwerfer verstaut waren.

Syrer flohen aus den Kampfzonen entlang der syrisch-libanesischen Grenze in den Libanon, wo viele von ihnen von Verbündeten (Hilfsorganisationen) der bewaffneten Gruppen versorgt wurden. Der Libanon spaltete sich zunehmend in Gegner und Befürworter des Krieges. Die einen unterstützten den Kampf gegen die syrische Führung und Präsident Bashar al-Assad – finanziell, moralisch, medial, politisch, mit Waffen und Munition – und warben unter der arbeitslosen Jugend und in den palästinensischen Flüchtlingslagern junge Kämpfer an. Schützenhilfe bekamen sie von solchen Predigern, die offen in Moscheen, im Internet und über arabische Satellitensender dazu aufriefen, in den »Heiligen Krieg gegen die Ungläubigen« nach Syrien zu ziehen. Die andere Seite kritisierte zwar das Vorgehen der syrischen Sicherheitskräfte gegen die Demonstrationen und forderte politische Veränderungen im Nachbarland. Aber sie mischten sich zunächst aus zwei Gründen nicht ein: Erstens weil sie es als einen innersyrischen Konflikt ansahen und zweitens, weil die verheerenden Erfahrungen des 16 Jahre dauernden libanesischen Bürgerkrieges tief in die Erinnerung der Libanesen eingebrannt sind. Die Befürworter des Krieges erhielten politische und finanzielle Unterstützung von der Allianz des 14. März, das heißt von der prowestlichen Zukunftsbewegung um Saad Hariri. Dessen Kontakte in Saudi-Arabien statteten ihn mit Geld, Waffen und Kommunikationsmitteln aus, die in großen Mengen über den Libanon nach Syrien gelangten. Gegen den Krieg positionierte sich die Allianz des 8. März um die Hisbollah, die zu diesem Zeitpunkt offiziell nicht Partei ergriff. Ihr effizienter Geheimdienst schützte in ihrem Einflussbereich die Grenzen nach

Syrien und half Syrien bei der Aufklärung. Auch die KP Libanon warnte vor Gewalt in Syrien und rief gleichzeitig zu Reformen im Nachbarland auf.

Im Oktober 2012 wurde der libanesische Sicherheitschef Wissam al-Hassan in Beirut durch eine Autobombe getötet. Bei dem Anschlag in einem dicht bewohnten Wohnviertel kamen sieben weitere Personen ums Leben, mehr als 100 Menschen wurden zum Teil schwer verletzt. Hassan galt als »100-prozentiger« Hariri-Mann, wie es der ehemalige UNIFIL-Kommandeur Timor Göksel beschrieb. Er verfügte über gute Kontakte nach Saudi-Arabien, wo Angehörige seiner Familie eingebürgert waren. Als aufstrebender Geheimdienstler war Hassan für die Sicherheit von Rafik Hariri zuständig gewesen. Kurzzeitig wurde Hassan von den UN-Ermittlern verdächtigt, selber in den Anschlag auf Hariri (2005) verwickelt gewesen zu sein, da sein Alibi sich als unglaubwürdig erwiesen hatte. Die Ermittlungen in diese Richtung wurden nicht weiter verfolgt. Unter Ministerpräsident Saad Hariri baute Al-Hassan den Inlandsgeheimdienst im Libanon auf, dabei arbeitete er eng mit westlichen Geheimdiensten zusammen. Am Abend vor dem Attentat war Al-Hassan von einer Besprechung aus Deutschland zurückgekehrt.

Die Allianz des 14. März beschuldigte Syrien und die Hisbollah. Saad Hariri machte den syrischen Präsidenten Bashar al-Assad persönlich für das Attentat verantwortlich und rief zu einem »Tag des Zorns« auf. Der Drusenführer Walid Jumblatt schloss sich an. Anhänger der Allianz des 14. März gingen im ganzen Land auf die Straße und protestierten gegen Syrien, gegen Präsident Assad und gegen die Hisbollah. Die Proteste nahmen deutlich konfessionelle Züge (»Sunniten gegen Schiiten«) an. Ministerpräsident Najib Mikati, der die Unterstützung der Hisbollah hatte, bot seinen Rücktritt an. Präsident Michel Sleiman lehnte das ab. In Damaskus verurteilte der syrische Informationsminister Oumram al-Zoubi den Anschlag auf Hassan scharf. Hisbollahführer Hassan Nasrallah forderte eine umfassende Aufklärung und mahnte die Libanesen zur Geschlossenheit. Doch Ende des Jahres 2012 eskalierten erneut Kämpfe zwischen Gegnern und Anhängern der syrischen Führung in der Hafenstadt Tripoli. Zu dem Zeitpunkt hatten die Vereinten Nationen 160.000 syrische Flüchtlinge im Libanon registriert. Das Land hat knapp vier Millionen Einwohner.

Trennung von Staat und Religion statt religiöser Spannungen

Bei sintflutartigem Regen hatten Ende Februar 2011 Hunderte zumeist junge Libanesen für eine Säkularisierung des politischen Systems im Zedernstaat demonstriert. Unter dem Motto »Libanesische
Revolution zum Sturz des konfessionellen Systems« hatten Aktivsten
aus Parteien und Nichtregierungsorganisationen, vor allem aber Unorganisierte über das Internet und per Facebook aufgerufen. Parteifahnen und -parolen waren verboten, einige Demonstranten hielten
tapfer die libanesische Nationalfahne in den Regen. Die Demonstranten hatten den frischen Wind, der mit den vielen Demonstrationen
durch die arabischen Staaten wehte, genutzt, um ihren Protest gegen
ein System zum Ausdruck zu bringen, das streng entlang religiöser
Zugehörigkeiten organisiert ist. »Ein säkulares, modernes System ist
die einzige Möglichkeit, die ständigen Krisen im Libanon zu überwinden«, sagte ein Teilnehmer (im Gespräch mit der Autorin). Ob
die Politiker auf die Forderungen eingehen würden, wisse er nicht,
aber »die junge Generation kann dieses konfessionelle System nicht
länger akzeptieren.« Ein anderer Teilnehmer meinte, dass das konfessionelle System für viele Probleme im Libanon verantwortlich sei,
insbesondere für Korruption und die Einschränkung der bürgerlichen
Freiheiten.

Das Land war zu dem Zeitpunkt ohne Regierung. Jene der Nationalen Einheit war zerbrochen, und die Übergangsregierung war
nicht einmal in der Lage gewesen, neue Benzinpreise festzulegen. Die
Tankstellen blieben einen Tag geschlossen. Die Leute hätten genug
von diesen Querelen, so die Meinung der Demonstranten. Das Taif-
Abkommen, mit dem der Bürgerkrieg 1990 beendet worden war und
in dem ausdrücklich die Trennung von Staat und Religion festgelegt

wurde, müsse umgesetzt werden. Die Entscheidungsträger gehörten noch immer den verschiedenen Religions- und Interessensgruppen an, die sich während des Bürgerkrieges bekämpft hätten. Für den Libanon bedeute das Stillstand. »Die Umsetzung der Taif-Vereinbarung würde bedeuten, dass andere, neue Leute politische Macht im Libanon bekommen würden, das wollen sie verhindern«, so ein Demonstrationsteilnehmer. Er fügte hinzu, er sei »begeistert über das, was in der arabischen Welt derzeit geschieht. Wir bauen endlich unsere eigene, eine neue Zukunft.«

Im Libanon leben rund vier Millionen Menschen, die 18 verschiedenen Religionen angehören. Allein unter den Christen gibt es ein gutes Dutzend verschiedener Kirchenzugehörigkeiten, die größte christliche Gruppe sind die Maroniten. Um die Religionen gleichmäßig an der politischen Macht zu beteiligen, ist der Präsident immer ein Christ, der Ministerpräsident ein sunnitischer Muslim und der Parlamentspräsident ein schiitischer Muslim. Auch das Wahlsystem ist entsprechend gestaltet.

Teilt man also die Bevölkerung nach ihrer Religionszugehörigkeit ein, entspricht die politische Gewaltenteilung aus dem Jahr 1956 tatsächlich nicht mehr den Mehrheitsverhältnissen. Damals wurde der Anteil der Christen mit 54 Prozent angegeben, somit waren sie gegenüber den Muslimen und Drusen in der Mehrheit. Heute wird die Zahl der Muslime auf bis zu 60 Prozent im Libanon geschätzt, während der Anteil der Christen auf 39 Prozent gesunken sein soll. Die Drusen machen schätzungsweise 7 Prozent der Bevölkerung aus. Genaue statistische Erhebungen gibt es nicht. Die letzte Volkszählung im Libanon fand 1932 statt. Das religiöse Proporzsystem berücksichtigt nicht, dass für viele Libanesen die Religionszugehörigkeit nicht gleichbedeutend mit ihrer politischen Auffassung ist. Das System aber zwingt die Menschen geradezu, sich zu der einen oder anderen Religionsgruppe zu bekennen. Was nicht nur in Europa als Errungenschaft anerkannt wird, sondern auch in Ländern wie Syrien, dem Irak oder jahrzehntelang in der Türkei praktiziert wurde – der Säkularismus bzw. Laizismus, die Trennung von Staat und Religion –, wird den Libanesen vorenthalten.

Die Aufbruchsstimmung der Demonstration im Februar 2011 ver-
flog schnell. Im Sommer 2011 kam es in Tripoli und Beirut zu ers-
ten Kämpfen zwischen Gegnern und Unterstützern des bewaffneten
Aufstandes in Syrien, die von der Presse der Einfachheit halber als
»Assad-Gegner und Assad-Anhänger« bezeichnet wurden. Sofia
Saadeh, Professorin für Soziologie und die moderne Geschichte des
Mittleren Ostens in Beirut, zeigte sich (im Gespräch mit der Autorin)
besorgt über die Entwicklung. »Syrien ist unser einziger arabischer
Nachbar«, sagte sie. Assad müsse viele Reformen in Syrien umsetzen,
doch aktuell stehe »die regionale Position und Unterstützung des Wi-
derstandes« auf der Tagesordnung, das habe Vorrang. »Reformen in
Syrien werden auch für uns von großer Bedeutung sein«, meint ein anderer Gesprächspartner, der namentlich nicht genannt werden wollte.
»Libanon ist der kleine Bruder Syriens. Wir sehnen uns danach, dass
unser Nachbar eine wirkliche Demokratie und ein moderner Staat
wird.« Sollte aber der syrische Präsident und mit ihm das syrische
Machtsystem stürzen, »werden die USA und Israel eine Marionetten-
regierung in Damaskus einsetzen, wie im Irak. Das bedeutet Bürgerkrieg, nicht nur in Syrien, sondern auch bei uns.«

Auch Marie Debs, Sprecherin für Internationale Beziehungen der
Kommunistischen Partei Libanons, warnte vor einem möglichen Bürgerkrieg »wenn das Regime von Assad nicht zügig mit Reformen vo-
rankommt und weiterhin Militär und Geheimdienste die Oberhand
haben«. Man unterstütze die Schwesterpartei in Damaskus, die seit
langem Reformen und auch ein neues Wahl- und Parteienrecht fordere. Syrien müsse sich »nach vorne und nicht rückwärts entwickeln.«
Reformen könnten nur mit, nicht gegen die Bevölkerung umgesetzt
werden, darum plädiere man für »einen demokratischen Wandel in
Syrien.« Das bedeute allerdings auch, dass »die Baath-Partei unweigerlich ihre Macht verlieren wird.« Marie Debs zeigte sich überzeugt, dass
andere Akteure bereits die Proteste für eigene Interessen nutzen würden. 2006 sei die USA mit ihrem Plan des »Großen oder Neuen Mittleren Ostens« gescheitert, den Condoleezza Rice angekündigt hatte.
Nun versuche die USA, durch eine andere Tür wieder hereinzukom-
men: »In Jugoslawien benutzten sie den Islam, im Irak die Schiiten

und jetzt benutzen sie die Sunniten, um ihre Pläne durchzusetzen.« Wenn es zu einem Krieg zwischen den Religionsgemeinschaften in Syrien komme, werde der vor dem Libanon nicht haltmachen, so Marie Debs. »Wir brauchen nationale Einheit, keinen neuen Irak.«

Waffenschmuggel nach Syrien

Während die einen Libanesen für politische Lösungen in Syrien plädierten und ihre Unterstützung anboten, heizten andere Libanesen das Feuer an. Der illegale Waffenhandel blühte. Schnellfeuer- und Scharfschützengewehre, Granatwerfer (RPG), Sprengstoff und Munition wurden nach Syrien geschmuggelt. Mehrfach beschlagnahmte die libanesische Armee Schiffs- und LKW-Ladungen mit Waffen, doch das meiste kam durch. Der Preis für eine RPG lag nach Angaben eines libanesischen Waffenhändlers vor dem Krieg in Syrien bei bis zu 1000 US-Dollar. Im Sommer 2012 war er auf das Doppelte gestiegen. Für Dragunov-Scharfschützengewehre wurden bis zu 8.000 US-Dollar bezahlt. Ein Schuss Munition für ein AK-47-Schnellfeuergewehr lag bei zwei US-Dollar, für eine RPG-Rakete mussten 500 US-Dollar bezahlt werden. Mitte Oktober sanken die Preise im Libanon deutlich ab. Nach Ansicht der Händler ein Hinweis darauf, dass die Aufständischen ihre Waffen aus anderen Quellen bezogen. Der Markt in Syrien schien gesättigt, die Aufständischen begannen sogar, Überbestände zu verkaufen.

Einer, der ordentlich an den Waffenlieferungen verdiente und sie mitorganisierte, war der libanesische Abgeordnete Okab Sakr. Medien zufolge (*Al Akhbar, An Nahar* u. a.) wurde das in Telefonmitschnitten zweifelsfrei dokumentiert, die *Al Akhbar* angeboten worden waren. Sakr war Mitglied der Zukunftspartei von Saad Hariri und verfügte über exzellente Beziehungen nach Saudi-Arabien und Katar, so ein ehemaliger Mitarbeiter. Er wisse von »Operationszentren« für die Waffenlieferungen in den türkischen Städten Antakya, Adana und Istanbul. Etwa 20 junge Syrer aus verschiedenen Teilen Syriens seien in diesen »Operationszentren« damit beauftragt gewesen, den Kontakt zu militärischen Kommandeuren der bewaffneten Aufständischen zu halten, ihnen Geld und Waffen auf Nachfrage zu liefern. Die Kommunikation mit den Kampfgruppen in Syrien sei über Satellitentelefone gelaufen. Sakr habe sich regelmäßig mit »Kommandeuren aus dem Feld« getroffen – in Anwesenheit von türkischen, saudischen und katarischen Geheimdienstoffizieren – so der ehemalige Mitarbeiter weiter. *Time Magazine* und *New York Times* zitierten Kämpfer im syrisch-türkischen Grenzgebiet, die Sakr als den wichtigsten Waffenlieferanten Saudi-Arabiens bezeichneten. Nach Veröffentlichung dieser Informationen verließ Sakr den Libanon. Die syrische Regierung erließ einen Haftbefehl gegen ihn, gegen Saad Hariri (Vorsitzender der 14.-März-Allianz) und gegen Luay al-Mikdad, Koordinator der Medien- und Öffentlichkeitsarbeit der »Freien Syrischen Armee«.

Aufmarsch im Grenzgebiet – Das Beispiel Qusair

Entlang der libanesisch-syrischen Grenze eskalierten die Kämpfe, bewaffnete Gruppen nutzten die vielen Schmuggelpfade, um ihre Positionen in Syrien auszubauen. Der Forderung der syrischen Regierung, die Grenzübergänge der Kämpfer zu stoppen, wurde nur zögerlich entsprochen. Die Hisbollah versuchte den Schmuggel in der Bekaa-Ebene zu stoppen, wo sie politisch das Sagen hatte. Eine offene Konfrontation mit den Kräften des 14. März, die den bewaffneten Kampf in Syrien unterstützte, vermied die Hisbollah. Das hätte unweigerlich zu einem Krieg im Libanon geführt. Die libanesischen Streitkräfte waren wegen der politischen Uneinigkeit teilweise gelähmt. Wo sie gegen bewaffnete Gruppen vorgingen, wurden immer wieder Soldaten getötet.

Zu einem Beispiel für die sensible Lage im syrisch-libanesischen Grenzgebiet wurde die syrische Stadt Al-Qusair, die an einer strategisch wichtigen Verbindungsstraße zwischen Homs (Syrien) und Baalbek (Libanon) liegt. Von Qusair sind es etwa 10 km zur libanesischen Grenze und weniger als 40 km nach Homs. Die Nachschublinie kreuzt die Autobahn, die Damaskus mit der Küstenregion verbindet.

Qusair war ein Beispiel des jahrhundertelangen problemlosen Zusammenlebens von Muslimen unterschiedlicher Strömungen und Christen in Syrien. Erst die französische Mandatsmacht hatte den Ort in den 1930er Jahren durch willkürliche Grenzziehung vom Libanon abgetrennt. Die Dörfer um Qusair, in denen libanesische Schiiten und Christen leben, fanden sich auf syrischem Staatsgebiet wieder. Im Mai 2012 kam der Ort unter die Kontrolle der »Freien Syrischen Armee«, die gemeinsam mit der Nusra-Front und anderen Kampfverbänden begann, eine der Hauptnachschublinien für Kämpfer, Waffen, Munition, medizinische und andere Versorgung zu organisieren.

Agenzia Fides, die Nachrichtenagentur des Vatikan, berichtete nach der Einnahme der Stadt von einem »Exodus der Christen« aus dem Ort (9.6.2012). Der Militärchef der bewaffneten Opposition, Abdel Salam Harba, habe der christlichen Bevölkerung »ein Ultimatum« gestellt, das auch über die Moscheen ausgerufen worden sei. Christen hätten »innerhalb von sechs Tagen« die Stadt zu verlassen, so die Anordnung. Ein Grund wurde nicht genannt. 10.000 Christen seien geflohen, ein Drittel der Bevölkerung von Qusair. Die Agentur verwies auf Angaben von Augenzeugen, wonach »extreme Gruppen Islamischer Salafisten« unter den Bewaffneten gewesen seien. Diese bezeichneten Christen als »Ungläubige«, hätten deren Eigentum beschlagnahmt und einige hingerichtet. Diese Kämpfer seien »jederzeit bereit, einen Religionskrieg zu starten«.

Ein Jahr später, im Mai 2013, waren alle Verhandlungsversuche seitens der syrischen Streitkräfte gescheitert, es begann eine Großoffensive. Unterstützt wurde die syrische Armee von der Hisbollah, die eigene Interessen in Qusair verteidigte. Hisbollahführer Hassan Nasrallah äußerte sich mehrfach zum Engagement in Qusair und Umgebung. Die Dörfer gehören verwaltungstechnisch zur libanesischen nördlichen Bekaa-Ebene, die von der Hisbollah regiert wird. Viele Bewohner der Qusair-Dörfer sind Anhänger oder Mitglieder der Hisbollah, das sei Grund für das militärische Engagement, so Nasrallah. Auf Antrag der oppositionellen Syrischen Nationalen Koalition (Etilaf) befasste sich die Arabische Liga mit der Lage in Qusair und verurteilte das Eingreifen der Hisbollah. Anfang Juni 2013 zogen Armee und Hisbollah in Qusair ein, die Kampfverbände waren vertrieben, die Stadt lag in Trümmern. Von den ursprünglich rund 30.000 Einwohnern waren weniger als 1.000 geblieben. Die Kampfverbände zogen sich in den Libanon und in das Grenzgebiet zurück. Einige machten sich auf den Weg in die südlichen und östlichen Vororte von Damaskus, wieder andere zogen über Idlib in die Kampfzone um Aleppo.

Der Rückzug der Kampfverbände aus Homs und aus Qusair oder anderen Konfliktzonen, löste im Libanon Spannungen aus. Die libanesische Armee ging zunehmend gegen die Kämpfer im Grenzgebiet vor, wobei es zu kriegsähnlichen Szenen kam. Die Nusra-Front, die zum Netzwerk von al-Qaida gehört, startete ihrerseits Angriffe auf die libanesische Armee und auf Kontrollposten der Hisbollah in der östlichen Bekaa-Ebene. Dutzende libanesische Soldaten und Hisbollah-Angehörige wurden getötet. Mit Entführungen versuchte die Nusra-Front zudem, Gefangene aus libanesischen Gefängnissen freizupressen, Militäroperationen der syrischen oder libanesischen Armee zu stoppen oder große Geldsummen zu bekommen. Im März 2013 trat die Regierung von Najib Mikati zurück, sein Nachfolger Tammam Salam versuchte Monate lang, eine neue Regierung zu bilden. Die für Juni 2013 vorgesehenen Parlamentsneuwahlen wurden aus Sicherheitsgründen wiederholt verschoben und fanden bis Ende 2014 nicht statt. Auch die Neuwahl eines Präsidenten war seit Frühsommer 2014 trotz wiederholter Wahlgänge nicht erfolgreich.

Vor allem in den nördlichen und östlichen Gebieten Libanons kam es zunehmend zu militärischen Auseinandersetzungen zwischen der Hisbollah und den Kampfverbänden einerseits sowie zwischen den Kampfverbänden und den libanesischen Streitkräften andererseits. Ende 2013 waren bei zwei Autobombenanschlägen auf die iranische Botschaft 22 Menschen getötet worden. Hisbollahführer Nasrallah machte später den saudischen Geheimdienst für die Tat verantwortlich. Bewaffnete Aufständische, die in Syrien im Zuge der Offensive in den Qalamoun-Bergen unter Bedrängnis geraten waren, stürmten im August 2014 die libanesische Grenzstadt Arsal und entführten 30 libanesische Soldaten. Verhandlungen bleiben ohne Erfolg, die Kämpfer

begannen, einen Soldaten nach dem anderen zu töten, um den Druck
auf die libanesische Regierung zu erhöhen. Ministerpräsident Salam
appellierte an die UNO, dem Libanon gegen den »Terrorangriff« zu
Hilfe zu kommen. Der Appell verhallte ungehört. Stattdessen nahmen
im Oktober 2014 die Kämpfe in der Hafenstadt Tripoli weiter zu, wo
Gegner und Unterstützer des bewaffneten Kampfes in Syrien einan-
der gegenüberstanden.

Die Hisbollah

Im Juli 2013 listete die Europäische Union den »militärischen Flügel« der Hisbollah als »terroristische Organisation« und folgte damit
einem langjährigen Anliegen Israels. Ziel war, die finanzielle Unterstützung für die Hisbollah in Europa zu unterbinden und Guthaben
der Organisation einzufrieren. Auf der Webseite des libanesischen
Fernsehsenders *Al Manar* erschien ein Artikel (von Franklin Lamb,
30.7.2013), in dem die zwiespältige Haltung der EU gegenüber der
Hisbollah dargestellt wurde. So hatte sich die EU-Botschafterin im
Libanon, Angeline Eichhorst, kurz vor der Entscheidung mit den
beiden hochrangigen Hisbollahpolitikern Ammar al-Mousawi (Internationale Beziehungen) und dem Minister Mohammad Fneish getroffen, um deutlich zu machen, dass die Entscheidung der EU keine
Auswirkungen auf den »zivilen Flügel« der Hisbollah haben werde.
Die EU akzeptiere die politische Rolle der Hisbollah im Libanon und
habe »kein Problem damit, wenn die Hisbollah in einer zukünftigen
Regierung vertreten« sei. Die EU unterstützte die libanesische Regierung – in der Fneish Minister war – damals wie heute finanziell. Die
Entscheidung, so Eichhorst weiter, beziehe sich auf die Rolle der Hisbollah bei einem Anschlag in Burgas (Bulgarien, 18.7.2012). Das sei
ein »terroristischer Anschlag auf europäischem Boden« gewesen, so
die Botschafterin. Fneish erinnerte Eichhorst daran, dass »Israel unser
Land viele Jahre lang besetzt gehalten hat und wir nicht ein einziges
Mal Widerspruch dazu (von der EU) gehört haben«. Hisbollah habe
sich immer um »gute Beziehungen mit Europa bemüht, obwohl Euro-

pa eine schreckliche Spur« unter den arabischen Völkern hinterlassen habe, »von Palästina bis zum Kolonialismus«. Hassan Nasrallah hatte zuvor bereits erklärt, die Entscheidung der EU liefere Israel einen politischen Vorwand, um weitere Angriffe auf den Libanon durchzuführen. In dem Fall werde die Hisbollah die EU als Partner eines solchen Verbrechens ansehen. Die Entscheidung sei eine Beleidigung für den Widerstand (Hisbollah). Auch die EU wisse, dass es keine belastbaren Beweise gebe, um die Verantwortung für den Anschlag in Burgas der Hisbollah anzulasten.

Die Reaktion der Hisbollah auf die EU-Entscheidung entspricht dem wachsenden Selbstvertrauen der Organisation. Der offenen Feindschaft des Westens, Israels und der Golfstaaten begegnet der Generalsekretär Hassan Nasrallah mit flammenden Erklärungen. Doch die Gruppe zahlt einen hohen Preis für ihr militärisches Engagement in Syrien, das mit Iran abgestimmt ist. Hunderte Hisbollahkämpfer sind gefallen, hochrangige Kommandeure wurden ermordet. Im Januar starben sechs Hisbollahangehörige, als sie auf dem syrischen Golan bei Qunaitra auf einer Inspektionsfahrt waren. Israelische Hubschrauber zerstörten den Konvoi mit zwei Raketen. Mit den Hisbollahkämpfern starb ein hochrangiger iranischer General.

Wenige Tage vor dem Angriff war Nasrallah in einem Interview mit dem libanesischen Sender *Al Mayadeen* explizit auf die Angriffe eingegangen, mit denen Israel seit Beginn des Konflikts in Syrien und stets zugunsten der bewaffneten Gruppen mit Luftwaffe und Panzerbeschuss eingegriffen hatte. Jeder Angriff auf Syrien sei ein Angriff auf die »Achse des Widerstandes«, sagte Nasrallah. So wird das Bündnis von Iran, Syrien und Hisbollah gegen die Politik Israels in der Region genannt. Die Hisbollah verfüge über Waffen, mit denen jeder Winkel in Israel erreicht werden könne, sagte Nasrallah. »Die Achse kann jederzeit reagieren.« Zur Lage im Libanon erklärte er, dass es ohne Assad keine Lösung für den Krieg in Syrien geben könne und die Einheit Syriens erhalten bleiben müsse.

Schon Ende 2014 hatte Nasrallah das schiitische Aschura-Fest genutzt, um jede interreligiöse Eskalation zu verurteilen. Der Krieg in Syrien sei kein »konfessioneller Krieg zwischen Sunniten und Schi-

iten«, sagte er. Alle Schiiten sollten wissen, dass »nicht Sunniten unsere
Feinde sind«, sondern dass man sich »in einem Krieg gegen extremistische Gruppen wie den ›Islamischen Staat‹« befinde. Die Hisbollah
kämpfe auch gegen Israel, »aber nicht gegen Sunniten«.

Gleichwohl ist die zunehmende Konfessionalisierung des Krieges
in Syrien nicht von der Hand zu weisen. Die westlichen Interventionen in der Region hätten es in den letzten 100 Jahren geschafft,
dass die Bevölkerung im Irak, in Syrien und im Libanon heute »mehr
konfessionell eingestellt« sei als während des Ersten Weltkrieges, erläuterte die genannte Sofia Sadeh (im Gespräch mit der Autorin). Seit
100 Jahren und mehr mische sich der Westen in die Belange der arabischen Völker ein.

Die ebenfalls genannte Marie Debs beschrieb eine »politische
Lähmung im Libanon«. Die Kämpfe würden von Saudi-Arabien, der
Türkei und den NATO-Staaten angefacht, sagte sie. Das vertiefe die in-
nergesellschaftlichen Vorbehalte der verschiedenen Religionsgruppen
im Libanon. »Christen im Nordlibanon haben in ihren Dörfern eigene Milizen aufgestellt, um sich jederzeit verteidigen zu können.« Die
Krise in der Region sei »sehr tief« und eine Lösung nicht einfach. Auf
einer Konferenz des Arabischen Linken Forums, einem Zusammenschluss von linken und fortschrittlichen Parteien in der Region, habe
eine Diskussion darüber begonnen, ob die Linke sich nicht bewaffnen
müsse, um sich sowohl gegen die US-Intervention als auch gegen den
»Islamischen Staat« verteidigen zu können, der nach Syrien und Irak
auch in den Libanon und nach Jordanien vorrücken wolle.

Kein Strom, kein Wasser, aber jede Menge Gas:
Zur Wirtschaftslage des Libanon

Vier Jahre nach Beginn des Krieges zeigte sich die Wirtschaftslage im
Libanon sehr angespannt. Banken und Tourismus sind die zentralen
Wirtschaftszweige, doch der Krieg und die zunehmende Kontrolle
von US-Banken über die Anlagen sowie ein Ausbleiben der Touristen verschärfen die Lage. Der Bürgerkrieg (1975 – 1990) hatte die einst

blühende Wirtschaft des Zedernstaates zerstört. Es kam zu größerer Kapitalflucht, vorwiegend nach Zypern zurück. Für den Wiederaufbau (unter Rafik Hariri) wurde massiv Geld geliehen, so dass die Regierung heute vor einem massiven Schuldenberg steht. Wiederholte Geberkonferenzen (2000 und 2007, Paris III nach dem Krieg mit Israel 2006) verordneten dem Libanon wirtschaftliche und finanzielle Reformen. Auch der Ausbau der Infrastruktur (Strom- und Wasserversorgung), die infolge der israelischen Luftangriffe von 2006 teilweise zerstört wurde, ließ auf sich warten. Das Wirtschaftswachstum, das 2011 noch 8 Prozent betragen hatte, sank 2013 auf 2 Prozent ab.

Im Juni 2014 berichteten die meisten libanesischen Fernsehsender, dass das Wasser aufgehört habe, zu fließen. Das war eine Umschreibung dafür, dass es wieder einmal einen Wassermangel gab. Sowohl in Beirut als auch in den Vororten blieben die Wasserhähne trocken und auch die Lastwagen, die für viel Geld Wasser an private Haushalte lieferten, standen still. Erstens, so die Erklärung in den Nachrichten, weil die Quellen, aus denen die Lastwagen das Wasser geholt hatten, ausgetrocknet seien. Zweitens sei das verbliebene Quell- und Brunnenwasser salzig. Zu viele Brunnen waren gebohrt worden. Die unterirdischen Wasserspeicher waren so leer, dass Meerwasser in sie hineinfloss. Die Spekulationen über die Privatisierung der Wasserversorgung liefen heiß, die Kritik an der Regierung kam auf Hochtouren.

Einen Monat später hieß es dennoch, dass weitere Quellen gebohrt würden, um den von der Türkei angebotenen und in Medien ventilierten Wasserimport zu vermeiden. Libanon könne mit dem Wassermangel fertig werden, man suche nach geeigneten geologischen Formationen, wo gebohrt werden könne. Unbedingt müsse Wasser gespart werden, ging aus einer Studie des Ministeriums für Wasser und Energie hervor, Wasserspeicher und Talsperren sollten gebaut werden, die Libanesen müssten lernen, wie Wasser gespart werden könne. Der trockene Winter des Vorjahres und mehr als eine Million syrische Flüchtlinge brachten die Versorgung zum Erliegen. Die Wassernot in der Levante ist groß. Anders sieht es mit den Energiereserven des Libanon aus, der über riesige Gasfelder vor seiner Küste im Mittelmeer verfügt.

Eine von den USA durchgeführte Studie ergab 2010 für das östliche Mittelmeer (Levante-Becken) 122 Billionen Kubikfuß (tcf) an förderbarem Naturgas, umgerechnet sind das 3,45 Billionen Kubikmeter. Zusätzlich geht die Studie von 1,7 Milliarden Barrel an förderbarem Öl aus. Die Reserven seien schätzungsweise 40 Milliarden US-Dollar wert, rechneten Finanzexperten aus. Bei dem großen Run auf Rohstoffe könnte der Gaspreis in den kommenden Jahrzehnten ansteigen. Die Einnahmen – so sie im Land blieben – wären mehr als genug, um den Libanon aus seiner Schuldenspirale zu retten.

US-amerikanische, europäische und asiatische Firmen standen Schlange, um von der libanesischen Regierung den Zuschlag für die Gasförderung zu bekommen. Als Anfang 2014 erstmals Auswahlverfahren ausgeschrieben wurden, standen auf der Warteliste 46 Konzerne. Der Libanon hatte bereits 2012 eine britische Firma (Geo Ltd. Spectrum Company) beauftragt, durch seismographische Untersuchungen den genauen Umfang der libanesischen Vorkommen zu erkunden. Demnach sollen auf sich unter dem Meer vor der Küste des Zedernstaates Gasfelder auf 3.000 km^2 ausdehnen, die Menge wird auf bis zu 25 Billionen Kubikfuß geschätzt. Westlich dehnen sich die Gasfelder auf zypriotisches Territorium aus, südlich auf ein Gebiet, das sowohl von Israel als auch von den Palästinensern beansprucht wird. Inzwischen haben auch die Türkei und Ägypten Ansprüche angemeldet. Auch Ölvorkommen werden im Libanon vermutet.

Der Weltenergierat WEC mit Sitz in London ging sogar von noch mehr Öl- und Gasreserven aus, als 2010 festgestellt worden war. Wenn allerdings die politischen Widersacher im Libanon sich nicht auf ein gemeinsames Vorgehen bei der Förderung einigten, sei es »besser, die Gasreserven unter dem Meer zu lassen, bis die Politiker wieder vernünftig geworden« seien, sagte der ehemalige WEC-Generalsekretär Roudi Baroudi. Anfang 2014 meinte Baroudi, der Konflikt um die Ukraine zeige, wie verletzlich Europa aufgrund seiner großen Abhängigkeit von Gaslieferungen aus Russland sei. EU-Staaten beziehen etwa ein Drittel ihrer Gasversorgung aus Russland. Um diese Abhängigkeit zu reduzieren, sei es für die EU wichtig, die Gasvorkommen im östlichen Mittelmeer zu nutzen. Angesichts anhaltender politischer Streitigkeiten über die Regierungsbildung im Libanon plädierte Baroudi für Zypern, denn: »einen neuen regionalen Energieverteiler auf Zypern aufzubauen« sei »die einzige Möglichkeit«, um Unstimmigkeiten über Transportwege oder interne Hindernisse und Preisstreitigkeiten zu umgehen.

Streitigkeiten zwischen dem Libanon und Israel entstanden um die Abgrenzung beider Territorien auf dem Leviathanfeld. Da beide Staaten im Kriegszustand sind, kamen Verhandlungen nicht zustande. Eine von Libanon bei den Vereinten Nationen beanspruchte Grenze wurde von Israel mit einem eigenen Anspruch abgelehnt. Israel begann (2012) mit dem Bau von Förderanlagen. Im Libanon befürchtet man, dass Israel den ungeklärten Grenzverlauf zur Förderung von Gas nutzen wird, das der Libanon für sich beansprucht. Hintergrund des Problems ist auch, dass Israel die UNO-Seerechtskonvention nicht unterzeichnet hat und daher die darin für Vertragsstaaten festgelegte »ausschließliche Wirtschaftszone« von 200 Seemeilen (370 km) nicht anerkennt.

Beim Run auf die größten Erdgasvorkommen im Mittelmeer sind weitere Konflikte vorprogrammiert, zeigte sich Marie Debs von der KP Libanon überzeugt. Der innere Konflikt Syriens werde nun zwischen den Hauptkontrahenten Russland und dem Westen ausgetragen, Streitpunkt in Syrien seien die »großen Gasvorkommen im östlichen Mittelmeer und im Land selbst«. Die USA und die EU wollten Zugriff auf das Gas und eine Gaspipeline aus Katar durch Syrien in die Türkei und ans Mittelmeer, um nicht mehr auf das Gas aus Russland angewiesen zu sein. Für den Libanon werde es politisch und wirtschaftlich erst dann vorangehen, wenn der Krieg in Syrien beendet sei.

Die Lage der Flüchtlinge

Von allen Nachbarländern Syriens hat der Libanon die meisten syrischen Flüchtlinge aufgenommen. Im April 2014 nennt das UN-Flüchtlingshilfswerk (UNHCR) erstmals eine Zahl jenseits einer Million, bei einer Einwohnerzahl von vier Millionen bedeutet das einen Zuwachs durch Flüchtlinge um 25 Prozent. Das Elend der Flüchtlinge hat einen neuen Markt geschaffen, das »Geschäft mit der Hilfe« boomt. Einzelpersonen und Organisationen organisieren Unterkünfte, für die bezahlt werden muss. Skrupellose Geschäftsleute vermieten einzelne Zimmer für viel Geld an ganze Familien. Selbst wer in einem Zelt auf einem Feld Zuflucht gefunden hat, muss dem Eigentümer des Feldes monatlich bis zu 200 US-Dollar bezahlen. Wenn eine Familie das Geld nicht durch Feld- oder andere Arbeit erwirtschaften kann, sehen Frauen und Mädchen sich zur Prostitution gezwungen. Der Handel mit Menschen blüht. Wasser und Strom, Nahrung und Kleidung, Schulen für die Kinder und medizinische Versorgung werden zur Verfügung gestellt. Nach offiziellen UN-Angaben arbeiteten 2014 im Libanon 62 Organisationen, die libanesische Zeitung *Al Akhbar* schrieb allerdings schon 2012 unter Berufung auf das »Handbuch Zivilgesellschaftlicher Organisationen«, dass schon im Jahr 2007 offiziell 5.623 humanitäre Organisationen eingetragen waren. Ziehe man davon Gruppen von politischen Parteien, Familieneinrichtungen, die Pfadfinder und religiös angebundene Gruppen ab, liege die Zahl noch zwischen 1.200 und 1.500. Je mehr Hilfsorganisationen mit internationalen Spendengeldern arbeiten, desto weniger sieht ein Staat sich gezwungen, selber die sozialen Probleme in seiner Gesellschaft zu lösen. International gehören mit den USA, der EU, Saudi-Arabien und den Golfstaaten solche Regierungen zu den großen Geldgebern für Hilfsprogramme, die gleichzeitig mit Waffenlieferungen und harter Sanktionspolitik jenen politischen und wirtschaftlichen Konflikt in Syrien anfeuern, der die Flüchtlingskatastrophe erst verursacht hat.

Aufgrund der hohen Flüchtlingszahlen beschloss die libanesische Regierung Ende 2014, eine strenge Visumspflicht für Syrer einzuführen. Der libanesische Innenminister Nouhad Machnouk verteidigte die umstrittene Maßnahme bei einer Pressekonferenz. Es seien »genug Syrer im Land, der Libanon ist nicht in der Lage, noch mehr Flüchtlinge aufzunehmen.« An den Grenzübergängen spielten sich erschütternde Szenen ab. Zur Veranschaulichung seien hier Passagen aus einer Reportage der Autorin (von Dezember 2014) angeführt:

Es regnet in den Bergen zwischen Syrien und Libanon. Ein Jahr lang haben die Menschen auf das köstliche Nass gewartet, die Trockenheit hat Quellen und Brunnen vertrocknen lassen. In den Kriegsgebieten fällt die Wasserversorgung oft ganz aus. Selbst in den Vororten von Damaskus wird der Bevölkerung zusätzliches Wasser aus Tanklastwagen angeboten. Eine Tankfüllung (200 Liter) ist für viele Familien finanziell oft nicht mehr zu tragen. Seit Tagen gibt es selbst im Zentrum von Damaskus Probleme mit der Wasserversorgung, die Gerüchte um die Ursachen treiben viele Blüten.

Vermutlich gebe es einen Streit zwischen bewaffneten Gruppen und der syrischen Armee in Zabadani, ist zu hören. Bei dem früheren Luftkurort hoch in den Bergen an der Grenze zum Libanon liegt die Fijeh-Quelle, die seit Jahrtausenden Damaskus und das Umland mit Wasser versorgt. Fast zwei Jahre schon gibt es dort einen lokalen Waffenstillstand. Doch nachdem ein Scharfschütze eine Frau und ihre zwei Kinder getötet hat – Hintergründe sind unklar – soll die Armee militärischen Druck auf die Kampfgruppen in Zabadani ausüben. Die drohten die Wasserzufuhr zu stoppen, falls die Armee weiter vorgeht. Andere Quellen wollen wissen, dass die Kampfverbände das Wasser der Fijeh-Quelle abgedreht habe, um die syrische Regierung zu zwingen, ihnen Strom zu liefern. Strom ist im ganzen Land knapp. Doch immerhin gibt es nun Regen, den das Land so dringend braucht, wie den Frieden.

Am Grenzübergang zwischen Syrien und dem Libanon wartet an diesem frühen Morgen eine kilometerlange Autoschlange. Still, mit abgestellten Motoren stehen die Fahrzeuge in Zweierreihe vor einem halb geschlossenen Tor. Jenseits des Tors steht ein Fahrzeug der libanesischen Grenzpolizei. Zwei Soldaten sitzen in dicken Militärjacken darin und starren vor sich hin. Es ist kalt, es regnet, nichts bewegt sich. Der Zugang zum libanesischen Grenzgebäude – sonst voller Syrer, die einreisen wollen – ist leer. Libanesische Soldaten versperren den Zutritt, ihre Gewehre halten sie in der Hand.

Eine kleine Gruppe nähert sich im strömenden Regen vorsichtig den Soldaten. Ein älterer Mann geht langsam an seinem Stock, geführt wird er von einem jüngeren Mann, vielleicht sein Sohn. Begleitet wird der

Alte von einem älteren Paar, alle bitten die Soldaten, sie in das Gebäude zu lassen. Der alte Mann zeigt einen Brief des Krankenhauses
der Amerikanischen Universität in Beirut vor, wo er für eine Operation erwartet wird. »Verschwinde«, fährt der Soldat den Alten mürrisch
an. »Lass Dich in Deinem Land operieren.« Der junge Mann, der den
Alten führt, versucht zu erklären und bittet um Verständnis, wird aber
ebenso harsch abgewiesen. Schließlich gibt die kleine Gruppe auf und
zieht sich durch den Regen zurück in das wartende Taxi.

Nur Leute mit ausländischen Pässen können an diesem Morgen
nach Syrien einreisen. Mein deutscher Pass öffnet alle Türen, doch der
Fahrer Moutaz, ein Syrer, muss draußen im Regen stehen bleiben. Ein
Soldat nimmt seinen Ausweis und wirft ihn einem Kollegen hinter dem
Schalter zu. Der gähnt, schiebt das Papier zur Seite und trinkt starken
Kaffee. Nachdem mein Pass ruckzuck gestempelt ist, gehe ich zu dem
Beamten, um den Pass für Moutaz mitzunehmen. »Ich muss den Mann
sehen«, sagt der Soldat. »So viele Syrer schleichen sich hier bei uns
ein.« Draußen wird Moutaz gehindert, die Sperre der bewaffneten Soldaten zu passieren, erst mit Druck und erhobener Stimme meinerseits,
»der deutschen Ausländerin«, darf er hinein und erhält seinen Passier-
schein, um mit mir weiter nach Beirut zu fahren.

Die entwürdigende Prozedur müssen viele Syrer über sich ergehen
lassen, seit Libanon die Einreise für Syrer kategorisch untersagt. Arzt-
brief, Einladung, selbst ein Flugticket werden – oft willkürlich – ignoriert und die Menschen werden zurück nach Syrien geschickt. »Nie
haben wir für die Libanesen die Grenzen geschlossen, oder für andere,
die in Not waren«, sagt Moutaz bitter. Seit 27 Jahren fahren er, sein
Bruder und der Sohn zwischen Beirut und Damaskus hin und her »und
nun behandeln sie mich wie einen Kriminellen!«

Mit Winterbeginn Anfang Dezember 2014 musste das UN-Welternäh-
rungsprogramm (WFP) seine Nahrungsmittelhilfe für 1,7 Millionen
syrische Flüchtlinge mangels Geld suspendieren. Betroffen waren
Flüchtlinge in Syrien, im Irak, in der Türkei, im Libanon, in Jordanien
und in Ägypten, die bisher mit einer monatlichen Scheckkarte (Wert
30 Euro) Lebensmittel einkaufen konnten. Dem WFP fehlten rund

52 Millionen Euro (64 Millionen US-Dollar), weil Geberstaaten ihre zuvor abgegebenen finanziellen Zusagen nicht einhielten.

Das Internetportal *The Intercept* verglich die fehlenden Kosten für die Flüchtlingshilfe mit dem Geld, das für militärische Operationen in Syrien und im Irak ausgegeben werden und kam zu dem Schluss: »Millionen werden bezahlt, um Syrien zu bombardieren, während die syrischen Flüchtlinge hungern.« Zu dem Zeitpunkt dauerte der Kampfeinsatz der »Anti-IS-Koalition« im Irak vier, in Syrien drei Monate, das US-Pentagon bezifferte die täglichen Kosten für die Angriffe auf zehn Millionen US-Dollar. Allein beim ersten Angriff auf Syrien Ende September 2014, hatte die US-Armee 47 Tomahawk Raketen abgefeuert. Eine Rakete kostet mehr als eine Million US-Dollar. *The Intercept* wies darauf hin, dass die Kosten für einen Tag Kampfeinsatz in Syrien und Irak ausreichen würde, um Millionen Flüchtlinge zu versorgen.

Kurz vor Weihnachten 2014 gründete die EU-Kommission einen »Regionalen EU-Fonds«, um den Staaten unter die Arme zu greifen, die viele syrische Flüchtlinge aufgenommen haben. Namentlich genannt wurden der Libanon, Jordanien, die Türkei, der Irak und Ägypten. Die EU-Kommission reagierte damit auf einen Appell der Vereinten Nationen, im Rahmen einer neuen humanitären Strategie Staaten zu helfen, deren Stabilität durch den Zustrom von Flüchtlingen aus Syrien gefährdet sein könnte.

Anfang 2015 unterzeichnete die bundesdeutsche Kreditanstalt für Wiederaufbau (KfW) mit dem UN-Entwicklungsprogramm (UNDP) eine Vereinbarung über die Zahlung von 10 Million Euro für den Libanon. Das Geld stammt aus dem Haushalt des Ministeriums für Wirtschaftliche Zusammenarbeit und Entwicklung (BMZ) und soll dem libanesischen Sozialministerium unter die Arme greifen. In Partnerschaft mit lokalen Gemeinden sollen Projekte für die Müllentsorgung, Wasserversorgung und Abwasserentsorgung finanziert werden. Weiteres Geld hat die KfW für UNICEF zur Verfügung gestellt, um Bildungsprogramme »in sicherer und geschützter Umgebung« zu gestalten.

9.
Die Palästinenser

Zur Geschichte

Wie andere UN-Hilfsorganisationen braucht auch das UN-Hilfswerk für palästinensische Flüchtlinge (UNRWA) mehr Geld. Ob in Gaza oder der Westbank, im Libanon oder Jordanien, überall brauchen die Palästinenser Hilfe. Zu Beginn des Jahres 2015 rief das Hilfswerk dazu auf, 415,4 Millionen US-Dollar zu spenden, um für die palästinensischen Flüchtlinge in Syrien zumindest die minimalen Ansprüche zu decken. Vertrieben bei der Staatsgründung Israels 1948 und infolge der Eroberung durch den Sechs-Tage-Krieg Israels 1967, gehören die »syrischen Palästinenser« erneut zu den großen Verlierern des Krieges in Syrien. Nach UNRWA-Angaben haben mit mehr als 250.000 über die Hälfte der palästinensischen Flüchtlinge in Syrien alles verloren und sind geflohen. 95 Prozent der Verbliebenen brauchen Hilfe. Ein Drittel der UNRWA-Einrichtungen in Syrien sind durch die Kämpfe zerstört oder außer Betrieb. Der Fonds, aus dem die UNWRA die Unterstützung für die palästinensischen Flüchtlinge finanziert, stammt zu 97 Prozent aus freiwilligen Zahlungen (von UN-Mitgliedsstaaten, UN-Partnerorganisationen, Firmen, Einzelpersonen, Nichtregierungsorganisationen). 57 Prozent der Gelder gehen in die Bildung, 18 Prozent in die Gesundheitsversorgung. 13 Prozent werden allgemein für Unterstützungsdienste ausgegeben, 10 Prozent für Sozialversorgung und 2 Prozent für die Renovierung der Infrastruktur in den Flüchtlingslagern. Die Zahlungen an UNRWA sind – insbesondere aus arabischen Staaten – drastisch zurückgegangen. Das aktuelle Defizit gibt UNRWA mit 35 Millionen US-Dollar an.

Das Flüchtlingshilfswerk war 1949 von den Vereinten Nationen gegründet worden, um die Nöte der Palästinenser zu lindern, die 1947/48 durch die Vertreibung (Nakba) im Zuge des UN-Teilungsplans für Palästina sowie der israelischen Staatsgründung ihre Heimat verloren hatten. Damals flohen die Palästinenser in die Nachbarländer: Syrien (75.000), Jordanien (70.000), Libanon (100.000), Ägypten (7.000), Kuwait und Irak. Die überwiegende Mehrheit der Palästinenser wurde zu Flüchtlingen im eigenen Land: 190.000 flohen in den Gazastreifen, 280.000 flohen in die Westbank (Westjordanland).

Die Unterstützung und der Schutz der Palästinenser gehört historisch zum nationalen Selbstverständnis Syriens. Grund ist, dass die Region Syrien/Palästina sozial, politisch, wirtschaftlich und kulturell nicht nur von Syrern, sondern von den Arabern in der ganzen Levante über alle religiösen Unterschiede hinaus als Einheit gesehen und verteidigt wurde. Das traf für die Muslime, Christen und Juden gleichermaßen zu, die seit mehr als zweitausend Jahren in der Region zusammengelebt haben. Das verlief zwar nicht immer konfliktfrei, doch weitgehend ohne Krieg. Kriege und militärische Auseinandersetzungen wurden zumeist von fremden Mächten in die Region getragen. Ein jüngeres Beispiel ist der Erste Weltkrieg, in dem das Osmanische Reich – das die Region 400 Jahre besetzt gehalten hatte – zerbrach. Die damals mächtigen Kolonialstaaten Frankreich und Großbritannien teilten in einem geheimen Abkommen die Region schon während des Krieges untereinander auf (Sykes-Picot-Abkommen, 1916). Nationale Selbstbestimmungsbestrebungen der Araber wurden für die eigenen Interessen instrumentalisiert.

Seit der Balfour-Erklärung (1917) sind die Syrer – religionsübergreifend – entschiedene Gegner der darin avisierten »nationalen Heimstätte in Palästina für das jüdische Volk«. Der damalige britische Außenminister, Lord Arthur James Balfour, hatte am 2. November 1917 auf erheblichen und anhaltenden Druck der Zionistischen Weltorganisation (WZO) hin, einen Brief an deren britischen Vertreter, Lord Lionel Walter Rothschild, 2. Baron Rothschild, verfasst:

Lieber Lord Rothschild, ich freue mich, Ihnen im Namen der Regierung Seiner Majestät die folgende Sympathieerklärung für die jüdisch-zionistischen Bestrebungen mitteilen zu können, die dem Kabinett vorgelegt und von diesem gebilligt wurde. Die Errichtung einer nationalen Heimstätte in Palästina für das jüdische Volk wird von der Regierung Seiner Majestät mit Wohlwollen betrachtet. Sie wird ihr Bestes tun, um das Erreichen dieses Zieles zu erleichtern, wobei unmissverständlich zu betonen ist, dass nichts getan werden darf, was die Bürgerrechte und religiösen Rechte der in Palästina lebenden nicht-jüdischen Bevölkerung oder die Rechte und den politischen Status der Juden irgendeines anderen Landes nachteilig betrifft.

Damals lebten etwa 600.000 Menschen in Palästina, 55.000 waren Juden, mehr als 90 Prozent waren Araber. 1969 wurden in Großbritannien Archivpapiere des britischen Außenministeriums bekannt, die als »top secret« Jahrzehnte lang geheim gehalten worden waren. Daraus ging hervor, dass es eine Vereinbarung zwischen der Zionistischen Weltorganisation (WZO) und der britischen Regierung dahingehend gab, dass die zionistische Bewegung ihren Einfluss für ein britisches Mandat in Palästina geltend machen werde, sofern Großbritannien im Gegenzug eine jüdische Heimstätte in Palästina unterstützte.

Die arabische Nationalbewegung in Damaskus führte den Protest gegen die Balfour-Erklärung an, konnte aber nicht verhindern, dass diese 1918 auch von Frankreich und den USA begrüßt wurde. Bei der Pariser Friedenskonferenz (1919) legten WZO-Vertreter eine Karte mit der Ausdehnung dieser »Heimstätte des jüdischen Volkes in Palästina« vor, die sie anstrebten. Im Norden sollte diese »Heimstätte« bis Saida im heutigen Libanon reichen. Syrien sollte die Golanhöhen mit der Stadt Kuneitra und dem Ort Banias (Golan) verlieren. Im Osten beanspruchte die Zionistische Weltorganisation das gesamte Westufer des Jordans, im Süden wollte man die Hafenstadt Akaba, Gaza und einen großen Teil der Sinai-Halbinsel für sich. Als auf der Konferenz von San Remo (1920) Großbritannien das Mandat über Palästina erhielt, wurde die Balfour-Erklärung in den Mandatsvertrag aufgenommen.

Wie groß der Zorn der Syrer auf die Briten schon damals war, zeigte sich bei einem Besuch von Lord Balfour 1925 in Damaskus. Balfour kam von Jerusalem mit dem Zug und wurde in einem Hotel in der Innenstadt einquartiert. Wütende Menschenmassen umringten das Hotel und wurden von der Polizei der französischen Mandatsmacht zurückgedrängt. In einer Meldung der Nachrichtenagentur *Reuters* (10.4.1925) heißt es, dass »der Manager des Hotels in das Zimmer von Lord Balfour gestürmt ist, um die Fensterläden zu schließen und das Licht auszumachen. Steine wurden auf den Balkon geworfen, ein Dolmetscher wurde getroffen.« 6.000 Demonstranten seien erneut am nächsten Morgen nach dem Gebet zu dem Hotel marschiert, so die Nachrichtenagentur. »Zwei Personen wurden getötet und sieben Gendarme wurden verletzt. Ein Spahi-Offizier und drei Männer wurden verletzt.« Spahi waren berittene Soldaten marokkanischer Herkunft, die gegen Bezahlung unter der damaligen französischen Mandatsmacht dienten. Berichten zufolge soll Lord Balfour schließlich durch eine Hintertür das Hotel verlassen und Richtung Beirut »vorzeitig abgereist« sein.

Zweite Heimat Syrien:
Wie Syrien die Palästinenser aufnahm

Der Sechs-Tage-Krieg 1967 löste eine neue Fluchtwelle aus. Rund 100.000 Palästinenser vom Golan, der von israelischen Truppen besetzt wurde, flohen ins Kernland von Syrien. Die wiederholte Verurteilung der völkerrechtswidrigen Landnahme durch die Vereinten Nationen und Resolutionen zur Rückgabe des Landes werden von Israel bis heute ignoriert. Gleiches trifft für die UN-Resolution 194 (III) vom 11. Dezember 1948 zu, die das Rückkehrrecht der Palästinenser garantiert. In Paragraph 11 heißt es:

Die Generalversammlung ... § 11: beschließt, dass denjenigen Flüchtlingen, die zu ihren Wohnstätten zurückkehren und in Frieden mit ihren Nachbarn leben wollen, dies zum frühest möglichen Zeitpunkt

erlaubt werden soll und dass für das Eigentum derjenigen, die sich
entscheiden, nicht zurückzukehren, sowie für den Verlust oder die Be-
schädigung von Eigentum, auf der Grundlage internationalen Rechts
oder nach Billigkeitsrecht von den verantwortlichen Regierungen und
Behörden Entschädigung bezahlt werden soll.

Israel eignete sich im Gegensatz dazu Teile des 1967 besetzten Landes
völkerrechtswidrig an und annektierte 1981 weite Teile der syrischen
Golanhöhen.

Mitte der 1950er Jahre entschied das syrische Parlament, dass die
Palästinenser in allem den Syrern gleichgestellt sein sollten, bis auf
zwei Ausnahmen: Palästinenser hatten kein Wahlrecht und die jungen
Männer dienten nicht in der Syrischen Arabischen Armee. Allerdings
wurde für palästinensische Wehrpflichtige ein eigenes Bataillon auf-
gestellt. Die syrisch-palästinensische Bindung vertiefte sich durch vie-
le binationale Ehen. Palästinenser durften jeden Beruf ausüben und
Geschäfte eröffnen. Sie unterrichteten an Schulen und arbeiteten in
Krankenhäusern, es stand ihnen frei, sich auch jenseits der Lager eine
Wohnung zu suchen. Syrien wurde für die Palästinenser zur zweiten
Heimat.

Auch für die palästinensischen Parteien, die von Israel und seinen
westlichen Verbündeten als »terroristisch« verfolgt wurden, bot Sy-
rien einen »sicheren Hafen«. Nach einem verunglückten israelischen
Mordanschlag (1997) auf Khaled Meshaal, den Vorsitzenden der Hamas in Jordanien, konnten sich dieser und die Organisation in Damaskus niederlassen. Auch die in Europa als »terroristisch« stigmatisierte
Volksfront zur Befreiung Palästinas (PFLP) und die Demokratische
Front zur Befreiung Palästinas (DFLP) hatten Büros in Damaskus.
Kleinere Organisationen wie die PFLP-GC (Volksfront zur Befreiung
Palästinas – Generalkommando) und der Islamische Dschihad fanden
in Damaskus ebenfalls eine sichere Basis. Voraussetzung für das Exil
der politischen Parteien in Damaskus war, dass sie jenseits der palästinensischen Lager – wo sie weitgehend freie Hand hatten – politisch
nicht aktiv sein durften. Die Palästinensische Befreiungsorganisation
(PLO) ist mit einem Botschafter in Damaskus vertreten.

Partei ergreifen oder neutral bleiben?

Anfang 2011 waren 560.000 Palästinenser in Syrien bei der UNRWA gemeldet. Sie lebten in zwölf über das ganze Land verstreuten Lagern (Ein el Tal, Homs, Hama, Jaramana, Khan Dunoun, Latakia, Khan Eshieh, Neirab, Qabr Essit, Sbeineh, Yarmuk und Daraa).

Jihad, ein junger Palästinenser, erinnert sich daran, welche verschiedenen Meinungen es unter den Palästinensern gab, als die ersten Demonstrationen begannen. In einem ausführlichen Gespräch in Damaskus (Sommer 2013) erläuterte er die schwierige Lage:

> Seit Beginn der Geschehnisse gab es jede Menge Überlegungen, wie die Palästinenser sich verhalten sollten zu dem, was hier geschah. Die eine Meinung war, dass die Palästinenser sich raushalten und nicht einmischen sollten, weil sie hier im Land Gäste sind, Flüchtlinge. Sie sollten nicht Teil der Auseinandersetzungen werden. Die zweite Meinung war, dass die Palästinenser im Laufe ihrer Geschichte verschiedene Male Teil von Auseinandersetzungen in einem Gastland geworden waren und dass die Auswirkungen immer sehr negativ waren. Das war so 1970 während des Schwarzen September in Jordanien, 1975 im Libanon und 1991 in Kuwait. Aus Kuwait waren 750.000 Palästinenser in einer Nacht deportiert worden. (Weil sie den Einmarsch der irakischen Truppen begrüßt hatten, Anm. K. L.) Die dritte Meinung war, dass die Palästinenser sich einmischen sollten und dafür gab es Gründe. Ein Grund war, dass wir hier in Syrien seit 1948 leben, also ungefähr seit Beginn der syrischen Unabhängigkeit. Wir haben alles Mögliche hier im Land erlebt, wir haben uns am Aufbau des Landes beteiligt, darum haben wir auch Rechte in diesem Land und sollten Teil von allem sein, was hier geschieht. In diesem Fall war die Frage, ob die Palästinenser sich auf Seiten der Regierung oder auf Seiten der Opposition einmischen sollten. Die Leute, die sagten, wir sollten Partei für die Regierung ergreifen, meinten, dass wir die Regierung verteidigen sollten, weil sie uns seit den 1970er Jahren alle unsere Rechte garantiert hat, die uns 1955 vom Parlament zugesprochen worden waren. Damals war entschieden worden, dass die Palästinenser die gleichen Rechte

haben sollten wie die Syrer. Außer dem Wahlrecht. Diese Rechte hatte die Baath-Partei immer für die Palästinenser geschützt. Und dann gab es die Meinung, dass die Palästinenser die Opposition unterstützten sollten, weil die Rechte, die wir Palästinenser genießen konnten, uns vom syrischen Volk gegeben worden seien, nicht von dem regierenden Regime. Die Baath-Partei war praktisch seit den 1970er Jahren an der Macht. Also verdanken wir unsere Rechte dem syrischen Volk und nicht dem aktuellen syrischen Regime. Und das syrische Volk werde von dem aktuellen Regime abgeschlachtet und verfolgt, darum sollten wir uns an seine Seite stellen.

Die Hamas gehörte zu den ersten palästinensischen Gruppen, die den bewaffneten islamistischen Aufstand unterstützten. Grund dafür ist ihre Nähe zur Organisation der Muslimbruderschaft, die von Anfang an bei den Kämpfen in Syrien – vor allem in Daraa, Idlib und Aleppo – eine Rolle gespielt hatte. Die Hamas half beim Waffenschmuggel aus dem Libanon nach Syrien und teilte ihre Kampferfahrungen mit den bewaffneten Gruppen. In einigen Kampfgebieten halfen sie nach Darstellung der syrischen Behörden dabei, Tunnelsysteme anzulegen. Anfang 2012 musste das Zentralkomitee der Hamas Damaskus verlassen. Zunächst ging man nach Kairo (Ägypten), wo nach dem Sturz von Hosni Mubarak die Muslimbruderschaft auf einer Siegerwelle ritt und mit Mohammed Mursi einen der ihren ins Präsidentenamt hievte. Von Kairo ging die Hamasführung nach Doha (Katar). Ende 2014 nahm Doha – offenbar unter dem Druck Saudi-Arabiens und der anderen Golfstaaten – seine Einladung an die Hamas zurück, die nun in der Türkei ein neues Zuhause finden konnte. Die dort regierende Partei für Gerechtigkeit und Aufschwung (AKP) steht ebenfalls der Muslimbruderschaft nahe.

Er selber habe einige Male an Demonstrationen teilgenommen, erzählte der palästinensische Student Jihad. Als Parolen auftauchten, die er falsch fand, sei er den Aufmärschen fern geblieben:

Am Anfang der Geschehnisse war ich richtig optimistisch. Ich glaube, das syrische Volk würde die Führung übernehmen und sich von einer

Diktatur befreien, die alle Teile des öffentlichen Lebens bestimmte. Ich dachte, wir stehen kurz vor einer Veränderung, vor einer richtig guten Zukunft. Ohne eine Regierung, die sagt, ihr braucht nicht nachdenken, das machen wir für euch. Ihr braucht nichts tun, wir tun alles für euch. Doch bald darauf habe ich meine Meinung geändert. Der Grund war, dass ich an einigen Demonstrationen teilgenommen hatte, aber die Parolen, die dort gerufen wurden, fand ich falsch. Beispielsweise forderten einige Leute eine »Flugverbotszone«, eine ausländische Intervention, und es kam mir so vor, als kopierten sie das, was in Libyen passiert war. Aber zu dem Zeitpunkt hatte die Regierung keine Kampfjets oder Panzer oder schwere Artillerie eingesetzt. Ich bekam immer mehr den Eindruck, dass das syrische Volk von anderen Kräften benutzt wurde. Zum Beispiel von diesem Syrischen Nationalrat oder der Nationalen Koalition, die später daraus entstanden war. Dabei ging es um den Machthunger dieser Leute, nicht um Freiheit und Demokratie für die Syrer. Das Volk wollte wirklich etwas für sich erreichen, aber sie wurden benutzt und aus dem Ausland aufgestachelt. Von dieser Exil-Opposition, die den Leuten sagte: Los, geht und demonstriert, greift zu den Waffen, kämpft gegen die Regierung. Sie haben mit dem Blut der Syrer gehandelt und dabei ging es ihnen nur um Autorität und Posten. Ein ganz wichtiger Punkt für mich war, als die Opposition zu den Waffen griff und die ganze Sache militärisch immer mehr eskalierte. Am Ende müssen alle diese Menschen in der Zukunft zusammenleben. Aber wenn jemand, der für die Regierung ist, jemanden tötet, der für die Opposition ist, oder er tötet dessen Familie und die Opposition macht das Gleiche – wie sollen diese Menschen in Zukunft noch zusammen leben?!

Jihad selber wurde in Syrien geboren, er wuchs im Flüchtlingslager Yarmuk bei Damaskus auf. Er studierte Journalismus und arbeitete in einer Bank. Sein großer Traum war, das Studium in Kanada oder in Großbritannien abzuschließen. Die Ereignisse in Syrien haben sein Leben von Grund auf verändert. Ende 2014 wagte er mit der Mutter und zwei Schwestern den gefährlichen Weg über die Türkei, das Mittelmeer nach Europa. Sie sind angekommen. Nun gilt es, einen Neuanfang zu schaffen.

Zwischen den Fronten:
Palästinensische Flüchtlingslager

Überall im Land gerieten die palästinensischen Flüchtlingslager zwischen die Fronten. Die folgende Darstellung über die Situation in den verschiedenen Lagern basiert auf Berichten von Palästinensern, mit denen die Autorin in Damaskus gesprochen hat.

Daraa (Hauran)

Im Lager bei Daraa (Hauran) lebten damals etwa 25.000 Flüchtlinge. Im Sommer 2011 gerieten die Bewohner des Lagers unter Druck der örtlichen Bevölkerung. Diese warf den Palästinensern vor, den Kampf und die Forderungen der »Revolution« nicht zu unterstützen. Also begannen die Palästinenser, die Leute von Daraa mit Nahrungsmitteln und anderen Hilfsgütern zu versorgen. Die Regierung, die bis dahin die Palästinenser in Ruhe gelassen hatte, ordnete die Hilfe als Unterstützung für die Opposition ein und übte ihrerseits Druck auf das Flüchtlingslager aus. Schließlich sammelte ein Palästinenser aus dem Flüchtlingslager Daraa/Hauran – sein Name wird mit Mohammed al-Masri angegeben – rund 300 kampfbereite Leute um sich und schloss sich der bewaffneten Opposition an. Die syrische Armee zerstörte daraufhin das gesamte Lager.

Ramle al-Janubi (Lattakia)

Unruhen brachen auch im Palästinenserlager bei Lattakia aus, in Ramle al-Janubi. Die gingen allerdings nicht von den Palästinensern aus, die dort lebten, sondern von Syrern, die aus Idlib und Hama dorthin gekommen waren und zumindest teilweise mit der bewaffneten Opposition sympathisierten.

Al Neirab und Ein al-Tal (Aleppo)

Die Lager Al Neirab und Ein al-Tal bei Aleppo gerieten wegen ihrer unmittelbaren Nähe zum zivilen Flughafen von Aleppo in Bedrängnis. Al Neirab wurde lange von der »Freien Syrischen Armee« (FSA) belagert, die das Lager einnehmen wollte, um die Autobahn zwischen Aleppo und dem Flughafen abzuschneiden. Die Belagerung hatte schwere Folgen für die Zivilbevölkerung, die in dem Camp lebte. Die Einwohner von Al Neirab waren mehrheitlich auf der Seite der Regierung. Im Lager war die Volksfront zur Befreiung Palästinas – Generalkommando (PFLP-GC) stark vertreten, die von Ahmed Jibril geführt wird. Jibril ist bekannt dafür, dass er die Regierung unterstützt. Die FSA warf den Lagerbewohnern vor, »Schabiha« zu sein, »Handlanger des Regimes«, und stellte ihnen ein Ultimatum: alle Zivilisten sollten das Lager verlassen, sonst würde etwas Schlimmes geschehen. Die Zivilisten zogen aus. Aus dem Ein al-Tal Lager wurden 6.000 Bewohner von der FSA innerhalb eines Tages vertrieben. Hintergrund war, dass das Lager ebenfalls an einem strategisch wichtigen Punkt liegt, den die FSA kontrollieren wollte. Die offizielle UNRWA-Behörde veröffentlichte eine Erklärung (30.4.2013, Ostjerusalem) und verurteilte die Vertreibung:

Palästinensische Flüchtlinge in Syrien werden getötet, verletzt und in so großen Mengen vertrieben, wie es noch nie der Fall war. Der bewaffnete Konflikt überwältigt die Flüchtlingslager im ganzen Land. Nach Schätzungen der Hilfsorganisation der Vereinten Nationen zur Unterstützung der palästinensischen Flüchtlinge (UNRWA) wurden bis heute etwa 235.000 palästinensische Flüchtlinge in Syrien vertrieben. Besonders besorgt ist UNRWA über eine Nachricht, die heute bestätigt wurde, wonach 6.000 Palästinenser bereits am 26. April aus Ein el-Tal vertrieben wurden. Das palästinensische Flüchtlingslager liegt 12 km von Aleppo entfernt, im Norden Syriens.

Die monatelangen bewaffneten Auseinandersetzungen nahmen in der vergangenen Woche zu und gipfelten darin, dass bewaffnete Gruppen das Ein el-Tal Lager in den frühen Morgenstunden des 26. April besetzten und sofort zur »militärischen Zone« erklärten. Es kam im Lager zu Schießereien mit Kräften, die an der Seite der syrischen Regierung stehen. Mörsergranaten und Kleinwaffen kamen zum Einsatz, dabei wurden Häuser beschädigt und zerstört und Dutzende Menschen starben oder wurden verwundet. Unter den Opfern sind auch palästinensische Zivilisten. Nach den Kämpfen wurde eine unbekannte Anzahl junger Palästinenser von den bewaffneten Oppositionsgruppen verschleppt. Die Gruppen haben sich im Ein el-Tal Lager verschanzt, die Lage ist sehr angespannt.

Mitarbeiter des UNRWA-Büros aus Aleppo haben innerhalb weniger Stunden Nothilfemaßnahmen für die vertriebenen Flüchtlinge des Ein el-Tal Lagers organisiert. Die Vertriebenen wurden mit Lebensmitteln und Geldzahlungen unterstützt, viele suchen noch immer nach einer vorübergehenden Bleibe in Aleppo. Die Hilfsmaßnahmen werden fortgesetzt. Gleichzeitig gibt es Berichte, wonach eine große Zahl der vertriebenen Flüchtlinge ohne ein Dach über dem Kopf in den umliegenden Dörfern feststecken (trapped), wo die bewaffneten Auseinandersetzungen anhalten.

Was in Ein el-Tal geschehen ist, erinnert an die tragischen Erfahrungen von anderen palästinensischen Flüchtlingslagern – das Daraa-Lager, Yarmuk in Damaskus, Husseiniyeh, Khan Eshieh, Sbeineh und das Seida-Zaynab-Lager unweit von Damaskus. Ein el-Tal ist das letzte Beispiel für einen Kreislauf furchtbarer Gewalt, in dem alle beteiligten Parteien die palästinensischen Flüchtlingslager in Kampfzonen mit schweren Waffen verwandelt haben. Das daraus entstandene Leid der palästinensischen Zivilbevölkerung ist groß.

UNRWA wird seine Hilfe in dieser humanitären Krise für die Palästinenser in Syrien fortsetzen. Gleichzeitig verurteilen wir, dass der bewaffnete Konflikt in Wohngebieten unter der Zivilbevölkerung ausgetragen wird. Alle Parteien missachten den Schutz und die Sicherheit für das Leben der palästinensischen und syrischen Zivilbevölkerung. Das humanitäre Völkerrecht verpflichtet (Kriegs-)Parteien zum Schutz der Zivilisten und wir fordern von allen Seiten, dieser Verpflichtung nachzukommen.

UNRWA appelliert nachdrücklich an alle Seiten, dem Leid der Menschen ein Ende zu setzen, den der Konflikt in Syrien verursacht. Sie müssen ihre Differenzen im Dialog und durch politische Verhandlungen lösen.

Homs

Verschont blieb das Palästinenserlager in Homs, das weder bedrängt noch angegriffen wurde. Es wurde vielmehr zu einem sicheren Ort für die Zivilbevölkerung, die aus anderen Teilen der Stadt oder der

Umgebung von Homs fliehen musste. Das Lager in Homs war 1949 unweit der Universität entstanden. Die meisten der ursprünglichen Flüchtlinge kamen aus der Umgebung von Haifa, Tabariyeh und Akra im Norden Palästinas. 2011 waren hier 22.000 Einwohner registriert, die als Arbeiter, lokale Angestellte und Händler ihr Brot verdienten.

Yarmuk (Damaskus)

Schwierig und kompliziert war die Lage in Yarmuk, einem Stadtteil von Damaskus. Yarmuk liegt in einem Gebiet, das von verschiedenen bewaffneten Gruppen umzingelt war. In den Vororten Al Khaddam, Yelda, Babila, Haj al-Aswat – überall gab es bewaffnete Opposition, die diese Orte nach und nach kontrollierten. Als die Regierung eine Militäroffensive gegen diese Gruppen startete, floh die Zivilbevölkerung von dort nach Yarmuk, weil es dort sicher war. Die Bewohner von Yarmuk halfen, privat und auch mit Unterstützung von Hilfsorganisationen der Vereinten Nationen. Die Schulen wurden geöffnet, um den Leuten Unterkunft zu geben. Decken und Nahrungsmittel wurde an die Inlandsvertriebenen verteilt.

Im Juli 2012 erklärte die »Freie Syrische Armee«, dass Yarmuk Ausgangspunkt für eine Offensive auf Damaskus werden sollte. Bei ihrer Operation »Damaskus Vulkan« (Juli 2012) waren sie in Tadamoun und Al Khaddam gescheitert, nun wollten sie von Yarmuk aus in die Innenstadt von Damaskus vorrücken. Alle politischen Fraktionen der Palästinenser in Yarmuk erklärten, sie seien neutral und dass sie nicht in die Auseinandersetzungen einbezogen werden wollten. Daraufhin stellte Ahmed Jibril (PFLP-GC) bewaffnete Volkskräfte auf. Wenn alle anderen Fraktionen sich »neutral verhalten« wollten, müsse es Leute geben, die die Zivilisten in Yarmuk vor den Angriffen der bewaffneten Opposition schützen könnten. Den Palästinensern war klar, dass die bewaffneten Gruppen von Jibril mit den Regierungstruppen kooperierten. Bis dahin hatte es zwischen Yarmuk und den südlichen Vororten (Haj al-Aswat) eine Art Waffenstillstandslinie gegeben, die keine Seite überqueren durfte. Die Linie war nach einer verlustreichen und fehlerhaften Operation der Armee mit Unterstützung von

PFLP-GC-Einheiten entstanden. Seitdem war Ahmed Jibril für die
»Freie Syrische Armee« ein »Kommandeur der Schabiha«. Man drohte Jibril und dem Yarmuk-Lager Konsequenzen an. Tatsächlich soll
Jibril in vielen Fällen die Festnahme von Leuten ermöglicht haben,
die von der syrischen Regierung gesucht wurden. Er ließ diese Leute
selber festnehmen und lieferte sie der Regierung aus, oder er ermög-
lichte es den Sicherheitskräften, nach Yarmuk zu kommen und die
Leute festzunehmen.

Acht Monate lang herrschte eine sehr angespannte Stimmung. Anfang Dezember 2012 geschah etwas Entscheidendes: Eine der Gruppen, die mit Ahmed Jibril zusammengearbeitet hatte, sagte sich von
ihm los und schloss sich der bewaffneten Opposition an. Die »Freie
Syrische Armee« verteilte an verschiedenen Kontrollpunkten Geld,
marschierte in das Yarmuk-Lager ein und übernahm die Kontrolle.
Ein ehemaliger Bewohner berichtet über die Vertreibung aus dem Lager Yarmuk:

> Eine Tragödie geschah und wir durchlebten noch einmal, was 1948
> geschehen war, die Diaspora. Im Yarmuk-Lager lebten damals bis zu
> 800.000 Menschen. Und in nur einem Tag mussten 80 Prozent dieser
> Menschen das Lager verlassen. Autos waren nicht erlaubt und da war
> diese endlose Schlange von Leuten, die gerade das Nötigste zusammen-
> gepackt hatten und die Straße entlang liefen: Kinder, Frauen, alte Leute,
> es war eine Katastrophe. Heute ist die humanitäre Situation im Lager
> furchtbar. Es gibt die bewaffnete Opposition in Gestalt der »Freien Sy-
> rischen Armee«, der Nusra-Front und es gibt einige palästinensischen
> Gruppen, die sich denen angeschlossen haben. Die Regierungstruppen
> haben einen Belagerungsring um das Lager geschlossen, unzählige Ver-
> handlungsrunden der palästinensischen Fraktionen mit den bewaffne-
> ten Gruppen blieben erfolglos. Allerdings können heute Hilfsgüter an
> die Zurückgebliebenen verteilt werden. Etwa 80 Prozent der Menschen
> verließen das Lager, aber es gibt einige Leute, die nicht genug Geld
> haben, um sich woanders einzuquartieren. Sie mussten zurück und sind
> nun gezwungen, unter diesen unmenschlichen Bedingungen auszuhar-
> ren. Sie fühlen sich von allen Seiten im Stich gelassen.

Aufgrund der schwierigen Lage für die Palästinenser in Yarmuk und eines innerpalästinensischen Versöhnungsprozesses in Gaza und im Westjordanland sah die Hamas sich Anfang 2014 gezwungen, ihre Position zu ändern. Die Führung der Hamas im Gazastreifen wandte sich in einer Erklärung an die bewaffneten Gruppen im Yarmuk-Lager und forderte »alle, die in Yarmuk Waffen tragen, dringend dazu auf, das Lager zu verlassen um das Leben von mehr als 50.000 Zivilisten zu retten.« So könne Hilfe zu den Eingeschlossenen gebracht werden. Die palästinensischen Flüchtlinge seien »nicht Partei in dem Konflikt«, sie sollten von der Gewalt des Krieges verschont bleiben. Der damalige palästinensische Arbeitsminister Ahmad Majdalani (inzwischen ist Majdalani PLO-Vertreter in Syrien), der in Damaskus über Hilfslieferungen an die Palästinenser in Yarmuk verhandelte, erklärte, dass »Terroristen«, die den syrischen Präsidenten Bashar al-Assad stürzen wollten, den Zugang zum Yarmuk-Lager verhinderten. Die Bewohner des Lagers dürften »nicht als Geiseln in dem Konflikt« missbraucht werden. Die Verhandlungen waren erfolgreich, nach und nach konnten Menschen das Lager verlassen und Hilfe konnte hineingebracht werden. Doch die Hilfslieferungen wurden wiederholt von den Kampfverbänden torpediert, palästinensischen Berichten zufolge vor allem von der Nusra-Front.

Das Yarmuk-Lager war das größte Flüchtlingslager in der gesamten palästinensischen Diaspora. Es war »wie unsere Hauptstadt« außerhalb von Palästina, erinnern sich einstige Bewohner. Das Lager war 1957 auf einem Stück Land entstanden, das die Vereinten Nationen rund 8 km südlich des Zentrums vom syrischen Staat gepachtet hatte. Anfangs lebten die Menschen in Zelten, später in Hütten, die sie nach und nach zu festen Häusern ausbauten. Das Gebiet umfasst nicht mehr als 2,1 km^2 und war Anfang 2011 ein boomender Wirtschaftsstandort. Entlang der drei Hauptstraßen (Palästina-Straße, Al-Yarmouk-Straße, Salahaddin-al-Ayyoubi-Straße) reihten sich Geschäfte aneinander, die viele Käufer aus anderen Teilen der Stadt anzogen. Besonders der Markt für Gebrauchtwagen und für junge Mode waren Publikumsmagneten. Die UNRWA unterhielt in Yarmuk 28 Schulen, in denen der Unterricht in zwei Schichten (vormittags, nachmittags) abgehalten wurde. Es gab drei Gesundheitszentren, ein Zentrum für die Verteilung von Lebensmitteln und ein Bürgerzentrum. 30 Prozent der palästinensischen Bevölkerung in Yarmuk war zwischen 26 und 45 Jahre alt.

Nach der offiziellen UNRWA-Statistik waren 2011 in Yarmuk mehr als 148.500 Palästinenser registriert. Mit ihnen lebten in dem Stadtteil mehr als eine halbe Million Syrer, die aus allen Teilen des Landes nach Damaskus gekommen waren. Der Wohnraum war gut und bezahlbar, im Verhältnis zu den anderen palästinensischen Lagern in Syrern waren die Lebensbedingungen laut UNRWA außerordentlich gut. Gleichwohl gab es, wie in anderen palästinensischen Lagern, wo die Menschen auf engstem Raum leben, auch eine Fülle Probleme: unzureichende Trinkwasserversorgung, Luftverschmutzung, häusliche Gewalt, Drogenabhängigkeit und eine Zunahme von Kinderarbeit. Die Zahl der Kinder, die nicht mehr zur Schule gingen, stieg an. Minderjährige Mädchen wurden sehr früh verheiratet, die Scheidungsrate stieg.

***

Um die Jahreswende 2014/15 meldete die palästinensische Nachrichtenagentur *Maan News*, dass in dem Konflikt in Syrien bis zu 1.300 Palästinenser getötet wurden. Die Angaben stammen von der palästinensischen Botschaft in Syrien. Etwa 1.000 Palästinenser gelten als vermisst, 2.200 sind offiziell in syrischen Gefängnissen inhaftiert. Der PLO-Vertreter in Syrien, Ahmed Majdalani, erklärte dass die PLO inzwischen Tausende Palästinenser in drei großen Lagern zusammengeführt habe. Dennoch könne man nicht verhindern, dass viele Palästinenser versuchten, über den Seeweg nach Europa zu fliehen. Viele seien ertrunken.

TEIL III

BEFUND:
FLÄCHENBRAND

10.
Regionale Interessen und Konkurrenzen in der Arabischen Welt

Die arabische Welt um 2010: Beziehungen zu Israel, wirtschaftliche Lage und Wettrüsten in der Region

Selten war eine Zusammenkunft der Arabischen Liga so einmütig verlaufen, wie das 22. Gipfeltreffen, das Ende März 2010 in Sirte (Libyen), der Geburtsstadt von Muammar al-Ghaddafi, stattfand. Einmütig verurteilten die angereisten Könige und Staatschefs der 18 arabischen Mitgliedsstaaten die israelische Siedlungspolitik, die sich in dem Jahr noch mehr ausgeweitet hatte und besonders auch im Ostteil Jerusalems zu spüren war. Aus Sorge um die Stadt, deren Ostteil Hauptstadt eines zukünftigen palästinensischen Staates werden sollte, hatte der Gipfel auch den Beinamen »Jerusalem-Konferenz« erhalten.

Kurz zuvor hatte der israelische Ministerpräsident Benjamin Netanjahu auf der Jahreskonferenz von AIPAC – dem amerikanisch-israelischen Komitee für öffentliche Angelegenheiten, einer einflussreichen Lobbyorganisation Israels – erklärt, das Vorgehen Israels in Jerusalem sei nicht als Siedlungspolitik zu bezeichnen, weil Jerusalem »die ewige Hauptstadt« des jüdischen Staates (Israel) sei. Die Aussage war eine Provokation für die Palästinenser, für die Vereinten Nationen und all die Staaten, die sich für eine Zweistaatenlösung einsetzten. Die harte Haltung Netanjahus bezüglich des illegalen Siedlungsbaus hatte selbst US-Präsident Barack Obama so sehr aufgebracht, dass dieser ein Treffen mit dem israelischen Ministerpräsidenten kurzerhand abbrach.

Die Arabische Liga beschloss auf dem Sirte-Treffen ein 500 Millionen US-Dollar schweres Hilfsprogramm, um die Palästinenser in Ostjerusalem zu unterstützen. Mit dem Geld sollte die Infrastruktur ausgebaut werden, Krankenhäuser, Schulen und Brunnen sollten entstehen und Familien sollten unterstützt werden, deren Häuser von Israel zerstört worden waren. Ghaddafi, der sich sonst gern über die Könige der Golfmonarchien und auch über den ägyptischen Präsidenten Hosni Mubarak kritisch geäußert hatte, hielt sich zurück und betonte die Notwendigkeit der arabischen Einheit, um dem aggressiven Vorgehen Israels etwas entgegensetzen zu können. Die arabischen Völker hätten »die Nase voll« von wirkungslosen Gesprächen und Appellen, so der libysche Staatschef. »Die Menschen erwarten Taten, nicht Worte.« Der Generalsekretär der Arabischen Liga, Amr Moussa, forderte, »Israel etwas entgegenzusetzen«, durch Jahre lange fruchtlose palästinensisch-israelische Verhandlungen habe man lediglich »Zeit verloren und nichts erreicht«. Selbst UN-Generalsekretär Ban Ki-Moon war nach Sirte gekommen und verurteilte Israels Siedlungspolitik als »illegalen« Verstoß gegen das Völkerrecht.

Der türkische Ministerpräsident Recep Tayyip Erdogan, der als Gast an dem Gipfeltreffen teilnahm, bezeichnete das Vorgehen Israels als »Wahnsinn«. Jeder wisse, dass »Jerusalem der Augapfel eines jeden Muslim« sei, so Erdogan. Niemand könne es akzeptieren, wenn Israel Muslimen den Zugang zu ihren heiligen Stätten beschränke, wie zur Al-Aksa-Moschee, deren Zugang von israelischen Besatzungssoldaten kontrolliert wird. Der jordanische König Abdullah II. warf Israel vor, die Identität Jerusalems ändern zu wollen und »mit dem Feuer zu spielen«. Und der syrische Präsident Bashar al-Assad erklärte, Syrien sei bereit, sollte Israel einen neuen Krieg beginnen.

Die wirtschaftliche Entwicklung war ebenfalls Thema auf dem Gipfel. Die arabischen Staaten beschlossen, ihre Kooperation mit Afrika auszubauen. Obst-, Gemüse- und Getreideanbau, Erze und Wasser waren für die arabischen Staaten von großer Bedeutung. Allein der südliche Sudan im Herzen Afrikas gilt als »Lebensmittelkorb der arabischen Welt«. Vom Tourismus profitierten vor allem die Mittelmeeranrainerstaaten, Pläne für bessere regionale Infrastruktur und

Transportkapazitäten zwischen den Staaten waren in Arbeit. Dazu gehörten ein neues Autobahnnetz und Bahnverbindungen vom Süden der arabischen Halbinsel bis nach Europa und auf den afrikanischen Kontinent.

Herausragendes Projekt war die Arabische Gaspipeline, durch die Gaslieferungen aus Ägypten und Irak nach Jordanien, Syrien und in den Libanon befördert werden sollten. Der Bau hatte 2003 begonnen, drei erste Teilabschnitte waren fertig gestellt. Der dritte Abschnitt, der Jordanien mit Syrien (Damaskus, Homs) verband, war im Februar 2008 in Betrieb gegangen. Der vierte Abschnitt, in dem Homs und die syrische Hafenstadt Banias mit der libanesischen Hafenstadt Tripoli verbunden wurden, startete im September 2009 im Testlauf. Eingebunden werden sollten die neu gefundenen Gasvorkommen im östlichen Mittelmeerraum. Wie sehr Handel selbst feindlich gesonnene Nachbarstaaten verbinden kann, zeigte die Planung einer Unterwasserpipeline nach Israel, das ebenfalls plante, groß in den Gasexport einzusteigen. Die Arabische Gaspipeline sollte darüber hinaus von der zentralsyrischen Stadt Homs eine Anschlussverbindung in die Türkei erhalten. Von dort hätte das Gas nach Europa geliefert werden können.

2010 machten die arabischen Staaten weltweit Geschäfte. Nicht nur im Öl- und Gassektor, auch im Bereich der Telekommunikation waren arabische Firmen konkurrenzfähig auf dem internationalen Markt. Die Golfstaaten stiegen groß in den internationalen Immobilienmarkt ein, europäische Unternehmen und Staaten freuten sich über Investitionen, die vor allem aus Katar und Saudi-Arabien getätigt wurden. Umgekehrt gehörten die Golfstaaten schon seit Jahren zu den größten Abnehmern europäischer Rüstungsexporte. An der Spitze der Waffenimporteure standen die Vereinigten Arabischen Emirate (VAE), die die meisten Einkäufe in US-amerikanischen Rüstungsschmieden tätigten. Doch auch Frankreich, Deutschland und England holten als Waffenexporteure auf. Das Stockholmer Friedensforschungsinstitut SIPRI notierte für den Fünfjahreszeitraum 2005 bis 2009 einen jährlichen Anstieg von Waffengeschäften um mehr als 20 Prozent.

Die größten Waffenexporteure waren die USA, Russland, Deutschland, Frankreich und Großbritannien, die zusammen für 76 Prozent der weltweiten Waffenexporte für den genannten Zeitraum verantwortlich waren. Der überwiegende Anteil der Waffen wurde nach Asien (Indien, Südkorea, Pakistan, China und Singapur) und in die arabische Welt geliefert. An der kontinuierlichen Zunahme der Waffenexporte in den Mittleren Osten und nach Nordafrika – also die Regionen, in denen 2010/2011 die großen politischen Umbrüche stattfanden – registrierte SIPRI in seinem Bericht 2010 Anzeichen für ein regionales Wettrüsten. Als Beispiel nannte SIPRI Algerien und Marokko, deren seit Langem angespanntes Verhältnis sich damals in einem Wettrüsten ausdrückte. Im Irak sei die massive Aufrüstung durch die US-Pläne für den Truppenabzug (Ende 2011) ausgelöst worden. Saudi-Arabien kaufte 2010 allein aus europäischen Staaten Rüstungsgüter im Wert von 3,3 Milliarden Euro.

Das Wettrüsten wurde von Warnungen der US-Administration und des Westens angeheizt, die auf »Informationen« Israels beruhten. Demnach müsse die ganze Welt, besonders aber die arabischen und ganz besonders die Golfstaaten gegen »die nukleare Bedrohung« aus dem Iran gerüstet sein. Im Dezember 2010 drängte die USA die Golfstaaten, ein regionales Raketenabwehrsystem aufzubauen, Katar interessierte sich für deutsche Kampfpanzer, Saudi-Arabien bestellte ebenfalls deutsche Panzer und Israel erhielt die Zusage für ein weiteres U-Boot. Auf dem Manama-Gipfel über die Sicherheitslage am Golf (Dezember 2012) wurde klar, dass der Westen von den Golfstaaten mehr militärisches Engagement erwartete. Wegen der Wirtschaftskrise in Europa und den USA wurden die Rüstungsausgaben mit auf die arabischen Verbündeten abgewälzt, womit sich zugleich der Export ankurbeln ließ. Insbesondere die Staaten des Golfkooperationsrates (GCC) sollten künftig für die eigene »Sicherheit« sorgen (The National, 10.12.2010). Dafür verkaufte ihnen der Westen Kampfjets und Raketen, Überwachungstechnologie für Luft, Boden und Wasser. Die GCC-Staaten wurden mehr an die NATO-Strukturen herangeführt und – gegen Bezahlung – mit Militärausbildern versorgt. Ein regionales arabisches Oberkommando ist noch in Planung.

Parallel zu ihrer Neuorientierung in Richtung Asien bereitete die US-Administration die Truppenreduzierung im Mittleren Osten vor. Die offen gezeigte Verärgerung in Washington über die mangelnde Bereitschaft Israels, sich mit den palästinensischen und arabischen Nachbarn zu einigen, wurde von Israel mit offenem Misstrauen und ungeschminktem Druck seiner Lobbygruppen in den USA beantwortet. Kein Tag verging, an dem Israel nicht vor der »Gefahr der iranischen Atombombe« warnte, der Druck zum militärischen Eingreifen gegen den Iran stieg.

Die US-Administration schickte ihren Nahostvermittler George Mitchell nach Syrien und in den Libanon, um – parallel zu den israelisch-palästinensischen Verhandlungen – diese beiden Regierungen zu neuen Gesprächen mit Israel zu bewegen. Vereinbarungen zwischen Israel und den Palästinensern, Syrien und dem Libanon seien die Grundlage für Frieden im Mittleren Osten, gab Mitchell die offizielle US-Position wieder. Leider seien einige »entschlossen, diesen Prozess zu stören.« Syrische Medien kritisierten die neuen israelisch-palästinensischen Gespräche als »Zeitverschwendung«, sie dienten lediglich dem »Ausverkauf der Rechte der Palästinenser.« Präsident Assad wies Mitchell auf die syrischen Golanhöhen hin, die von Israel 1967 besetzt und 1981 annektiert worden waren. Für die Wiederaufnahme von Gesprächen brauche man eine klare Grundlage und Garantien, dass das, worauf man sich geeinigt habe, auch umgesetzt werde. Was Syrien fordere, sei kein Zugeständnis von Israel, sondern die Rückgabe besetzten Bodens an seine rechtmäßigen Besitzer.

Obama hatte – in Absprache mit den EU-Partnern – die Isolationspolitik seines Vorgängers George W. Bush gegenüber Syrien in eine Art Politik von »Zuckerbrot und Peitsche« verändert. Die diplomatischen Beziehungen wurden wieder hergestellt und Syrien wurde wirtschaftliche Hilfe und die Aufhebung der US-Sanktionen in Aussicht gestellt, sofern die bekannten westlichen und israelischen Forderungen erfüllt würden: Kündigung der Zusammenarbeit mit der libanesischen Hisbollah, keine Unterstützung der palästinensischen Organisationen, insbesondere der Hamas, und Beendigung der strategischen Partnerschaft mit dem Iran. Die US-Politik des »Teile und Herrsche« wurde insbesondere von Frankreich und Deutschland unterstützt, die schon seit Jahren mit Syrien über ein EU-Assoziierungsabkommen verhandelten. Russland und China, aber auch das aufstrebende Indien unterstützten grundsätzlich Frieden in der Region, agierten allerdings völlig anders als der Westen ohne politischen Druck und Einmischung. Vielmehr boten sie weitreichende wirtschaftliche Zusammenarbeit an, was insbesondere die Zusammenarbeit mit Syrien und mit dem Iran festigte. Das genau wollten die USA verhindern.

Im November 2010 veröffentlichte Wikileaks mehr als 250.000 interne US-Korrespondenzen aus dem Zeitraum von 1966 bis 2010. Die überwiegende Mehrheit stammte – neben dem Außenministerium – aus den Botschaften in Ankara, Bagdad und Amman. Daraus ging auch hervor, wie massiv sich die USA und Israel in die regionale Politik im Mittleren Osten einmischten. Einer der Schwerpunkte der Korrespondenzen war das vorgehaltene iranische Atomprogramm, das von politischen »Beratern« in Saudi-Arabien, Jordanien und einigen Golfstaaten als so gefährlich eingestuft wurde, dass sie die USA zu einem Militärschlag gegen das Nachbarland drängten.

Der saudische Botschafter in Washington, der heutige Außenminister Adel al-Jubair, sprach in den Korrespondenzen von »wiederholten Warnungen« des saudischen Königs an die USA. Und von einem Treffen mit US-General David Petraeus (2008) wurde protokollarisch festgehalten, der saudische König habe die USA aufgefordert »der Schlange den Kopf abzuschlagen«. König Hamid bin Isa al-Khalifa von Bahrain wurde mit dem Wunsch zitiert, die USA sollten »alles Notwendige« unternehmen, um den Iran zu stoppen, und Kronprinz Scheich Mohammad bin Zayed von Abu Dhabi soll die Vermutung geäußert haben, der iranische Präsident Mahmoud Ahmadinejad wolle die Golfstaaten »in einen Krieg stürzen.« In einem Protokoll des US-Heimatschutzministeriums wurde der damalige Mossad-Chef Meir Dagan zitiert, der den Emir von Katar, Scheich Hamid bin Khalife al Thani, als »wirkliches Problem« bezeichnete, der »alle ärgern« würde. Dagan riet seinen US-Gesprächspartnern dazu, die US-Basis in Katar zu schließen. Der Emir von Katar bemühte sich seit Jahren, Streit in der Region zu schlichten und plädierte für einen Dialog mit dem Iran statt für Krieg.

Seit Jahren bezeichnete Israel den Iran samt Atomprogramm als »größte Gefahr für die gesamte Menschheit«, eine Darstellung, die auch der Westen und die Golfstaaten teilten. Bis 2003 galt der Irak mit seinen angeblichen Massenvernichtungswaffen als die größte regionale Gefahr. Nach dessen Fall 2003 und nachdem das Land in ein völliges politisches Chaos gestürzt war, machte man nun den Iran als neue Bedrohung aus. Und dessen »Stellvertreter«, Syrien und die libanesische Hisbollah, wurden gleich mit in Haftung genommen. Wie seinerzeit gegen den »Hitler von Bagdad«, trommelte vor allem Israel nun gegen den »Hitler von Teheran«, wie der iranische Präsident Mahmud Ahmadinedschad auch von US-Diplomaten in den Korrespondenzen genannt wird. Die Handschrift des israelischen Geheimdienstes Mossad zeigte sich in den Notizen eines Treffens zwischen dessen Direktor Meir Dagan und Frances Fragos Townsend, führender Mitarbeiter im Heimatschutzministerium für Sicherheit und Terrorismusabwehr (AFHSC). Dagan »informierte« Townsend am 12. Juli 2010 darüber, dass der Iran Waffen und Spione der Revolutionsgarden durch den Iranischen Roten Halbmond – eine Schwesterorganisation des Deutschen Roten Kreuzes – in den Irak, in den Libanon, nach Gaza, auf den Balkan und in andere Kriegsgebiete geschleust habe. Dagan bezog sich dabei auf eine »Quelle« im Iranischen Roten Halbmond. Die humanitäre Organisation wies die Vorwürfe entschieden zurück. Der Mossad bzw. ehemalige Mossad-Offiziere bedienten sich allerdings selber schon früher in geheimen Operationen der völkerrechtlich geschützten Symbole des Internationalen Komitees vom Roten Kreuz (IKRK). So operierten ehemalige Mossad-Agenten 2007/08 in Kolumbien mit Einwilligung der israelischen und kolumbianischen Regierung gegen die FARC. 2008 befreiten sie die kolumbianische Politikerin Ingrid Betancourt aus den Händen der Guerillaorganisation, die davon ausgegangen war, die Politikerin einer Menschenrechtsgruppe und dem IKRK übergeben zu haben. Einer der beteiligten Mossad-Agenten trug ein T-Shirt mit dem IKRK-Symbol.

US-amerikanische und israelische geheimdienstliche Operationen in der Region waren also in vollem Gange. Wie im Januar 2015 durch einen Bericht in der *Washington Post* (30.1.2015) bekannt wurde, hatte ebenfalls 2008 ein CIA-Mossad Team den Militärchef der libanesischen Hisbollah, Imad Mughniyeh in Damaskus ermordet. Unterdessen wiesen die Vereinten Nationen wiederholt auf das große Unruhepotential in den arabischen Gesellschaften hin. Der UN-Bericht über die menschliche Entwicklung in der arabischen Welt (2009) stellte verschiedene Bedrohungsebenen für die Zukunft der Region vor: Unsichere Umwelt (Krieg, Besatzung, Vertreibung), Armut, mangelnde Bildung, hohe Arbeitslosigkeit, vor allem unter Jugendlichen. Hunger, Unterernährung und Lebensmittelunsicherheit. Herausforderungen im Gesundheitssektor und anhaltende militärische Auseinandersetzungen.

Den arabischen Eliten war es 2010 durchaus klar, dass die gesellschaftliche Lage in ihren Staaten mit dem wirtschaftlichen Aufschwung nicht Schritt hielt. Wiederholt wurden auf arabischen Wirtschaftsforen finanzielle Hilfsprogramme gemahnt, versprochen und beschlossen. Doch es hätte ernsthafterer Anstrengungen bedurft: politischer Reformen, flächendeckender Bildung, der Schaffung von Arbeitsplätzen. Die neue wirtschaftliche Partnerschaft zwischen Syrien und der Türkei hatte Zehntausende syrische Betriebe in die Pleite getrieben, die mit von Ankara subventionierten türkischen Produkten nicht Schritt halten konnten. Selbst reiche Länder wie die Golfstaaten, standen vor der Frage, welche Zukunft sie ihrer Jugend anzubieten hätten. Insbesondere die gut ausgebildete städtische Jugend sah in ihren Heimatländern keine Perspektiven. Laut der Welternährungsorganisation (FAO) waren Nahrungsmittel so teuer geworden wie seit 30 Jahren nicht mehr. Im Dezember 2010 waren demnach die Preise für Fleisch- und Milchprodukte um 25 Prozent höher als 2009. Die Preise für Weizen, Mais und Reis stiegen um 39 Prozent. Mehr als eine Milliarde Menschen weltweit mussten hungern. In Ägypten galt damals ein Viertel der Bevölkerung von insgesamt 84 Millionen Menschen als arm, 5 Prozent lebten unter der Armutsgrenze von 1,25 US-Dollar pro Tag. Syrien und Libyen waren diesbezüglich eine Ausnahme. Zwar waren die politischen Freiheiten in beiden Ländern beschnitten, doch Hunger herrschte nicht. In Libyen wurden die Einnahmen aus dem Öl- und Gasverkauf in Form von großzügigen monatlichen Zahlun-

gen und kostenloser Gesundheitsversorgung an die Bevölkerung wei-
tergegeben. In Syrien wurden Grundnahrungsmittel, Strom, Benzin,
Heizöl und Gas staatlich subventioniert. Insgesamt aber standen in
der arabischen Welt die sozialen Zeichen auf Sturm, und so dürfte
eigentlich niemand überrascht gewesen sein, als tatsächlich im Dezember 2010 die Unruhen in Tunesien begannen.

Die Muslimbruderschaft und ihre Förderer

Umso erstaunlicher war die Schockstarre, die bei USA und EU sowie
deren arabischen Verbündeten festzustellen war, als ihre langjährigen
politischen Partner – Zine al Abidine Ben Ali in Tunesien und Hosni
Mubarak in Ägypten – abtreten mussten. Doch nach einer kurzen
Phase der Unsicherheit wurde Öl ins Feuer gegossen. Frankreich und
Großbritannien drängten die NATO und den UN-Sicherheitsrat dazu,
einen Angriff auf Libyen und den dortigen Präsidenten Ghaddafi zu
starten, der mit dessen öffentlicher Ermordung nach einem halben
Jahr ein Ende fand. Militärische Unterstützung gab es von Katar, das
zu dem Zeitpunkt den Vorsitz in der Arabischen Liga hatte. Proteste,
die im Süden Syriens begannen, wurden rasch von den arabischen
Kritikern des Landes medial und mit Waffen unterstützt.

Katar drängte die EU und die USA dazu, die in den meisten
arabischen Staaten verbotene Muslimbruderschaft als neuen Bünd-
nispartner zu unterstützen. Zustimmung kam von der Türkei, deren
Regierungspartei AKP eine Schwesterpartei der arabischen Muslimbruderschaft ist. Als wichtiger NATO-Partner in der Region erhielt die
Meinung der Türkei Gewicht, und die USA stimmte zu. Die damalige
US-Außenministerin Hillary Clinton verkündete im Juli 2011, ihre
Administration sei »offen für einen Dialog« mit der Muslimbruderschaft. »Angesichts der sich verändernden politischen Landschaft in
Ägypten glauben wir, dass es im Interesse der Vereinigten Staaten
ist, mit allen Parteien Kontakt aufzunehmen, die sich friedlich und
gewaltfrei an den Wahlen zum Parlament und für das Präsidentenamt
beteiligen wollen«, sagte Clinton laut CNN (1.7.2011). Ausdrücklich

begrüßte sie den »Dialog mit den Mitgliedern der Muslimbruderschaft, die mit uns reden wollen«. Bei solchen Kontakten allerdings, so Clinton weiter, werde der Schwerpunkt auf »der Bedeutung und Unterstützung demokratischer Prinzipien« liegen. Publikumswirksam nannte sie ausdrücklich »Gewaltfreiheit, Respekt von Minderheitenrechten und die vollständige Einbeziehung von Frauen in die Demokratie.« Jede neue Regierung in Ägypten müsse zudem alle Verträge einhalten, die Ägypten mit Israel abgeschlossen habe. Gemeint war insbesondere den Friedensvertrag von Camp David 1979, die von manchen der Oppositionsparteien in Ägypten auf den Prüfstand gestellt werden sollte. Wichtig war für die USA – im Interesse ihres Partners Israel – auch die Fortsetzung kostengünstiger Gaslieferungen aus Ägypten an Israel. Die Muslimbruderschaft in Ägypten reagierte verhalten auf das Gesprächsangebot Clintons, zeigte sich aber offen für einen Dialog, »wenn sie es ernst meinen und sich klar verhalten.« Die EU schwenkte auf den Kurs der USA, Katars und der Türkei ein und kündigte – wie auch für Tunesien – Transformationspartnerschaften für die »Länder des arabischen Frühlings« an. Eine EU-Ägypten-»Task Force« wurde gegründet, um politische und wirtschaftliche Prozesse anzuleiten, den Tourismus wieder anzukurbeln und den »Dialog mit der Zivilgesellschaft« zu entwickeln.

Mit viel Rückenwind, finanzieller und medialer Unterstützung von ihrem großen Sponsor Katar zogen Parteien der Muslimbruderschaft in die Parlamente und Präsidentenpaläste in Tunesien und Ägypten ein. Als großes Vorbild wurde der türkische Präsident Recep Tayyip Erdogan gleich mit auf den Thron gehoben. Im Sommer 2012 wurde Mohammed Mursi, der formal die Muslimbruderschaft verlassen hatte, aber eindeutig als deren Kandidat ins Rennen ging, Präsident in Ägypten. Ende 2012 zog der Emir von Katar mit einer großen Karawane von Hilfsgütern in den Gazastreifen ein, um Israel und aller Welt der Hamas – auch eine Partei der Muslimbruderschaft – seine Unterstützung zu demonstrieren und gegen die israelische Blockade des Gazastreifens zu protestieren. Auch in Jordanien sah sich die Islamische Aktionsfront der Muslimbruderschaft im Aufwind, blockierte Parlamentswahlen und organisierte Proteste. In Libyen und Syrien allerdings wurde ihr Vormarsch rasch durch Islamisten bzw. Salafisten und Söldnerheere ausgebremst, die für viele Auftraggeber in den Krieg zogen. Einige ordneten sich dem al-Qaida-Netzwerk zu, andere den Dschihadisten, die die »Ungläubigen« aller Glaubensrichtungen aus dem östlichen Mittelmeerraum vertreiben wollten.

Die großen Sponsoren dieser Gruppen waren »Geschäftsleute vom Golf«, wie es hieß. Sie kamen aus Katar, Kuwait, den Vereinigten Arabischen Emiraten und Saudi-Arabien, dessen erfahrener Geheimdienstchef Bandar Bin Sultan mit der CIA schon den islamistischen Widerstand gegen die Rote Armee in Afghanistan organisiert hatte. In Saudi-Arabien sah man allerdings zunehmend die eigene Vormachtstellung in der islamisch-arabischen Welt – als »Hüter der heiligen Stätten von Mekka und Medina« – durch den Aufstieg der Muslimbruderschaft gefährdet.

Der Schwenk der USA, nach der Wahl des Reformpolitikers Hassan Rohani (Sommer 2013) diplomatisch auf den Iran zuzugehen, verärgerte nicht nur Israel, sondern auch Saudi-Arabien. Der Einfluss der US-Administration von Barack Obama auf die Region des schiitischen Halbmonds ging zurück. Israels harte Haltung wurde von den Republikanern unterstützt, die alles taten, um Obama in die Enge zu treiben. Eine herausragende Rolle übernahm dabei der US-Senator John McCain, der sich offen für Waffenlieferungen an die Kampfverbände in Syrien einsetzte und das – von Libyen aus über die Türkei – auch aktiv unterstützte. Die EU schwieg und sah weg.

Je länger der Konflikt in Syrien andauerte, umso mehr traten unter den arabischen Staaten Unterschiede in den Vordergrund. Insbesondere in Saudi-Arabien war man alarmiert über die Kooperation des Westens mit der Muslimbruderschaft, die man als »Terrororganisation« ansah. Saudi-Arabien unterstützte das ägyptische Militär, das im Sommer 2013 den gewählten Präsidenten Mohammed Mursi stürzte und verhaftete. Nur wenig später erklärte der Emir von Katar seinen Rücktritt und übergab die Macht an seinen Sohn. Dennoch wurden die Waffenlieferungen und die finanzielle Unterstützung für die Kampfverbände in Syrien intensiviert. Der regionale Zwist zwischen Katar und Saudi-Arabien wurde nun stellvertretend in Syrien zwischen den Kampfverbänden auf dem Rücken der Bevölkerung fortgesetzt. Politisch setzte sich Saudi-Arabien gegen Katar durch, und in einer Art Unterwerfungsgeste reiste der neue Emir von Katar kurz nach Amtsübernahme zum König nach Riad. Aus dem Macht-kampf zwischen den Kampfverbänden gingen die Nusra-Front und der »Islamische Staat« schließlich als Sieger hervor. Im Süden Syriens, unterstützt von Jordanien und den »Freunden Syriens«, hielt sich des Weiteren die »Südfront«, ein lokaler Zusammenschluss verschiedener Stämme und Kampfgruppen, deren Führung in Jordanien sitzt.

Während Doha nachweislich über gute Verbindungen zur Nusra-Front verfügt – wiederholt konnten katarische Unterhändler die Frei-lassung von Geiseln erreichen, die von der Nusra-Front in Syrien ver-schleppt worden waren – stützt der »Islamische Staat« sich auf sehr unterschiedliche Förderer. Insbesondere die Türkei hilft dem IS, der seinen Nachschub über ihr Territorium abwickeln und über dort auch seine geplünderten Güter verkaufen kann. Der IS wird zudem von Teilen der irakischen Opposition – darunter ehemalige Militärs und Anhänger der Baath-Partei – unterstützt. Auch westirakische Stämme helfen den IS-Kämpfern, nicht zuletzt durch ihre guten Verbindun-gen zu den Stämmen Jordaniens und Saudi-Arabiens. Als sunnitische Muslime beteiligen sich die Stämme teilweise auch an der religiösen Mobilisierung gegen schiitische Muslime, die sie als Agenten des Irans verfolgen. Teile der religiös geprägten syrischen Opposition, so auch die in der Türkei sitzende Nationale Koalition (Etilaf), sprechen – wie auch der saudische Außenminister – von einer »iranischen Besetzung« Syriens. Diese Darstellung entspringt einem religiösen Herrschafts-denken, das vor allem unter (sunnitischen) Wahhabiten und Salafisten zu finden ist.

Der Iran

Der Iran – der nicht der arabischen, wohl aber der islamischen Welt zuzuordnen ist – wurde 2015 mit den erfolgreichen Verhandlungen über sein Atomprogramm auch von den USA und Europa als regionale Großmacht anerkannt. Am 16. Januar 2016 wurden offiziell die Sanktionen gegen den Iran aufgehoben, die 2011 verhängt worden waren. Mehr als 100 Milliarden US-Dollar, die auf westlichen Banken eingefroren waren, wurden freigegeben. Die jahrzehntelang nicht erneuerte Infrastruktur im Öl- und Gassektor, um nur einen Bereich zu nennen, dürfte nun über die kommenden Jahre modernisiert werden. Westliche Konzerne – darunter viele aus Deutschland – hatten schon im Laufe des Jahres 2015 Iran besucht, um lukrative Geschäfte abzuschließen.

Die Einigung mit dem Iran entsprach einer modernisierten Strategie der USA, ihren Weltmachtanspruch gegenüber Russland und China umzusetzen. Dazu gehört – wie im Falle der Golfstaaten und der EU – Alliierte militärisch einzubinden. Politische Gegner, wie der Iran, sollen in den Machtkampf um den Mittleren Osten einbezogen werden. Die Aufhebung der Sanktionen und das Abkommen über das Atomprogramm stellen eine »Win-Win-Situation« für die USA und ihre Verbündeten auf der einen und für den Iran auf der anderen Seite dar.

Für die internationale Behandlung der »Syrien-Frage« hatte die neue Rolle Irans ebenfalls Bedeutung. Die früheren »Freunde Syriens« wurden durch eine von der UN entworfene »Internationale Unterstützungsgruppe für Syrien« (ISSG) ersetzt, die sich Ende Oktober und Mitte November 2015 in Wien traf. Dieses Mal saß auch der Iran mit am Tisch.

Die Entwicklung in Syrien seit 2011 hatte Teheran zunächst mit Sorge verfolgt. Erst als sein strategischer Bündnispartner in Damaskus in ernste Bedrängnis geraten war, schickte der Iran zunächst Militärberater und Aufklärungstechnik. Außerdem unterstützte er die libanesische Hisbollah, die an der Seite Syriens kämpft. Iran lieferte Öl und Gas und half beim Wiederaufbau von zerstörter Infrastruktur. Seit Anfang 2015 wurden – inoffiziell – verschiedene Kampfgruppen bzw. Milizen aus Iran und Irak nach Syrien geschickt, um die Armee zu unterstützen. Mit Irak und Syrien baute der Iran in Bagdad eine militärische Koordinationszentrale auf, mit der schließlich auch Russland kooperierte.

Im Irak hatten iranische Revolutionswächter und Milizen schon seit 2014 an der Seite der irakischen Armee gegen den »Islamischen Staat« gekämpft. Unbestätigten Berichten zufolge soll es auch Luftangriffe iranischer Jets auf IS-Stellungen gegeben haben. Die iranischen Truppen wurden angewiesen, sich mit den USA bei Anti-IS-Einsätzen abzustimmen, Washington dementierte diese Nachricht. Gleichwohl war zumindest eine Koordination in Bagdad wahrscheinlich, wo sowohl die USA als auch der Iran mit Botschaften vertreten sind.

Im Nordirak gab es traditionell vor allem wirtschaftlich eine enge Zusammenarbeit mit kurdischer Seite. Als der »Islamische Staat« am 10. Juni 2014 in Mossul einmarschiert war, machte der damalige irakische Ministerpräsident Nuri al-Maliki Saudi-Arabien und Katar für die wachsende IS-Präsenz im Irak verantwortlich. Oppositionelle im Irak warfen Maliki vor, durch seine Ausgrenzungspolitik gegenüber den westirakischen Stämmen, die in westlichen Medien mit Sunniten gleichgesetzt werden, diese erst in die Arme des »Islamischen Staates« getrieben zu haben.

Der Iran versuchte wiederholt, in direkten Gesprächen mit der Türkei und Saudi-Arabien der Gewalt in Syrien ein Ende zu bereiten. Die Saudis lehnten ab, mit der Türkei konnte der Gesprächsfaden aufrechterhalten werden. Als Ägypten im Herbst 2012 in Kairo auf Außenministerebene eine regionale »Kontaktgruppe« mit der Türkei, Saudi-Arabien und dem Iran organisierte, ließ sich der saudische Vertreter schon beim zweiten Treffen »wegen Krankheit« entschuldigen. Zur Genfer Konferenz 2014 war der Iran vom damaligen UN-Sondervermittler für Syrien, Lakhdar Brahimi, eingeladen worden. Doch als Saudi-Arabien drohte, die Konferenz zu boykottieren, wurde die Einladung kurzfristig zurückgezogen. Beobachter werteten das als eine der vielen Niederlagen der Vereinten Nationen im Kampf um Syrien.

Für den Iran, in dem der schiitische Islam Staatsreligion ist, ist der Kampf gegen den »Islamischen Staat« eine Existenzfrage. Präsident Hassan Rohani warnte im Sommer 2014, kurz nachdem der IS die irakische Stadt Mossul eingenommen hatte, davor, dass der Islam instrumentalisiert würde, um die Muslime gegeneinander aufzuhetzen.

»Flammen der Gewalt und des Extremismus lodern überall in der muslimischen Welt«, sagte Rohani in einer Botschaft zum Beginn des Fastenmonats Ramadan 2014. (Etilat, 30.6.2014) »Unwissenheit und Extremismus haben den Weg bereitet, um einen seit Langem von den Feinden des Islam vorbereiteten Plan umzusetzen, der Streit säen und die Konfessionen und Stämme gegeneinander aufhetzen soll.« Rohani rief die Führer aller muslimischen Staaten auf, zusammenzuarbeiten, damit die muslimische Welt wieder ein »Vorbote des Friedens in der Welt« werde. Der Ruf verhallte ungehört.

Der provokative Einmarsch einer »Armee der Eroberung« (Jaish al-Fatah) im Frühjahr 2015 in den Norden Syriens, vor allem nach Id-lib, löste in Teheran Alarm aus. Diese Armee war von Saudi-Arabien, Katar und der Türkei finanziert und logistisch unterstützt worden (vgl. Frankfurter Rundschau, 5.10.2015; www.independent.co.uk, 12.5.2015) und forderte den Iran – wie im September 2015 schließlich auch Russland – zu eigenem militärischen Handeln in Syrien heraus. Wie bereits erwähnt, wurden aus Teheran Milizen nach Syrien geschickt, was offiziell nie bestätigt wurde.

Neue Konfrontation im »Fruchtbaren Halbmond«

Die vier regionalen Schwergewichte Türkei, Iran, Saudi-Arabien und Ägypten könnten die Lage in Syrien und im Irak, in Libyen und auch im Jemen lösen, wären sie zu Verhandlungen und Kompromissen und zu einem gemeinsamen Vorgehen bereit. Derzeit ist das nicht absehbar.

Die Türkei und Saudi-Arabien tun wenig bis nichts, um den Kampfverbänden ihre Ressourcen und ihre Rückzugsgebiete zu beschneiden. Saudi-Arabien hat zudem – unterstützt von einer Militärallianz und mit logistischer Hilfe der USA, Frankreichs und Großbritanniens – mit einem Krieg gegen den Jemen, der im März 2015 begann, noch mehr Öl ins Feuer der Region gegossen.

Ägypten – seit der Entmachtung von Mohammed Mursi – und der Iran haben sich dagegen an einer Reihe von Initiativen zur friedlichen

Beilegung des Konflikts beteiligt. Beide Staaten haben Oppositionsgruppen aus Syrien eingeladen, beide Staaten unterstützen die Gespräche zwischen Opposition und der syrischen Regierung, die Ende Januar 2015 erstmals in Moskau stattfanden und fortgesetzt werden sollen.

Beide Lager unterscheiden sich in ihrer Haltung zum syrischen Präsidenten Bashar al-Assad. Weil die Führungen in der Türkei und Saudi-Arabien es offenbar nicht verkraften, dass Assad sich ihnen nicht unterwirft, fordern sie dessen sofortige Entmachtung als Vorbedingung für eine Suche nach Kompromissen in Syrien. Eine leichte Veränderung in der saudischen Haltung war Anfang 2015 zu bemerken, die sich in ihrem Handeln gegenüber der ägyptischen Regierung zeigte. Die Saudis stehen hinter der ägyptischen Führung von Präsident Sisi und halten sich durch dessen Vermittlungsbemühungen in Sachen Syrien eine Hintertür offen. Allerdings fordern die Saudis weiter den Abtritt von Präsident Assad, während Kairo – wie auch der Iran und Russland – auf eine schrittweise politische Veränderung mit Präsident Assad in Syrien setzt. Sowohl Ägypten als auch der Iran sehen den Vormarsch und den Terror von Dschihadisten als eine Gefahr, die vorrangig und vor politischen Differenzen bekämpft werden muss.

Der Krieg, den die USA seit August 2014 im Irak und seit September 2014 in Syrien mit einer »Anti-Terror-Allianz« gegen den »Islamischen Staat« führen, zwingt die arabischen Staaten, sich an den Angriffen zu beteiligen. Marokko und Jordanien beteiligen sich im Irak und in Syrien. Bahrain, Katar, Saudi-Arabien und die Vereinigten Arabischen Emirate beteiligen sich in Syrien. Verbunden ist der Krieg mit einer weiteren Aufrüstung der Region. Nach Informationen von SIPRI nahmen die Vereinigten Arabischen Emirate und Saudi-Arabien für den Zeitraum von 2009 bis 2013 (hinter Indien, China und Pakistan) die Plätze 4 und 5 auf der Liste der Staaten ein, die am meisten Waffen importierten. 2012 exportierten europäische Länder 22 Prozent mehr Waffen in den Mittleren Osten als im Vorjahr, berichtete das Europäische Netzwerk gegen Waffenhandel (ENAA). Saudi-Arabien war mit 3,5 Milliarden Euro der größte Einzelkunde europäischer Waffenschmieden. Die Lieferungen an Ägypten stiegen um mehr als 20 Prozent auf 363 Millionen Euro, an Israel erhöhten sich die Waffenlieferungen aus Europa (2012) sogar um 290 Prozent auf 630 Million Euro. ENAA sprach von einem »Rekordjahr« 2012 für den Export von Kleinwaffen und Munition in den Mittleren Osten. 80 Prozent dieser Waffengeschäfte wurden von Frankreich, Deutschland, Italien, Spanien und Großbritannien getätigt. 2014 stand Saudi-Arabien mit einem Umfang von 209 Millionen Euro auf Platz 6 der Empfänger deutscher Waffenlieferungen (www.waffenexporte.org) – ein Wert, der 2015 noch um 28 Prozent auf 268 Millionen Euro stieg (Berliner Morgenpost, 15.1.2016).

So unterschiedlich die Interessen der Golfstaaten und der Türkei noch 2010 in Syrien waren, so einig schienen sie in dem Ziel, die engen geographischen und strategischen Beziehungen von Damaskus mit der libanesischen Hisbollah einerseits und dem Irak und Iran andererseits zu brechen. Der angebliche »schiitische Machtbogen« (Hisbollah/Libanon, Damaskus, Bagdad, Teheran) sollte durch einen »sunnitischen Machtbogen« (Riad, Doha, Ankara) zerstört werden. Diese Aufgabe übernahmen schließlich der »Islamische Staat« und die Nusra-Front sowie andere Kampfverbände, die unter dem Banner des Islam im regionalen und internationalen Auftrag unterwegs sind. Das Durchbrechen der angeblichen »schiitischen Allianzen« war im Interesse Israels und dessen westlichen Partnern in der EU und in den USA. Tatsächlich handelt es sich bei der so genannten »schiitischen Allianz« um eine von regionalen Interessen geleitete Allianz gegen (pro-)westliche Einmischung und Dominanz in der Region.

Für die Regionalmächte Saudi-Arabien (Golfstaaten) und Türkei kämpft der »Islamische Staat« bzw. »Daesh« stellvertretend einen aus geostrategischer Sicht wichtigen Nachbarn nieder und schwächt damit gleichzeitig eine andere Regionalmacht, den Iran. Das kommt den Interessen der internationalen Allianz unter Führung der USA entgegen. Der IS soll zumindest aus dem Irak herausgehalten werden, besonders von den Ölfeldern in Kirkuk. Das grausame Auftreten der Gruppierung und die Tatsache, dass die gut finanzierte

Truppe Tausende Kämpfer aus europäischen Staaten angezogen hat, darunter ehemalige Soldaten, geht manchen ihrer Sponsoren allerdings zu weit. Darum soll der »Islamische Staat« perspektivisch durch »moderate« Kämpfer ersetzt werden. In diesem Sinne werden Stellvertreter, wie die kurdischen Peschmerga im Nordirak, bewaffnet. Eine Armee von bis zu 15.000 so genannten »moderaten Kämpfern der syrischen Opposition« sollte seit Beginn 2015 in der Türkei, in Saudi-Arabien, Katar und Jordanien (von den USA) ausgebildet werden. Der von eben diesen Staaten (außer Jordanien) gesponserte Vormarsch der »Armee der Eroberung« (Jaish al-Fatah) in den Norden Syriens im Frühling 2015 machte das US-gesponserte Projekt allerdings zunichte.

Die militärische Entwicklung in Syrien änderte sich mit dem entschlossenen Eingreifen Russlands (September 2015) zu Ungunsten der regionalen Akteure, während die syrische Armee sich stabilisieren konnte. Viele bewaffnete Gruppen gaben auf und verließen ungeordnet oder nach ausgehandelten Vereinbarungen ihre Stellungen.

Seit Anfang Januar 2016 droht eine neue Eskalationsstufe der Konfrontation zwischen Iran und Saudi-Arabien. Nach der Hinrichtung eines angesehenen schiitischen Geistlichen in Saudi-Arabien wurde die saudische Botschaft in Teheran gestürmt und Feuer gelegt. Saudi-Arabien brach die diplomatischen Beziehungen mit Iran ab.

Die für 2010 beschriebenen positiven wirtschaftlichen Entwicklungen in den arabischen Staaten haben sich drastisch verschlechtert. Durch den gefallenen Ölpreis sind die Einnahmen für die erdölexportierenden Staaten gesunken, Entwicklungsprojekte wurden gestoppt. Armut und Arbeitslosigkeit sind gestiegen, Repression und Gewalt sind an der Tagesordnung, die Flüchtlingszahlen sind dramatisch. Die regionalen arabischen Armeen werden weiter aufgerüstet und eingesetzt, im Gegenzug nehmen Anschläge zu, für die islamistische Gruppen die Verantwortung übernehmen. Fast täglich sterben in der irakischen Hauptstadt Bagdad Dutzende Zivilisten durch Anschläge. In der Türkei schwelt der Brand. Im Libanon kämpft die Armee gegen ein Vordringen der Islamisten von Nusra-Front und IS. In der entmilitarisierten Pufferzone auf dem Golan ist die Nusra-Front –

im Einverständnis mit Israel – auf dem Vormarsch. Die UN-Blau-
helme wurden verjagt. Ableger bzw. befreundete Organisationen des
»Islamischen Staates« erheben ihr Haupt in afrikanischen Staaten und
auf dem Sinai. Auch in Europa hat es Anschläge gegeben, die diesen
Gruppen zuzuordnen sind. In der Türkei starben bei drei schweren
Anschlägen (Suruc, Ankara, Istanbul) fast 200 Menschen.

Niemand werde verschont bleiben von dem, was in Syrien geschieht, sagte der UN-Sondervermittler für Syrien, Staffan de Mistura,
in Genf Anfang 2015 (15.1.2015). Und weiter:

> 13 Millionen Menschen in Syrien sind auf Hilfe angewiesen; 7,6 Mil-
> lionen Menschen sind vertrieben; 4,1 Millionen Flüchtlinge sind beim
> UN-Flüchtlingshilfswerk (UNHCR) registriert; 250.000 Tote; 1 Mil-
> lion Syrer sind verwundet; es gibt wieder Kinderlähmung, Typhus und
> Masern in Syrien. 4.000 Schulen sind nicht benutzbar, 3 Million Schul-
> kinder gehen nicht zur Schule, 290 historische Kulturstätten sind zer-
> stört oder beschädigt. Syrien ist um 40 Jahre zurückgeworfen von der
> Situation, in der es war. … Für 2015 gab es die Prognose, dass Syrien
> unter den fünf erfolgreichsten Ökonomien der arabischen Welt sein
> würde, heute ist es auf dem vorletzten Platz, vor Somalia.

Was 2011 als lokaler innenpolitischer Konflikt in Syrien begann, ist
durch aggressive regionale und internationale Einmischung ein Flächenbrand geworden.

11.
Aufstieg und Fall
der »Freunde Syriens«

Anfang Februar 2012 berichtete die Nachrichtenagentur *Reuters*, dass der damalige französische Präsident Nicolas Sarkozy vorhabe, eine »Syrien-Kontaktgruppe« zu bilden. Vorbild sollte die »Libyen-Kontaktgruppe« sein, die Frankreich, Großbritannien und andere westliche Staaten knapp ein Jahr zuvor (März 2011) ins Leben gerufen hatte. Die Kontaktgruppe unterstützte einen Nationalen Übergangsrat, der den libyschen Präsidenten Muammar Ghaddafi stürzen wollte. Es folgten Sanktionen gegen Libyen und später die – vom UN-Sicherheitsrat genehmigten – NATO-Luftangriffe. Im September 2011 wurde die Kontaktgruppe in die »Freunde Libyens« umgewandelt.

Der Weg war also vorgegeben, und Frankreich hatte sich mit arabischen und europäischen Staaten beraten, so Sarkozy. Mit der Syrien-Kontaktgruppe solle die Blockade im UN-Sicherheitsrat »gelöst« werden, für die der Westen die Veto-Mächte Russland und China verantwortlich machte. Beide Staaten hatten im UN-Sicherheitsrat ihr Veto gegen eine von Frankreich und Großbritannien vorgelegte Resolution eingelegt. Diese sollte einen Plan der Arabischen Liga in Syrien unterstützen, der wiederum den Rücktritt des syrischen Präsidenten Bashar al-Assad forderte. Russland und China hielten die Resolution für voreingenommen und einseitig, Frankreich warf Russland und China daraufhin vor, »das syrische Regime zu ermuntern, mit seiner grausamen Politik endlos weiterzumachen«.

Mit der »Gruppe der Freunde des syrischen Volkes« sollte internationale Unterstützung für den Plan der Arabischen Liga forciert werden. Das doppelte Veto »lähmt die internationale Gemeinschaft«, so der damalige französische Außenminister Alain Juppé. Gleichzeitig kündigte Paris an, man bearbeite die EU, um Sanktionen gegen Damaskus zu verschärfen. Schon Anfang Februar 2012 hatten Großbritannien, Frankreich und Deutschland ihre Botschaften in Damaskus geschlossen. Wenige Tage später folgten Kanada, die USA und die Türkei.

Die neue politische Ausrichtung westlicher Staaten gegenüber Syrien war festgelegt. Mit einem selbst erschaffenen Gremium wurde der UN-Sicherheitsrat umgangen. Dessen Struktur und Regeln hätten die westlichen Veto-Staaten (USA, Frankreich, Großbritannien) gezwungen, nach Kompromissen mit den anderen Veto-Staaten Russland und China zu suchen. Russland und China waren mit ihrer Position keineswegs isoliert, sondern vertraten auch die anderen BRICS-Staaten Indien, Südafrika und Brasilien. Auch der Iran und – zu dem Zeitpunkt – die meisten arabischen Staaten wollten keine militärische Konfrontation über Syrien und eine politische Lösung.

Was der Öffentlichkeit damals nicht bekannt war, wurde 2014 in dem bereits erwähnten Buch »Les Chemins de Damas« (Die Straßen von Damaskus) veröffentlicht. Darin beschreiben die beiden französischen Journalisten George Malbrunot (Le Figaro) und Christian Chesnot (Radio France International), wie sehr die französisch-syrischen Beziehungen von einem fast »schizophrenen« doppelten Spiel der Franzosen mit den Regierungsoffiziellen Syriens geprägt waren. Die Autoren untersuchen in ihrem Buch die letzten 40 Jahre in der Geschichte beider Staaten und konnten dabei auf etliche, bislang geheim gehaltenen Dokumente und Aussagen von direkt an dem Geschehen beteiligten Politikern zurückgreifen.

In einem Kapitel (»Streit am Quay d'Orsay«, Name des französischen Außenministeriums) wird beschrieben, wie der französische Präsidentenpalast die französischen Diplomaten unter Druck setzte, damit diese sich – entgegen eigener Erkenntnisse – dem Ziel, den syrischen Präsidenten Bashar al-Assad zu stürzen, unterordnen. Das

Treffen fand demnach im Frühling 2011 statt. Geladen waren der Stabschef im Außenministerium (Hervé Ladsous), der Botschafter in Syrien (Éric Chevallier) und der Berater von Präsident Nicolas Sarkozy für den Mittleren Osten (Nicolas Galey). Daneben nahmen an dem Treffen weiter hochrangige Beamte und Diplomaten teil, die mit Syrien zu tun hatten. Der Botschafter in Damaskus erklärte, wie er schon zuvor schriftlich mitgeteilt hatte, dass nach seinen Erkenntnissen aus Syrien »das Assad-Regime nicht stürzen wird und Assad stark ist«. Nach allem, was er in Syrien »erlebt und gehört habe« – und er habe »verschiedene Regionen Syriens bereist« –, habe er nicht den Eindruck »dass das Regime zerbricht«, so der Botschafter. Der Berater des Präsidenten habe ihn daraufhin abrupt und geradezu »feindselig« unterbrochen: »Hören Sie auf, solchen Unsinn zu reden. Wir sollten uns nicht an die Fakten halten, sondern wir müssen über unsere Nasenspitzen hinausblicken«, so der Präsidentenberater weiter. Der Stabschef im Außenministerium äußerte gegenüber den Autoren, er sei über den Ton »schockiert« gewesen. Der Präsidentenberater sei »nicht zu dem Treffen gekommen, um an einer Beratung teilzunehmen, sondern um einen bestimmten Auftrag zu erfüllen: die Ansicht durchzusetzen, dass der Sturz von Assad unausweichlich ist.« Jeder der Anwesenden müsse verstehen, dass davon abweichende Meinungen in der französischen Diplomatie nicht mehr geduldet würden, so der Stabschef.

Der (französische) Inlandsgeheimdienst hatte zudem einen rapide ansteigenden Einfluss von Salafisten und Dschihadisten in den Unruhen in Syrien festgestellt. Der Auslandsgeheimdienst aber schickte ausschließlich Berichte, in denen die syrische Regierung um Präsident Assad dämonisiert wurde. In dem Kapitel wird weiterhin ein harscher Wortwechsel zwischen dem damaligen Botschafter in Syrien und dem Präsidentenberater wiedergegeben. Der Botschafter erklärte demnach, er habe sich wiederholt mit syrischen Oppositionellen in Syrien getroffen und er sei zu der Erkenntnis gekommen, dass »das Regime überleben« werde und zudem »viel ausländische Unterstützung« habe. Der Präsidentenberater habe daraufhin erklärt: »Ihre Informationen sind uns egal«, woraufhin der Botschafter gesagt habe:

»Sie wollen, dass ich etwas anderes aufschreibe. Aber meine Aufgabe als Botschafter ist weiterhin das zu sagen, was ich bereits geschrieben habe und das ist, was tatsächlich geschieht.« Woraufhin der Präsidentenberater wiederholt habe, dass man im Präsidentenpalast nicht an den Informationen des Botschafters interessiert sei: »Bashar al-Assad muss stürzen und er wird stürzen.«

Als der französische Präsident Nicolas Sarkozy Anfang 2012 die »Freunde Syriens« zusammentrommelte, war also die Haltung gegenüber Syrien eine längst beschlossene Sache: Delegitimierung und Isolation der syrischen Regierung; Dämonisierung und Diffamierung des Präsidenten als Repräsentant des Staates; Zurückweisung aller anderen Meinungen. Dazu gehörte auch, die Hegemonie über Berichterstattung und Meinungsführung zu sichern. Sanktionen gegen das Entwicklungsland Syrien sorgten für einen Zusammenbruch der nationalen Wirtschaft, die zu Beginn der Unruhen im März 2011 – trotz einer Fülle von Problemen – so gut lief, dass Syrien für Investoren als einer der interessantesten Staaten in der arabischen Welt galt.

Auf mutige Aussagen, wie die von französischen Diplomaten und Politikern, die an dem Treffen im Quay d'Orsay im Frühjahr 2011 teilgenommen hatten und sich darüber empörten, muss im politischen Berlin noch gewartet werden. Erst dann kann die Rolle Deutschlands in der Zuspitzung des Konflikts in Syrien vollständig offengelegt werden. Tatsache ist, dass die Bundesregierung sich der aus dem Élysée-Palast vorgegebenen Linie anschloss und von der zuvor weitreichenden Kooperation mit Syrien auf Konfrontation umstellte. Ob verordnet oder nicht, die Berichterstattung in den gängigen (deutschen) Leitmedien flankierte die konfrontative Linie, die sie zuvor mit forciert hatte. Für eine Medienschelte gegen die Bundesregierung, wie anlässlich der deutschen Zurückhaltung beim Kriegseinsatz gegen Libyen, gab es im Fall Syrien keinen Anlass.

Die Schuld an der Eskalation im Land wurde fortan zumeist einseitig der syrischen Regierung angelastet, der syrische Präsident Assad wurde selbst auf Titelbildern dämonisiert. Exemplarisch sei hier das Cover des *Spiegel* (7.10.2013, Nr. 41/2013) genannt, auf dem es heißt: »Wie leben Sie mit dieser Schuld, Herr Assad«. Ein aufschlussreiches

Interview, das der Publizist Jürgen Todenhöfer mit dem syrischen Präsidenten für die ARD (8.7.2012) führte, wurde nach dessen Ausstrahlung von zwei bekannten Nahostkorrespondenten (ARD und *Spiegel*) bewertet. Die Antworten Assads seien ein »dreistes Beispiel für Realitätsverweigerung« und gingen über »Gaddafi oder Mahmud Ahmadinedschad hinaus«, sagte der eine. Der andere bezeichnete es als »Zynismus«, den syrischen Präsidenten so reden zu lassen. Die Berliner Tageszeitung *taz* schrieb, die beiden Korrespondenten hätten »die Dekonstruktion des Assad-Todenhöfer-Gesprächs« geliefert (9.7.2012). Selbst die Rolle der Vereinten Nationen wurde medial und politisch herabgesetzt, während die Sicht und Herangehensweise der »Freunde Syriens« zum Maßstab der Berichterstattung wurde.

Eine syrische Oppositionelle berichtete (der Autorin in Damaskus) von einem Treffen in Brüssel mit einem hochrangigen EU-Beamten Ende 2013. Auf die Frage, warum man die innersyrische Opposition und deren Forderungen ignoriere – beispielsweise deren Kritik an den EU-Sanktionen gegen Syrien –, erklärte der Beamte, man habe große Fehler im Umgang mit Syrien gemacht. Der größte Fehler sei gewesen, 2011 dem Rat der katarischen Regierung zu folgen und alle Beziehungen zu Syrien abzubrechen. Das Golfemirat Katar – dessen milliardenschwere Investitionsfonds in Frankreich, Großbritannien und Deutschland viel Geld einsetzte – hatte damals den Vorsitz in der Arabischen Liga und gab sowohl bei der Aggression gegen Libyen als auch gegen Syrien den Ton an.

Gründung und Mitglieder der »Freunde Syriens«

Das erste Treffen der »Freunde Syriens« fand im Februar 2012 in Tunis statt. Vertreter von 60 Staaten nahmen teil, außerdem waren internationale Organisationen gekommen (Afrikanische Union, Arabische Liga, Union des Arabischen Maghreb, Europäische Union, Golf-Kooperationsrat, Organisation für Islamische Zusammenarbeit, Vereinte Nationen). Zudem nahm der Syrische Nationalrat teil. Es folgen weitere Treffen in Istanbul (April 2012), Paris (Juli 2012), Marrakesch

(Dezember 2012), Rom (Februar 2013), Amman (Mai 2013) und Doha (Juni 2013).

Die Treffen der »Freunde Syriens« waren von Anfang an Bühne für die neue und konfrontative US-Außenpolitik, die damals von Hillary Clinton vertreten wurde. »Wenn das Assad-Regime sich weigert, lebensrettende Hilfe an Zivilisten durchzulassen, wird es noch mehr Blut an seinen Händen haben«, sagte sie in Tunis. Das gleiche gelte »für die Nationen, die das Regime weiter schützen und bewaffnen«, fügte die damalige US-Außenministerin in Richtung Russland und China hinzu. Die Treffen dienten dazu, den Druck auf Syrien und seine Verbündeten – und auch auf die Vereinten Nationen – permanent zu erhöhen. »Das Assad-Regime hat jede Warnung ignoriert, jede Möglichkeit verspielt und jede Vereinbarung gebrochen«, so Clinton. Der britische Außenminister nannte die syrische Regierung ein »kriminelles Regime«. Die Schlussfolgerung formulierte schließlich der Außenminister von Katar, Jassim bin Jabr al-Thani, ganz in dem Sinne, wie es bereits ein Jahr früher vom französischen Präsidenten angeordnet worden war: »Assad muss abtreten.«

Katar und die Türkei forderten die Einrichtung von »humanitären Korridoren« und die diplomatische Anerkennung des Syrischen Nationalrates als »legitime Vertretung« des syrischen Volkes. Als Ende Juni 2012 der damalige UN-Sondervermittler für Syrien, Kofi Annan, in Genf eine Vereinbarung zwischen den Vetomächten im UN-Sicherheitsrat erreicht hatte, unterschrieb die US-Außenministerin zwar das »Genfer Abkommen«, gab aber unmittelbar darauf vor der Presse bekannt, wie die Vereinbarung zu interpretieren sei. Das Abkommen könne nur ohne den syrischen Präsidenten umgesetzt werden, sagte sie: »Es gibt keine Zukunft für Präsident Assad und seine Leute in Syrien.« In dem Abkommen wird die Rolle des syrischen Präsidenten oder die Person Bashar al-Assad nicht erwähnt.

Die Zahl der Teilnehmer an den Treffen der »Freunde Syriens« nahm 2012 zunächst zu, ab 2013 aber ging sie drastisch zurück. Als im Juni 2013 in Doha die Bewaffnung der »Freien Syrischen Armee« beschlossen wurde, nahmen – wie bei den folgenden Treffen in London und Paris (2014) – nur noch elf Staaten teil. Diese »London 11« hatten zuvor schon als »Steuerungsgruppe« oder »Kerngruppe« die Politik der »Freunde Syriens« bestimmt: Ägypten, Frankreich, Deutschland, Großbritannien, Italien, Jordanien, Katar, Saudi-Arabien, die Türkei, die USA, die Vereinigten Arabischen Emirate.

Die Kerngruppe organisierte die politische, finanzielle und wirtschaftliche Unterstützung der von ihnen als »legitime Vertretung des syrischen Volkes« anerkannten Opposition, die sich inzwischen »Nationale Koalition der revolutionären und oppositionellen Kräfte Syriens« (Etilaf) nannte. Sie hat ihren Sitz in Istanbul. Diplomatische Vertretungen dieser Koalition, so genannte Verbindungsbüros, wurden unter anderem in Berlin eingerichtet und finanziert. Eine von der Koalition eingesetzte »Exil-Regierung« genießt ebenfalls die Unterstützung der verbliebenen »Freunde Syriens«. Sie nahm ihren Sitz in Gaziantep (Türkei) ein, wo erklärtermaßen sowohl politische als auch humanitäre Hilfe für die von der »moderaten Opposition kontrollierten Gebiete« in Syrien organisiert wurde. Ein Finanzfonds für Wiederaufbau wurde eingerichtet, der von den Vereinigten Arabischen Emiraten und Deutschland kontrolliert wird. Das Geld liegt auf einem Konto bei der deutschen Kreditbank für Wiederaufbau (KfW).

Konflikte unter Freunden

Die Effektivität der »Freunde Syriens« litt weniger unter ihren völkerrechtlich fragwürdigen Aktionen, als vielmehr unter den unterschiedlichen Zielen seiner Akteure. Die meisten der Teilnehmer hatten das rasch erkannt und sich verabschiedet. Bei den übrig gebliebenen »London 11« übernahmen die USA die Führung, die aber durch innenpolitische Konflikte – und durch Konflikte mit arabischen Partnern – zunehmend geschwächt wurden. Die europäischen Staaten (Großbritannien, Frankreich, Deutschland und Italien) hatten unterschiedliche Vorstellungen zu Waffenlieferungen an die Opposition. Die arabischen Staaten Ägypten, Jordanien, Katar, Saudi-Arabien und die Vereinigten Arabischen Emirate zerstritten sich vor allem über die Rolle der Muslimbruderschaft, die von Katar gefördert wur-

de. Die Türkei instrumentalisierte den Krieg in Syrien für ihr eigenes neo-osmanisches Großmachtstreben und förderte vor allem das
Erstarken des »Islamischen Staates im Irak und in der Levante« dadurch, dass sie die Grenzen nach Syrien und zum Irak für die Dschihadisten offen ließ. Hinzu kam ein Konflikt zwischen den USA und
den Golfstaaten, von wo sowohl die Nusra-Front als auch ISIL mit
Geld und Waffen unterstützt worden waren. Einen Konflikt über die
Unterstützung gab es auch zwischen den USA und der Türkei. US-
Vizepräsident Joe Biden formulierte es im Herbst 2014 offen: »Unser
größtes Problem waren unsere eigenen Verbündeten«, sagte er bei
einer Rede an der Universität Harvard. »Die Türken«, seien wie »die
Saudis, die Emirate usw. so entschlossen gewesen, Assad zu stürzen
und einen sunnitisch-schiitischen Stellvertreterkrieg zu starten«. Sie
hätten »Hunderte Millionen US-Dollar und mehrere tausend Tonnen
Waffen in jeden gesteckt …, der gegen Assad kämpfen wollte. Nur
dass die Leute, die sie ausgerüstet haben, Al-Nusra und Al-Qaida waren und die extremistischen Typen von Gotteskriegern, die aus allen
Teilen der Welt kommen.«

Im Sommer 2014 gründeten die USA ein neues Bündnis, das
am UN-Sicherheitsrat vorbei agiert. Die neue »Anti-IS-Allianz« bringt
60 Staaten zusammen, die einen neuen Krieg im Irak und in Syrien
führen, um den »Islamischen Staat« zu bekämpfen. Mit dabei sind die
meisten der ehemaligen »Freunde Syriens« und auch der »Freunde Libyens«. Die Bundesregierung beteiligt sich mit der Entsendung von
Waffen und Militärausbildern an die kurdische Autonomieregierung
von Masud Barzani in Erbil/Nordirak. Deren Peschmerga sollen –
stellvertretend – gegen den »Islamischen« kämpfen. Gleichzeitig sollen
bis 2017 15.000 »moderate oppositionelle syrische Kämpfer« von US-
Militärs ausgebildet und bewaffnet werden, um ebenfalls gegen den IS
zu kämpfen. Diese Kämpfer, die nach eigenen Angaben dem Kom-
mando der »Nationalen Koalition« folgen, planen gleichzeitig, auch
gegen die syrische Armee zu kämpfen, um den Sturz von Präsident
Assad zu erzwingen. »Moderate Kämpfer« gibt es nicht in Syrien, hatte
schon US-Vizepräsident Biden festgestellt. Die einzig Moderaten, die
die USA in Syrien gefunden hätten, seien »Geschäftsleute«.

12.
Im Irak und in der Levante:
Der »Islamische Staat«

»›Der Islamische Staat im Irak und in Sham (Levante)‹ kommt über Euch aus dem Nichts«. So stand es Ende 2014 an den Häusern von Christen in Qaryatayn. Die Stadt liegt etwa 150 km östlich von Homs, abseits der Wüstenstraße nach Palmyra. Gut 30 Prozent der etwa 20.000 Einwohner von Qaryatayn gehören der Syrisch-Katholischen und Syrisch-Orthodoxen Kirche an, einer der ältesten Christengemeinden im Herzen Syriens. Die Schriften an den Mauern erschienen über Nacht, berichtete Pater Jacques Mourad, der das nahe gelegene Kloster Deir Mar Elian leitet. »Als ich neulich früh morgens zur Kirche im Ort kam, war die Schrift noch frisch. Ich nahm Wasser und eine Bürste und schrubbte die Farbe ab, bis sie nicht mehr zu sehen war.«

Doch »Daesh« – so das im Arabischen benutzte Kürzel der Gruppe, die sich selbst als »Islamischer Staat« bezeichnet – kommt nicht »aus dem Nichts«. Regionale und internationale Sponsoren standen hinter »Daesh«, der offenbar über unerschöpfliche finanzielle Ressourcen verfügt. Diese Sponsoren benutzten die Kämpfer, um die Nationalstaaten zu zerstören, die vor rund hundert Jahren in der Levante gegen den Willen der damaligen Bevölkerung geformt worden waren. Damals ging es um die kolonialen Interessen von Großbritannien und Frankreich, heute geht es um die Sicherung von Rohstoffen für die westliche Welt. Der Zorn der Golfstaaten auf die unabhängige Politik, die in Syrien verteidigt wird, schlug sich nieder in der Bewaffnung und Ausbildung von irregulären Kampfgruppen, die inzwischen von »Daesh« dominiert werden. Der gesellschaftliche Boden, der sie nährt, ist die Armut.

Bei Qaryatayn gäbe es ein Nebeneinander der syrischen Streitkräfte und bewaffneter Gruppen, sagte Pater Jacques. Eine der »freien Armeen« sei »Daesh«. Ein lokaler Waffenstillstand halte in der Stadt, »doch außerhalb ist ständig Krieg«. Zwei Familien im Ort seien bekannt dafür, dass sie »Daesh« unterstützten. Angst hatte der Pater nicht, obwohl er die nächtlich geschriebenen Parolen an den christlichen Häusern als Einschüchterung verstand. »Sie denken, dass sie uns Angst machen und vertreiben können«, aber da hätten die Leute, die das schrieben, sich getäuscht. »Wir sind nicht beeindruckt, wir bleiben in unserer Stadt, in unseren Häusern und machen weiter unsere Arbeit.« Unterstützung gäbe es von der überwiegenden Mehrheit der Bevölkerung in Qaryatayn. »Wir stehen im ständigen Kontakt mit dem Mufti, den (muslimischen) Scheichs und mit der Armee, die uns alle unterstützen.«

Die Arbeit der Christen in Qaryatayn sei bekannt, fuhr er fort. »Wir sind für die Armen, Kranken, für die Alten und für die Kinder da. Besonders im medizinischen Bereich helfen wir, das wird uns hoch angerechnet.« Wie in so vielen ländlichen Gebieten in Syrien, gäbe es in Qaryatayn und in den umliegenden Dörfern kein Krankenhaus, kaum Ärzte und keine Fachärzte. Die meisten von Armut betroffenen Menschen seien Muslime, Sunniten, fügte er hinzu. Selber sei er nicht bedroht worden, doch er wisse, dass es Leute gäbe, die die Arbeit der Kirche unterbinden wollten. Für ihn sei klar, was zu tun sei: »Ich mache weiter, ich frage niemanden um Erlaubnis, wenn es darum geht, den Menschen zu helfen.« Das größte Problem in Qaryatayn sei die Arbeitslosigkeit, es gäbe kein Einkommen. »Die Leute müssen Geld verdienen können, um ihr Leben gestalten zu können. Es ist nicht gut, immer von Spenden abhängig zu sein.« Vor der »Krise«, wie die Ereignisse in Syrien genannt werden, hätten alle Leute in Qaryatayn irgendeine Arbeit gehabt und es habe sogar zum Sparen gereicht. »Doch in den letzten vier Jahren haben die Männer ihre Arbeit verloren, die Ersparnisse sind aufgebraucht und alles ist so teuer geworden, dass die Leute nicht weiter wissen.« Die ökonomische Krise sei nach der Frage der Sicherheit das größte Problem in Syrien.

Der Krieg hat seine eigene Ökonomie hervorgebracht, die das Ende des Krieges verhindert. Männer, die früher als Bauarbeiter, Fahrer oder Imker arbeiteten, verdienen inzwischen Geld, wenn sie eine Waffe tragen. Das gilt insbesondere für die Badia Syriens, die östlichen Wüstengebiete, die in weiten Bereichen von »Daesh« bzw. dem »Islamischen Staat im Irak und in der Levante« (ISIL) als sein »Kalifat« behauptet wird. Neben einigen der ältesten christlichen Gemeinden leben in diesen Wüstengebieten und entlang des Euphrats diesseits und jenseits der syrisch-irakischen Grenze Beduinenstämme, die staatliche Strukturen nicht anerkennen. Nicht alle, aber viele dieser Stämme kooperieren mit »Daesh«. Als »Grenzgänger« ziehen sie seit Jahrhunderten mit ihren Viehherden zwischen dem Nordirak und der arabischen Halbinsel hin und her, sie dienen oder bekämpfen viele Herren. Drusen im Süden Syriens, Tscherkessen auf dem Golan, Bauern im Jordantal haben negative Erfahrungen mit den Beduinen gemacht. Eigentum an Land und landwirtschaftliche Bearbeitung des Bodens ist diesen Stämmen fremd. Auf der Suche nach Nahrung für ihre Viehherden oder deren ungehinderten Durchzug kommt es oft zu Streit und bewaffneten Auseinandersetzungen. Seit der Unabhängigkeit (1946) und später, unter Präsident Hafez al-Assad, versuchte Syrien die Beduinen sesshaft zu machen. Wohnungen, Schulen, Krankenstationen und Arbeitsmöglichkeiten wurden geboten, was aber zwischen Rakka und Deir Ezzor, zwischen Abu Kamal, Al Tanf und Sweida nur teilweise angenommen wurde. Dass die Stammesbindungen insbesondere nach Saudi-Arabien schwerer wiegen als die Anerkennung des syrischen Staates, hat sich in den letzten vier Jahren deutlich gezeigt. Gegen erhebliche Zahlungen aus den Golfstaaten – offiziell über Geschäftsleute – haben Beduinen in den Grenzgebieten zum Irak und zu Jordanien Waffen und Kämpfer geschmuggelt. Teilweise dienen sie auch beiden Kampfparteien als Nachrichtenzuträger.

Falsche Versprechen, falsche Freunde

Schon während des Ersten Weltkrieges nutzten die Briten die Beduinen, um gegen die mit dem Deutschen Reich verbündeten Osmanen zu kämpfen. Für deren Vertreibung aus der Levante versprachen die

Briten ihnen und der neu aufkommenden arabischen Nationalbewegung Unabhängigkeit. Der britische Archäologe und Spion T. E. Lawrence (Lawrence von Arabien) wurde beauftragt, die Kampfgruppen der Beduinen vom Hejaz (Saudi-Arabien), die sich zumindest teilweise der neu entstandenen arabischen Nationalbewegung hinter König Feisal zuordneten, zu organisieren, zu bewaffnen und anzuleiten – und sie siegten. Die Geschichte zeigte jedoch rasch, dass es mit der Unabhängigkeit für die arabische Nationalbewegung nicht ernst gemeint war. König Feisal wurde aus Syrien von der französischen Mandatsmacht vertrieben und in den – von der britischen Mandatsmacht kontrollierten – Irak abgeschoben.

Auch im Auswärtigen Amt in Berlin lag damals ein Plan zur »alternativen Kriegsführung« vor. Die verbündeten Osmanen sollten weltweit den »Heiligen Krieg« erklären, dann könnte mit den Beduinen eine islamische Revolte »in der Tiefe« der arabischen Provinzen des Osmanischen Reiches organisiert werden. So sollten die Kriegsgegner Großbritannien, Frankreich und Russland geschwächt werden. Der Autor des Papiers hieß Max von Oppenheim, der 1899 als archäologischer Autodidakt und mit Hilfe der dortigen Beduinenstämme den Siedlungshügel Tell Halaf entdeckt hatte, wo er die prähistorische Halaf-Kultur sowie aramäisch-neuassyrische Stadtreste fand. Oppenheim arbeitete während des Ersten Weltkrieges offiziell in der »Nachrichtenstelle für den Orient« (Berlin) und in der deutschen Botschaft in Istanbul. Der Plan wurde nie umgesetzt, die Osmanen und das Deutsche Reich verloren den Krieg. Doch vieles, was heute in Syrien und im Irak geschieht, deutet darauf hin, dass die Ideen des Max von Oppenheim nicht in Vergessenheit geraten sind.

Daesh und Nusra-Front – im Auftrag ihrer Herren

Das Bündnis der »Freunde Syriens« hat seit 2011 mit Geheimagenten, privaten Sicherheitsdiensten und Militärspezialisten Gruppen und Stämme bewaffnet und ausgebildet, die gegen die syrische Regierung kämpfen. Die Vorbereitungen dazu begannen vermutlich schon vorher.

Die der syrischen Führung nahe stehende Webseite *Cham Press* (Damaskus) veröffentlichte im Oktober 2012 einen Plan des (damaligen) saudischen Geheimdienstchefs Bandar bin Sultan und des ehemaligen US-Botschafters im Libanon, Jeffrey Feltman, über die Zerstörung von Syrien. Feltman ist, wie erwähnt, seit 2012 Stellvertreter von UN-Generalsekretär Ban Ki-Moon, Bandar bin Sultan seit Anfang 2014 im verordneten Ruhestand. Der Plan soll aus dem Jahr 2008 stammen und ein Finanzvolumen von 2 Milliarden US-Dollar umfasst haben. Dabei sollte die reichlich vorhandene gesellschaftliche Unzufriedenheit und der Wunsch nach mehr politischer Freiheit und wirtschaftlicher Teilhabe genutzt werden, um einen Aufstand anzustiften und die syrische Führung zu stürzen.

Westliche Medien weisen das als »Verschwörungstheorie« zurück, beim US-amerikanischen Think-Tank Stratfor hielt man den Plan aber durchaus für realistisch. In Städten, Kleinstädten und Dörfern sollten demnach Netzwerke entstehen und finanziell unterstützt werden. Ausgebildete, arbeitslose junge Leute einerseits, Kriminelle, darunter auch Nicht-Syrer, andererseits, dazu junge Leute auf der Basis von ethnischen und religiösen Zugehörigkeiten sollten zu Protesten ermuntert werden. Ein vom Westen unterstütztes Mediennetzwerk sollte entstehen, auch (wohlhabende) Geschäftsleute in Damaskus, Homs und Aleppo sollten mobilisiert werden.

Und so geschah es, doch bei politischem Protest sollte es nicht bleiben. Ab Januar 2012 lieferten Katar, Saudi-Arabien und Jordanien nachweislich (NYT, März 2013) Waffen über die Türkei, die letztlich den extremsten der Kampfverbände – der Nusra-Front und dem »Islamischen Staat im Irak und in der Levante« – in die Hände fielen. Anfang Oktober 2014 räumte US-Vizepräsident Joe Biden bei einem öffentlichen Vortrag an der Universität Harvard ein, dass »unsere Verbündeten unser größtes Problem waren.« Namentlich nannte Biden, wie bereits angeführt, »die Türken, die Saudis, die Emirate«, die »so entschlossen waren, den syrischen Präsidenten Bashar al-Assad zu stürzen und einen Stellvertreterkrieg zwischen Sunniten und Schiiten zu initiieren«, dass sie »Hunderte Millionen US-Dollar und Tausende Tonnen Waffen an jeden lieferten, der gegen Assad kämpfen wollte.«

Damit hätten sie auch al-Qaida-Kämpfern und ISIL geholfen. Der Türkei warf Biden zudem vor, jede Menge ausländische Kämpfer über seine Grenzen nach Syrien ziehen zu lassen. Arabischen Quellen zufolge sollen es allein im September und Oktober 2014 monatlich mehr als 1.000 gewesen sein. Der türkische Ministerpräsident wies die Anschuldigungen zurück und sagte, die Männer seien »als Touristen nach Syrien« gereist.

Der ehemalige UN-Sonderbeauftragte für Syrien, Lakhdar Brahimi, hat die mangelnde internationale Bereitschaft, den bewaffneten Konflikt in Syrien (politisch) zu lösen, für das Erstarken des selbst ernannten »Islamischen Staates im Irak und in der Levante« verantwortlich gemacht. Schon Ende 2013, also vor den Genfer Gesprächen, habe er dem UN-Sicherheitsrat gesagt, dass ISIL im Irak »zehn Mal aktiver ist als in Syrien«, so Brahimi.

Nach monatelangen heftigen Kämpfen mit der Islamischen Front, der Nusra-Front und den kurdischen Selbstverteidigungskräften YPG, hatte ISIL sich Anfang 2014 nach Rakka, Hassakeh und Deir Ezzor in den Osten des Landes zurückgezogen. In dieser karg besiedelten Wüstenregion wirken Beduinen und Stammesverbände vom Nordirak über Jordanien bis nach Saudi-Arabien zusammen, ohne die nationalen Grenzen zu berücksichtigen. Dort wurde ein Bündnis wiederbelebt, das bereits nach dem Einmarsch der US-geführten Truppen 2003 entstanden war. ISIL, hervorgegangen aus der 2003 entstandenen al-Qaida im Irak, schloss sich erneut mit Teilen des »irakischen Widerstands«, Kampfverbänden der westirakischen Stämme, der neuen irakischen Baath-Partei und Offizieren der von den USA 2003 aufgelösten irakischen Armee zusammen. Nicht weil es ideologische Übereinstimmung gab, sondern weil sie die Regierung von Nuri al-Maliki, den sie als »Statthalter des schiitisch-muslimischen Gottesstaates Iran« sahen, stürzen wollten.

Zustimmung – und damit auch Geld, Waffen und Logistik – zum Sturm auf Mossul gab es von den Geldgebern von ISIL in Saudi-Arabien, Katar und anderen Golfstaaten. Diese Staaten wollen den »schiitischen Halbmond« (Iran, Irak, Syrien, Hisbollah) mit einem sunnitischen »Islamischen Kalifat« durchbrechen. In der Region wird der »schiitische Halbmond« von seinen Anhängern als »Machtbogen des Widerstands« gegen westliche und israelische Einflussnahme bezeichnet. Auch die Türkei war mit von der Partie. Die libanesische Tageszeitung *As Safir* berichtete, dass syrische Oppositionelle Tage vor dem Sturm auf Mossul (10. Juni 2014) Hunderte von ausländischen und arabischen Kämpfern beobachtet hatten, die aus der Türkei die Grenze nach Syrien passierten. Der türkische Geheimdienst sei offenbar darüber informiert gewesen und habe den Grenzübertritt nicht verhindert. Nach dem Sturm auf Mossul kehrten Hunderte Kämpfer des »Islamischen Staates« (IS), wie die Gruppe sich seit Juni 2014 selbst nennt, mit dort erbeuteten Waffen wieder in die ostsyrischen Provinzen zurück, um ihren Kampf gegen die anderen »Gotteskrieger« (der Nusra-Front) fortzusetzen, so *As Safir*. Die syrische Armee beobachtete den internen Krieg seit Monaten, griff aber nicht ein, weil es ihr nutzte, wenn ihre Gegner sich gegenseitig aus dem Weg räumten.

Der IS und die Nusra-Front liefern sich in der Region einen blutigen Konkurrenzkampf um die Errichtung eines »Islamischen Staates« der Kalifat oder Emirat genannt wird. Beide Gruppen haben jeweils Tausende Männer unter Waffen, darunter viele Ausländer. Finanziert und ausgerüstet wurden sie anfangs von »Geschäftsleuten« aus den Golfstaaten Kuwait, Katar und Saudi-Arabien. Logistische Hilfe lieferte die Türkei mit dem Ziel, dass die Gruppen gegen die syrische Armee kämpfen sollten. Durch Verschiebung politischer Interessen der Golfstaaten sowie durch regionale und internationale Konflikte wurde die Unterstützung beider Gruppen teilweise eingestellt, so dass der Kampf um die Grenzübergänge und um die Ressourcen immer wichtiger geworden ist.

So sehr die Nusra-Front und »Daesh« sich in manchen Regionen auch bekämpfen, so schmieden sie zugleich andernorts taktische Bündnisse. Das geschieht vor allem im Qalamoun-Gebirge an der syrisch-libanesischen Grenze. Mehrfach überfielen die vereinigten islamistischen Kampfverbände Stützpunkte der libanesischen Armee bei Arsal oder Stellungen der Hisbollah. Sie nahmen Soldaten als Geiseln, um eigene Gefangene in libanesischen Gefängnisse freizupressen. Der libanesische Armeechef, General Jean Kahwagi, sprach wiederholt von einer »gewaltigen Bedrohung durch die Takfiri-Bewegung«, die den ganzen Libanon betreffe. Ähnlich denkende Gruppen könnten die Kämpfe in Arsal zum Anlass nehmen, ebenfalls Angriffe auf die libanesische Armee zu starten. Die Takfiri-Bewegung zeichnet sich durch ein rückwärtsgewandtes, dogmatisches Islamverständnis aus. Andersgläubige, auch Muslime, werden als »Ungläubige« verfolgt und können getötet werden. Zu der Bewegung der Takfiri gehören sowohl die Nusra-Front als auch der »Islamische Staat«.

Organisatorische Hintergründe zum »Islamischen Staat«

Die Wurzeln

Die Wurzeln des »Islamischen Staates« (im Irak und in der Levante) liegen bei al-Qaida. Letztere wurde bekanntlich in den 1980er Jahren vom US-amerikanischen und saudischen Geheimdienst aufgebaut, um gegen die Rote Armee in Afghanistan zu kämpfen. Dabei wurden zunächst junge Muslime in Nordafrika und in palästinensischen Flüchtlingslagern angeworben, um gegen Bezahlung zu kämpfen. Bei den Angeworbenen handelte es sich zumeist um arbeitslose junge Männer, denen eine Zukunftsperspektive, die Aussicht auf Arbeit und Familiengründung, fehlte. Als Anwerber und »Reiseunternehmer« traten islamische Hilfsorganisationen auf, die mit Spendengeldern von reichen Muslimen (offiziell aus den Golfstaaten) operierten. Inzwischen spannt sich ein Netz von Transportwegen von Europa über Nord- und Zentralafrika, die Arabische Halbinsel, Afghanistan und Zentralasien. Aus al-Qaida entstanden immer neue Organisationen, die seitdem mehr oder weniger aktiv in Zentralasien, im Irak, in Syrien, im Libyen, in Zentralafrika und im Jemen aktiv sind.

Die Gruppe »Islamischer Staat im Irak« (ISI) trat erstmals 2004 als Teil von »al-Qaida im Irak« auf, wo sie schwere Attentate verübte. Beispielsweise starben im August 2007 in Sinjar mehr als 700 Menschen, mehrheitlich Jesiden, durch die Explosion von vier Autobomben. Ein Mann mit dem Kampfnamen »Abu Bakr Al-Baghdadi« soll 2010 die

Führung von ISI übernommen haben, nachdem er 2009 aus britischer Militärhaft im Gefangenenlager »Camp Bucca« bei Fao, Provinz Basra, an die irakischen Behörden übergeben worden sein soll. Andere Quellen geben an, er sei nur 2004 in Camp Bucca inhaftiert gewesen. Al-Baghdadi soll aus Samarra (Irak) stammen. Online-Biographien zufolge soll sein richtiger Name lauten: Ibrahim ibn Awwad ibn Ibrahim ibn Ali ibn Muhammad al-Badri al-Samarra.

Nach 2011 zog Al-Baghdadi mit seinen ISI-Kämpfern nach Syrien, um gegen die Führung in Damaskus zu kämpfen. Mit wachsender Konkurrenz um Geld, Waffen und Hilfsgüter verschärfte sich der Ton unter den verschiedenen Gruppen bis hin zu internen Kämpfen. Im Frühjahr 2013 rief Al-Baghdadi den »Islamischen Staat im Irak und in der Levante« ins Leben und setzte sich von der Nusra-Front ab, die bis dahin als »al-Qaida in Syrien« eine Art Führungsposition hatte. Nach dem Sturm auf Mossul im Juni 2014 rief Al-Baghdadi ein »Islamisches Kalifat« aus und ernannte sich selber zum Kalifen.

Die Kämpfer

In Syrien wuchs die Gruppe von Al-Baghdadi innerhalb kurzer Zeit. Zulauf kam von jungen Syrern, die vom Auftreten der »Freien Syrischen Armee« und anderen Kampfverbänden enttäuscht waren und sich von dem harten Vorgehen, der guten Ausrüstung und Finanzierung des »Islamischen Staates im Irak und in der Levante« angezogen fühlten. Selbst Kämpfer der Nusra-Front schlossen sich an.

Nach Ansicht führender Vertreter der syrischen oppositionellen »Nationalen Koalition« ist ISIL eine Schöpfung des syrischen Geheimdienstes. Der Oppositionelle Michel Kilo erklärte im Januar 2014 am Rande der Genfer Gespräche (im Interview mit *Al Monitor*, 23.1.2014), seiner Gruppe lägen Fotos vor, die den syrischen Präsidenten mit ehemaligen Geheimdienstangehörigen zeigten, die heute »Emire von ISIL« seien. Der syrische Geheimdienst habe ISIL Daten übermittelt, wen sie angreifen sollten, so Kilo. »Das Regime hat diese Gruppen erschaffen, die es zu Beginn unserer Revolution in Syrien nicht gab.« Diese Meinung teilte auch der französische Präsident Francois Hollande, der eine Kooperation mit der syrischen Regierung gegen ISIL ausschloss, weil »Assad ... de facto ein Verbündeter der Gotteskrieger« sei. Als Beleg für diese Vorwürfe wurde vorgebracht, Assad habe (2011/2012) Gefangene freigelassen, die sich ISIL angeschlossen hätten. Tatsächlich erfolgte die Freilassung im Zuge eines durch Geiselnahme erpressten Gefangenenaustausches zwischen der syrischen Regierung und bewaffneten Gruppen.

Im Irak erhielt die Al-Baghdadi-Gruppe ursprünglich (2004) Unterstützung von den Gegnern der von den USA geführten Besatzungstruppen. Dazu gehörten westirakische Stämme, Angehörige der von den USA aufgelösten irakischen Armee und Mitglieder der verbotenen Baath-Partei. Im Laufe der Jahre stießen angeworbene Muslime aus Nordafrika (Libyen) und aus den palästinensischen Flüchtlingslagern hinzu, denen vom syrischen Geheimdienst der Transit ermöglicht wurde. Heute werden Anhänger der Gruppe im Irak vom Zorn auf die Zentralregierung in Bagdad und einer religiös aufgeheizten Mobilisierung angetrieben.

Lokale Unterstützung erhielt die Gruppe von Beduinen, die als Grenzgänger für Schmuggel und Informationen zuständig sind und häufig mit allen Seiten Geschäfte machen. In den unwirtlichen, wenig bewohnten Wüstengebieten im syrisch-irakischen Grenzgebiet erpresste sich die Gruppe Unterstützung von den dort lebenden Stämmen. Wer sich unterwarf, profitierte von der Plünderung der syrischen Ölfelder. Wer sich widersetzte, wurde ermordet. Junge Männer von Stammesverbänden schlossen sich den Truppen Al-Baghdadis aber auch freiwillig an, um aus den einengenden Stammesstrukturen herauszukommen. In den Kampfverbänden wurden sie ausgerüstet und bezahlt und zu Akteuren eines Kampfes, der international große Aufmerksamkeit erhielt. Durch professionelle Public Relation, die in vielen Sprachen über das Internet und »soziale Medien« wie YouTube oder Twitter verbreitet wurde, wurde die Al-Baghdadi Gruppe innerhalb kürzester Zeit weltweit bekannt. Junge Muslime aus mehr als 80 Staaten zogen nach Syrien, um sich ihr anzuschließen. Aus Europa sollen es mindestens 5.000 Personen sein. Aus Deutschland kämpften nach Auskunft des Chefs vom Bundesverfassungsschutz Hans-Georg Maaßen mehr als 500 namentlich bekannte junge Männer in

Syrien und im Irak. Einige sollen Selbstmordattentate verübt haben. Die meisten ausländischen Kämpfer kommen aus anderen arabischen Staaten. Die genaue Zahl der Kämpfer ist nicht bekannt.

Die Finanzen

Seit Auftauchen der Gruppe in Syrien wurde sie – wie andere Kampfverbände auch – finanziell von »Geschäftsleuten aus den Golfstaaten« und »Hilfsorganisationen« unterstützt, die Geld und Hilfsgüter sammelten. Eine weitere Einnahmequelle wurde das Geschäft mit ausländischen und hochrangigen syrischen Geiseln.

Die Gebiete, die sich Al-Baghdadi und seine Kämpfer aneigneten, haben für Syrien und den Irak wirtschaftliche und strategische Bedeutung. Entlang des Euphrats befinden sich fruchtbare Ländereien, Getreide- und Baumwollanbau, nicht zuletzt die syrischen Ölfelder. Die Angriffe auf Wasserreservoirs und Dämme im Norden und Westen des Iraks dienten der Sicherung der Wasserversorgung, ansonsten geht es bei Angriffen und Kämpfen stets um strategisch wichtige Verkehrswege, Städte und Grenzübergänge. Aus den Industriegebieten um Aleppo wurden ganze Fabriken geplündert, abgebaut und in die Türkei verkauft. Mit dem Geld wiederum wurden Raffinerien im Grenzgebiet betrieben, um das gestohlene Öl über Mittelsmänner in der Türkei zu verkaufen. Viel Geld nahm die Al-Baghdadi-Gruppe auch durch die Plünderung von Ausgrabungsstätten, Museen und Kirchen ein. Nach Erkenntnis des Internationalen Museumsrates (ICOM) befinden sich 90 Prozent des syrischen Weltkulturerbes in Kampfgebieten. Der britische *Guardian* berichtete, dass die Al-Baghdadi-Gruppe internationalen Kunstdieben das Gelände überlassen und von diesen bis zu 20 Prozent »Plünderungssteuer« eintreiben würde.

Die Waffen

Verglichen zu den Anfangsjahren im Irak ist die militärische Ausrüstung des »Islamischen Staates« sehr viel besser geworden. Die Gruppe profitierte zwischen 2011 und 2013 von Waffenlieferungen verschiedener Staaten, die sich in der Gruppe der »Freunde Syriens« zusammengeschlossen hatten, um Bashar al-Assad zu stürzen. Die britische Organisation »Conflict Armament Research« berichtete, dass bei Waffenfunden eroberter ISIL-Stellungen und bei getöteten Kämpfern »bedeutende Mengen« von Kleinwaffen aus US-amerikanischer Herstellung gefunden wurden. Darunter M-16-Sturmgewehre mit dem Aufdruck »Eigentum der US-Regierung«, die vermutlich über Saudi-Arabien und Katar in die Kampfgebiete in Syrien geliefert worden waren. Die *New York Times* veröffentlichte im März 2013 die erwähnte umfassende Langzeitrecherche über Waffenlieferungen aus Katar, Saudi-Arabien, Kroatien und Jordanien an die Kampfgruppen in Syrien. Geliefert wurde über die Grenzen aus der Türkei und Jordanien. Auch Milan-Raketen, die Deutschland an die nordirakischen kurdischen Peschmerga schickte, landeten beim »Islamischen Staat«.

Zusätzlich bewaffnete die Al-Baghdadi-Gruppe sich durch Angriffe auf konkurrierende Kampfverbände. Ende 2013 plünderte sie mit Kampfverbänden der Islamischen Front das gesamte Waffenlager der »Freien Syrischen Armee« bei Azaz unweit der Grenze zur Türkei. Großbritannien und die USA stellten daraufhin ihre »nicht-tödliche« Waffenhilfe an die »Freie Syrische Armee« ein. Waffen der syrischen Armee eroberte ISIL bei der Einnahme militärischer Stützpunkte in Rakka, Hasakeh und Deir Ezzor (Ostsyrien). Große Mengen Waffen US-amerikanischer Herkunft fielen ISIL beim Sturm auf Mossul im Juni 2014 in die Hände. In ihren Reihen befinden sich ehemalige Militärangehörige aus verschiedenen Staaten, die vermutlich die Kämpfer ausbilden. Andere Kämpfer erhielten 2012/13 eine Ausbildung durch die »Freunde Syriens« in Jordanien. Türkische Medien und Angehörige, die ihre Kinder bei ISIL suchten, berichteten von Ausbildungslagern der Gruppierung in der Türkei im Grenzgebiet zu Syrien.

Die Sponsoren

Als eine von vielen Kampfverbänden wurde die Al-Baghdadi-Gruppe bereits 2012/2013 von den Golfstaaten (Kuwait, Katar, Saudi-Arabien) und anderen Staaten der Kerngruppe der »Freunde Syriens« unterstützt. Die USA, England, Frankreich und Deutschland, die der Kerngruppe ebenfalls angehören, dürften schon frühzeitig über hinreichende Kenntnisse verfügt haben, wer wie und seit wann an der

Ausrüstung, Finanzierung und an der Rekrutierung beteiligt war. Die Stationierung von Patriot-Abwehrraketensystemen im Südosten der Türkei, AWACS-Aufklärungsflüge und Lauschsysteme im Mittelmeer überwachen, was in Syrien und im Irak geschieht. Diese Informationen wurden teilweise in so genannten »Einsatzzentralen« (operation room) in der Türkei und in Jordanien an die Kampfverbände vermittelt.

Mit dem Vormarsch auf Mossul und dem Versuch, auch die nordirakische Stadt Kirkuk einzunehmen, wo die zweitgrößten Ölvorkommen des Iraks lagern, hatte ISIL die »rote Linie« der US-Interessen in der Region überschritten. Der Ton änderte sich. Am 15. August 2014 verabschiedete der UN-Sicherheitsrat einstimmig die Resolution 2170, die alle UN-Mitgliedsstaaten aufforderte, »den Strom fremder Kämpfer, die Finanzierung und andere Unterstützung für islamistische extremistische Gruppen im Irak und Syrien zu unterbinden«.

Nachdem der »Islamische Staat« und die Nusra-Front vom UN-Sicherheitsrat als »Terrorgruppen« gelistet worden waren, verhängte die US-Administration Anfang August 2014 erstmals Sanktionen gegen drei Geschäftsleute aus Kuwait, die nachweislich Geld für die Nusra-Front und die Al-Baghdadi-Gruppe organisiert hatten. Kuwait verbot daraufhin das Spendensammeln in Moscheen und von Hilfsorganisationen für Syrien.

Schon Anfang 2014 wurde auf Druck der US-Administration der saudische Geheimdienstchef Bandar Bin Sultan mit einem königlichen Dekret aus dem Amt entfernt. Bandar Bin Sultan war zuständig für »die syrische Akte« und hatte von Anfang an (2011) »nachhaltig« für die Finanzierung der Kampfverbände in Syrien gesorgt. Saudi-Arabien und die Vereinigten Arabischen Emirate verschärften im Januar 2014 die Gesetzgebung dahingehend, dass Staatsbürger, die sich am »Heiligen Krieg« in einem anderen Land (gemeint war Syrien) beteiligten, zu hohen Haftstrafen verurteilt werden konnten. Großbritannien entzieht britischen Staatsbürgern, die sich den Dschihadisten in Syrien und im Irak anschließen, die britische Staatsangehörigkeit. Die Türkei unternimmt nichts, um den Strom der Kämpfer zu stoppen, Deutschland hat nach jahrelanger Beobachtungsphase Anfang 2015 beschlossen, unter bestimmten Bedingungen die Reisefreiheit

einzuschränken: Die Papiere potenzieller »Gotteskrieger« sollen beschlagnahmt werden können, um deren Ausreise in die Kriegsgebiete
von Syrien und Irak zu verhindern. Ein Schritt, der mit Blick auf den
Abbau bürgerlicher Rechte zugleich auch in der Kritik steht.

Am 23. September 2014 begann eine von den US-Streitkräften
angeführte Allianz mit Luftangriffen auf Stellungen des »Islamischen
Staates« in Syrien. Die Gruppe sollte nach Angaben der US-Streitkräfte
in ihren Schaltzentralen getroffen und Nachschubwege sollten zerstört
werden. 48 Luftangriffe führte die »Internationale Anti-IS-Allianz«
am ersten Tag dieses neuen Krieges aus und griff Ölförderanlagen im
Osten Syriens bei Deir Ezzor sowie Getreidesilos und Stellungen in
der syrischen Stadt Rakka an, die neben Mossul als Hauptstadt des
IS gilt. Dort sei der Sitz des Gouverneurs, ein Militärlager und das
Gebäude des regionalen Geheimdienstes zerstört worden, sagte ein
Pentagon-Sprecher. Außerdem sei die Tabaka-Luftwaffenbasis angegriffen worden, die von den Kampfverbänden zuvor erobert worden
war. Hunderte syrische Soldaten sollen dort nach der Eroberung hingerichtet worden sein.

Leben unter dem »Islamischen Staat«

Rakka liegt 200 km östlich von Aleppo am Ufer des Euphrats. Seit reiche Kaufleute aus Aleppo in den 1950er Jahren die Bewässerungsan-
lagen modernisierten, wurde die Stadt zu einem Zentrum der Baum-
wollindustrie. Der Euphrat, der aus der Türkei kommend durch Syrien
in den Irak fließt und schließlich mit der anderen großen Wasserstra-
ße, dem Tigris, vereint als Schatt al Arab in den Persisch-Arabischen
Golf mündet, dient seit Jahrhunderten als wichtiger Transportweg. Für
die Kampfverbände mit der schwarzen Fahne ist der Euphrat eine der
wichtigsten Verbindungsstraßen, entlang der sie ihr Kalifat errichten
wollen. Seit 2004 terrorisierte die Gruppe – damals noch als ISI – Bewohner der irakischen Euphrat-Städte Ani, Hit und Falludscha.

Laut dem 2004 entwickelten Handbuch »Das Management der
Grausamkeit« stellen ISIL-Kämpfer die seit Jahrhunderten friedlich

dort lebende Bevölkerung vor die Wahl, sich vor der schwarzen Fahne zu beugen oder zu sterben. Manchen, wie der Familie von Ibrahim al-Ani aus Ani und Tausenden Christen aus Mossul, ließen die neuen Herrscher einige Stunden Zeit, um das Weite zu suchen.

Nach einem von dem US-amerikanischen Konsortium für Terrorismusforschung und Analyse (TRAC) veröffentlichten Schaubild soll der unangefochtene Kalif und Oberkommandierende der Iraker Abu Bakr al-Baghdadi sein. Ihm soll ein Beratergremium zur Seite stehen, außerdem hat er zwei Stellvertreter. Der eine ist zuständig für den Irak, der andere für Syrien, beiden unterstehen jeweils zwölf Gouverneure. Diesen wiederum sollen Räte für Finanzen, Führung, Militär, Recht, Kämpfer, Sicherheit, Aufklärung und Medien unterstehen. Jenseits dieser Struktur gibt es den Schura-Rat, der für militärische und religiöse Angelegenheiten zuständig sein soll. Eine Exekutive (Al Imara) untersteht ebenfalls Al-Baghdadi und seinen Stellvertretern.

Eine TRAC-Mitarbeiterin (Jasmine Opperman) erklärte dem US-Sender CNN, dass Al-Baghdadi – der lange in US-Militärhaft war und früher im Auftrag des CIA und saudischen Geheimdienstes in Afghanistan in den Reihen von al-Qaida kämpfte – offenbar die US-Strategie zur Aufstandsbekämpfung übernommen habe. Nach dem Motto »Säubern und Sichern« würden Gebiete militärisch erobert und unterworfen, so die Terrorismusforscherin. Dann versuche man, lokale Kräfte für die Verwaltung zu gewinnen. Die Darstellung basiert auf Geheimdienstkenntnissen und soll im Wesentlichen belegen, dass aus dem Kampfverband »Islamischer Staat« (im Irak und in der Levante) eine staatliche Struktur erwächst, mit der zu rechnen sein wird.

Ein junger Mann berichtete der libanesischen Zeitung *Al Akhbar* von seiner Fahrt nach Rakka, wo er geboren wurde. Am Kontrollpunkt vor Rakka sei der Bus nach Soldaten durchsucht worden. Die Frauen seien aufgefordert worden, den Vollschleier zu tragen. Die Kämpfer hätten »mit deutlichem saudischen Akzent gesprochen«, so der Reisende. ISIL habe Ordnung in die Stadt gebracht, ihre Polizeikräfte seien überall präsent gewesen. Jetzt gebe es nur »einen Herrscher in Rakka«, so der junge Reisende. Egal, wer sie regiere, »die Leute wollen nur ihr ruhiges Leben wieder haben.«

Frauen unter dem »Islamischen Staat« – im Irak

Schon lange ist der »Arabische Frühling« für die Frauen im Irak und
Syrien zu einem Albtraum geworden. Krieg und Vertreibung gehören
zu ihrem Alltag, viele Mädchen und Frauen erfahren Gewalt, wie sie
ihnen in der Zeit davor kaum angetan wurde.

Politisch und beruflich aktive Frauen im Irak arbeiten inzwischen
unter höchsten Gefahren. Im Juli 2014 wurden zwei Politikerinnen in
der Provinz Niniveh von Kampfverbänden des »Islamischen Staates«
ermordet, eine weitere Frau wurde entführt und gilt als verschwunden.
Alle drei Frauen hatten für die irakischen Parlamentswahlen kandi-
diert. Im September des gleichen Jahres wurde die Rechtsanwältin Sa-
meera Salih Ali al-Nuaimy entführt, gefoltert und fünf Tage später öffentlich hingerichtet. Sie hatte die Angriffe der Kämpfer auf Moscheen
und Heiligtümer anderer Glaubensgemeinschaften in Mossul als »bar-
barisch« angeprangert. Mitte Oktober 2014 soll irakischen Medienbe-
richten zufolge in Diyala eine 30-jährige Frau geköpft worden sein,
weil sie einen IS-Kämpfer getötet hatte, als der versuchte, sie in ihrem
Haus in Bakuba zu vergewaltigen. Mittlerweile wurden auch Fälle von
Steinigungen wegen angeblichen Ehebruchs von Frauen bekannt.

In einem Bericht der UN-Unterstützungsmission für den Irak,
UNAMI, hieß es, dass die Dschihadisten im Nordirak Frauen und
Mädchen entführt und zu »Sexsklavinnen« gemacht hätten. Die Gruppe habe »gezielt Zivilisten und zivile Infrastruktur angegriffen«, »Hin-
richtungen und Morde an Zivilisten, Entführungen, Vergewaltigungen
und andere Formen der sexuellen und physischen Gewalt« seien an
Frauen und Kinder verübt worden. Frauen seien besonders hart behandelt worden: »Ärztinnen, Anwältinnen und andere berufstätige
Frauen wurden von ISIL angegriffen und ermordet.«

Im August 2014 soll der IS bis zu 500 Frauen und Mädchen in
die Zitadelle von Tal Afar in der nordirakischen Provinz Niniveh
gebracht haben. Von dort seien »150 unverheiratete Mädchen und
Frauen nach Syrien verschleppt worden, wo sie entweder als Beloh-
nung an die ISIL-Kämpfer verteilt oder als Sexsklavinnen verkauft«
worden seien, so der UNAMI-Bericht. Auch Amnesty International
veröffentlichte ähnliche Berichte.

Die irakische Frauenrechtlerin Suad Al-Lami beschrieb vor dem UN-Sicherheitsrat (UNSC) die Lage der Frauen im Irak unter dem »Islamischen Staat«. Die Rechtsanwältin Al-Lami, die 2007 die Organisation »Frauen für Fortschritt« gegründet hatte, stammt aus Sadr City. Der Stadtteil von Bagdad beherbergt die Ärmsten der Armen im Irak, hier explodieren die meisten Bomben. Al-Lami sprach über die Lage der Frauen, die vom Krieg vertrieben und traumatisiert von der Gewalt seien, die sie erleben mussten. Sie beschrieb, dass die Frauen oft stundenlang in brütender Hitze mit ihren Kindern und Babys auf der Flucht seien, um sich vor den IS-Kämpfern in Sicherheit zu bringen. Oft werde die Flucht so plötzlich angetreten, dass Proviant, Geld und Papiere vergessen würden, die Menschen hätten nur, »was sie am Leib tragen«. Bei der Flucht würden Familien auseinandergerissen, die Lebensbedingungen in den völlig überfüllten Flüchtlingslagern förderten Gewalt und sexuelle Übergriffe.

»Familien haben kaum mehr als eine Matratze, ein paar Decken und für das ganze Lager gibt es einen Wassertank und eine Toilette«, so Al-Lami. Die zumeist ländliche und dörfliche Bevölkerung, die vor dem »Islamischen Staat« geflohen sei, lebe normalerweise in konservativen, zurückgezogenen Verhältnissen, wo Frauen und Mädchen von Männern und Jungen anderer Familien getrennt lebten. Die Enge der Flüchtlingslager lasse keinen respektierten Raum für die Frauen und Mädchen. Frauen, die durch Ernte-, Haus- oder Näharbeiten zum Unterhalt der Familie hätten beitragen können, hätten ihre Arbeit und notwendiges Einkommen verloren. Männer verließen die Familie, um gegen den »Islamischen Staat« zu kämpfen, die Frauen trügen die ganze Verantwortung. »Wenn eine Frau Opfer sexueller Gewalt wird oder wenn Mütter ihre Töchter frühzeitig verheiraten, liegt das an ihren schlechten ökonomischen Bedingungen«, so Al-Lami. »Sie sind gezwungen, unter solchen schlechten Verhältnissen zu leben.« Besonders schutzlos seien Frauen religiöser Minderheiten wie der Jesiden. Die ISIL-Kämpfer »nutzen sie als Geiseln gegen die Männer, die gegen den ›Islamischen Staat‹ kämpfen. Sie verkaufen sie von einer Gruppe zur nächsten, die sie wieder verkauft. Und jedes Mal werden die Frauen vergewaltigt.« Kinder hätten zusätzlich darunter zu leiden,

dass der Schulunterricht ausfalle, weil in vielen Schulen Flüchtlings-
familien untergebracht worden seien. Das UN-Programm für Humanitäre Hilfe (OCHA) gibt die Zahl der durch den »Islamischen Staat«
vertriebenen Menschen allein im Irak mit 1,8 Millionen an.

Frauen unter dem »Islamischen Staat« – in Syrien

Wie andere Kampfverbände, die in Syrien unter der Fahne des Islam
vorgeben, die Menschen in Syrien von dem »Despoten Assad befreien«
zu wollen, erließ auch ISIL die islamische Scharia als neues Rechts-
system. Dieben werden nun eine oder auch beide Hände abgehackt,
Frauen müssen sich von Kopf bis Fuß verhüllen und sollen zu Hause
bleiben. Menschen, die sich nicht fügen, werden geköpft oder gekreuzigt. Musik oder Unterhaltung, Theater und Kino sind nicht erlaubt.
Wer sich nicht an die vorgegebenen Gebetszeiten hält, wird bestraft.

In einem kleinen Hotel im Zentrum von Damaskus leben viele
Familien, die aus den syrischen Städten Rakka oder Deir Ezzor vor
den Kalifatskämpfern geflohen sind. Seine Tochter habe nicht mehr
zur Universität gehen dürfen, erzählt ein älterer Mann (im Gespräch
mit der Autorin). »Ich bin mit ihr nach Damaskus gekommen, damit
sie hier ihr Studium abschließen und vielleicht Arbeit finden kann.«
Einige Fächer wie Soziologie und Geschichte seien aus dem Lehrplan
gestrichen worden. Der Begriff »Syrien« wurde durch »Islamischer
Staat« ersetzt.

Ein älteres Ehepaar wartet in der Lobby auf Verwandte, die sie zu
sich nach Hause holen wollen. Als sie in Rakka in den Bus gestiegen
seien, hätten die Frauen alle hinten, die Männer vorne sitzen müssen,
erzählt der Mann, der sich als Abu Khalid vorstellt, Vater von Khalid.
»Ich habe mich umgedreht, um zu sehen, ob meine Frau auch einen
guten Platz gefunden hat«, sagt Abu Khalid. »Ich konnte sie nicht erkennen, alle Frauen waren schwarz verschleiert.« Dann habe er ihren
Namen gerufen und sie habe ihm zugewunken. »So etwas habe ich in
meinem Leben nicht erlebt, dass ich nicht neben meiner Frau im Bus
sitzen darf«, empört er sich.

Der US-amerikanische Fernsehsender CNN zeigte ein mit einer
versteckten Kamera gedrehtes Video über den Alltag in Rakka. Zu

sehen waren die enthaupteten Leichen von Soldaten der syrischen Armee, die auf einem Gehweg lagen. Die Köpfe der Männer waren auf Zäunen aufgespießt.

Ein Video, das vom US-amerikanischen *Wall Street Journal* verbreitet wurde, zeigte wie Zigarettenpackungen öffentlich verbrannt und Ladenbesitzer aufgefordert werden, Frauenkleidung nicht öffentlich zu zeigen. »Das tragen Frauen nur für ihre Ehemänner«, sagte ein schwarz gekleideter Kämpfer zu dem Ladenbesitzer. »Du darfst diese Kleidung nur im Geschäft ausstellen.« Zu sehen war auch eine öffentliche Hinrichtung, das Opfer wird gekreuzigt. Junge Männer, manche sind noch Kinder, filmten die Szene mit ihren Handys. Geld wurde verteilt, um Informanten dazu zu bringen, Gegner des Kalifats zu denunzieren.

Auch im französischen Fernsehen wurde ein heimlich gedrehtes Video ausgestrahlt. Eine Frau hatte sich bereit erklärt, unter ihrem Schleier (Nikab) versteckt eine Kamera zu tragen. Sie ging durch die Straßen und über die Märkte, um den Alltag zu zeigen. Eine Zeitlang lief sie hinter einer verschleierten Frau her, die ein Gewehr trug und ihr Kind an der Hand hielt. Vor der Gebetszeit sorgten Bewaffnete dafür, dass Geschäfte und Marktstände schließen und die Leute zur Moschee gehen mussten. Als die Kameraträgerin eine Straße überquerte, wurde sie von vermummten Bewaffneten in einem großen Fahrzeug gestoppt und aufgefordert, ihren Schleier tiefer zu tragen: »Wir können Dein Gesicht sehen«, warnten sie. Später ging die Frau mit der Kamera in ein Internetcafé. Dort traf sie auf zwei völlig verschleierte Frauen, eine hatte ihren kleinen Sohn auf dem Schoß. Beide telefonierten offenbar mit ihren Familien in Frankreich, sie sprachen perfektes Französisch. Sie habe nicht vor, nach Frankreich zurückzukehren, sagte eine Frau aufgebracht: »Kapier das endlich, Mama, ich komme nicht zurück.« Alles, was die Mutter im Fernsehen sehe, sei falsch, beharrte die junge Frau. Ihr gehe es gut.

Der Krieg in Syrien und im Irak macht Frauen aber nicht nur zu Opfern, sondern auch zu Akteurinnen. Nationale Streitkräfte, kurdische Peschmerga aus dem Nordirak und die Selbstverteidigungskräfte der syrischen Kurden bieten Frauen einen Platz in den Reihen der

Kämpfer an und bewaffnen sie. Der »Islamische Staat« nutzt die Frauen eher zu Propagandazwecken. Besonders in Europa werden junge Frauen im Alter zwischen 14 und 16 Jahren angeworben, um den »von Assad bedrängten Menschen in Syrien zu helfen«. Häufig stammen diese jungen Frauen aus Familien der Mittelschicht.

Allein aus Frankreich sollen sich 150 junge Frauen in Syrien und Irak aufhalten, 90 Prozent von ihnen seien zum Islam konvertiert, heißt es in Berichten der französischen Geheimdienste. Die Frauen hätten sich – teilweise per Internet oder Facebook – mit Kämpfern dort verheiratet. Aus Deutschland sollen sich – nach Auskunft von Verfassungsschutzpräsident Hans-Georg Maaßen (in der *Frankfurter Rundschau*) – etwa zwei Dutzend junge Frauen nach Syrien abgesetzt haben. Auch aus Österreich, der Schweiz, der Niederlande und aus England sind junge Frauen in den »Heiligen Krieg« gezogen. Vielfach lagen die Beweggründe für ihre Entscheidung darin, dass sie Menschen helfen wollten und sich in der westlichen Gesellschaft als Musliminnen nicht akzeptiert fühlten.

Meine Arbeit in Damaskus

Warum ich immer wieder nach Syrien reise und doch keine Kriegsberichterstatterin bin*

»Bitte schicken Sie Fotos mit.« Die Aufforderung eines Redakteurs klingt mir in den Ohren, während ich durch Damaskus laufe. Zu Fuß kommt man schneller voran, nur wenn der Weg allzu weit ist, nehme ich ein Taxi. Die Kamera ist in der Tasche, aber nur selten nehme ich sie heraus. Die Leute blicken mit misstrauischer Neugier auf die Ausländerin, die täglich durch ihre Straßen läuft. Einige kennen mich und grüßen freundlich, wenn ich nach einigen Wochen Abwesenheit wieder in Damaskus bin. Abu Mahmud, der stets eine weiße Müt- ze oder ein Tuch auf dem Kopf trägt und freundlich den alten Ko- pierer bedient, das einzige Kapital von ihm und seinem Sohn. Oder George [beide Namen auf Wunsch geändert], der Fotograf, dessen Familie in alle Himmelsrichtungen verstreut ist, seit ihre Wohnung Ende 2011 von Kriminellen verwüstet wurde: die Tochter in Dubai, seine Ehefrau in Beirut, der Sohn in Kanada. Der Schuhputzer, der Bäcker, der Juniorchef in einem der wenigen Pralinengeschäfte, die noch geöffnet sind. Bei einem Streifzug durch ein altes Viertel abseits des Yousef-Azme-Platzes strahlt eine alte Frau mich an und fragt, was um Himmels willen ich in Damaskus mache? Journalistin, wiederholt sie ungläubig meine Antwort. Dann nimmt sie meinen Kopf in ihre

---

* Erstveröffentlichung der Reportage in: junge Welt, 28.10.2013

runzligen Hände und drückt mir einen Kuss auf die Stirn. »Friede sei mit dir!«

Jedes Mal sehe ich mehr Bettler, die die Hand verschämt und schweigend aufhalten. Mehr Frauen, die mit ihrer Kinderschar am Boden hocken. Mehr Kinder, die an den Ampeln oder Kontrollpunkten an den Autos entlanglaufen, gegen die geschlossenen Fensterscheiben hämmern und etwas Unverständliches rufen. Eindeutig sind derweil ihre Gesten: Die fünf Fingerspitzen werden zusammengepresst und zum Mund geführt, wieder und wieder. »Wir haben Hunger«, heißt das. »Und unsere vielen Geschwister auch.« Ich sollte den Jungen fotografieren, denke ich. Wie er da mit seinen struppigen Haaren und großen Augen durch das Fenster sieht und mit seinen Händen gestikuliert. Seine Augen streifen mich und bleiben an meiner Tasche hängen. Sie folgen meinen Händen, als ich hineinlange und zögernd nach dem Fotoapparat greife, dann nach der Geldbörse. »Geben Sie den Kindern nichts«, sagt der alte Taxifahrer ruhig und bedächtig, als ich in der Tasche nach einem Schein angle. »Sie werden von einer Mafia in der Stadt ausgesetzt, die am Abend das Geld von den Kindern einsammelt.« Woher er das wisse, frage ich den Mann, der mich aufmerksam im Rückspiegel mustert. »Ich bin hier aufgewachsen und jeder Damaszener weiß, dass niemand hier betteln muss. Wer Hunger hat, kann zu einer Moschee oder einer Stiftung gehen. Dort wird ihm geholfen. Diese Kinder sind nicht aus Damaskus, jemand hat sie hier ausgesetzt.«

Unbewegt ist das Gesicht des Fahrers, als er sich wieder auf den Verkehrsstau konzentriert, in dem das Taxi eingeklemmt ist. Aufrecht sitzt er in seinem ordentlich gebügelten weißen Hemd hinter dem Steuer. Als wir uns einem Kontrollpunkt bewaffneter Soldaten und Geheimdienstkräfte nähern, beginnt er leise eine Melodie zu summen. Nach der Kontrolle blickt er wieder in den Rückspiegel und fragt, ob ich aus Russland sei. »Nein, aus Deutschland«, antworte ich. »Wie kommen Sie auf Russland?« »Sie sprechen so gut Englisch, die Deutschen tun das nicht«, meint er. Kurz darauf begrüßt er freudig einen jungen Mann, der über die Straße eilt. Der kommt ans Fahrerfenster, nimmt die Hand des Fahrers, führt sie zu den Lippen, dann zur Stirn. Eine Geste des Respekts der Jugend vor dem Alter. »Das ist mein Neffe«, sagt der Fahrer stolz und sieht lächelnd dem jungen Mann hinterher. »Hier wohne ich, in Qanawat. In der Altstadt bin ich geboren.«

Qanawat bedeutet »Kanäle«, und tatsächlich finden sich unter diesem Altstadtviertel unzählige Wasserwege, die einst die Ströme des Barada-Flusses in die östliche Region Ghuta führten. Viele der unterirdischen Kanäle sind heute trocken, vor einiger Zeit fanden Sicherheitskräfte dort Waffen- und Munitionslager, die offenbar Aufständische für einen Sturm auf Damaskus angelegt hatten. Mit Herrn Ali, einem pensionierten Mitarbeiter der Syrischen Luftfahrtbehörde, bin ich oft durch die Gassen dieses alten Viertels gestreift. Er hat mir gezeigt, wo er während der französischen Mandatszeit zur Schule gegangen ist. Wir sind seinen Schulweg gegangen, zum Haus von Verwandten, wo er als Kind mit seinen Eltern wohnte. Durch kleine Tunnel hat er mich geführt, über Treppen, vorbei an Moscheen und Geschäften, in denen noch immer glitzernde Glas- und Kristallleuchter für herrschaftliche Häuser gefertigt werden. Auf dem Bab-Srije-Markt, der sich von der Sinaniye-Moschee bis zur Khalid-bin-Walid-Straße hinzieht, haben wir beobachtet, wie Waren gebracht und gewogen, von kritischen Kundinnen und Kunden begutachtet und gekauft werden. Trotz Kriegswirren ist der Markt noch immer eines der beliebtesten Einkaufszentren im Herzen von Damaskus, auch wenn die Preise in den Himmel geklettert sind.

Offiziell akkreditiert

Im Informationsministerium habe ich eine Liste mit Interviewwünschen abgegeben. Sie habe viel zu tun, entschuldigt sich die Verantwortliche, die sich sonst immer Zeit für ein Gespräch nimmt. Schmal sieht sie aus in ihrem schwarzen Kleid. Aus ihrer Familie wurde ein junger Mann getötet, der in der Armee kämpfte. In ihrem Vorzimmer sitzen mehrere Fernsehteams, die gekommen sind, um über den US-Militärschlag zu berichten. Nun ist er ausgeblieben und ihre Un-

zufriedenheit mit der Betreuung durch das Ministerium ist ihnen an-
zusehen. Das Ministerium »kontrolliert, bewacht, bevormundet, ma-
nipuliert, behindert«, so die Kollegen. »Hier sorgt man dafür, dass wir
nichts erfahren.«

Der Unterschied zwischen diesen Kollegen und mir ist, dass ich
als ausländische Journalistin in Damaskus akkreditiert bin und einen
syrischen Presseausweis habe, der mir ein eigenständiges Arbeiten ermöglicht. Offizielle Interviews mit Regierungsmitgliedern, Polizei und
Militär muss ich beantragen. Doch sonst wird meine Arbeit nur durch
den Krieg und die neue, allgemeine Unsicherheit behindert. Der Presseausweis erleichtert mir an Kontrollpunkten die Durchfahrt. Mein
Visum bekomme ich an der Grenze und einen Aufenthaltsstempel für
sechs Monate. Die anderen Journalisten bekommen ihr Visum von
der syrischen Botschaft ihres Landes und einen Aufenthalt von vier
oder sieben Tagen. Auf Antrag gibt es eine Verlängerung, vielleicht.
Die Kollegen werden von einem Mitarbeiter des Ministeriums begleitet, ich kann allein durch die Stadt streifen und Leute treffen.

Ganz frei kann sich im Krieg allerdings niemand bewegen. Als
ich eines Tages mit einer Bekannten in einen südlichen Vorort fahre,
um die Folgen eines Anschlags zu sehen, stoppt man den Wagen und
fordert uns auf, umzukehren. Es sei zu gefährlich, meint der Soldat,
der unsere Ausweise kontrolliert. Um den Wagen zu wenden, fahren
wir einige hundert Meter und kommen vorbei am Anschlagsort, der
nun von uniformierten Bewaffneten umstellt ist. Ein gelbes Taxi transportierte den Sprengsatz. Mit aufgerissenen Türen und Kofferraum,
zersprungenen Fenstern und stark verbrannt hängt das Fahrzeug halb
auf dem Gehweg, halb auf der Straße. »Machen Sie Fotos«, höre ich
die Stimme des Redakteurs und greife zu meiner Kamera in der Tasche. »Auf keinen Fall Fotos«, meint die Begleiterin, die meine Hand-
bewegung verfolgt hat. »Besser wir fahren zurück.«

2005 hatte ich die Akkreditierung beantragt, nachdem ich den
Irak wegen der zunehmenden Gewalt verlassen musste. Fünf Jahre
lang reiste ich mit Journalistenvisa nach Syrien ein, fünf Jahre fragte
ich jedes Mal im Ministerium nach, ob mein Akkreditierungsantrag
schon entschieden sei. Irgendwann griff der Zuständige schon zu mei-

ner Akte, wenn ich den Raum betrat, und entschuldigte sich dafür, dass seine Behörde noch immer nicht entschieden habe. »Sie sehen, Ihre Akte liegt hier immer obenauf.« Als ich Anfang 2010 wieder nach Damaskus kam, nahm eine Mitarbeiterin des Ministeriums mich beim Arm und meinte: »Dieses Mal lassen wir Sie nicht wieder ausreisen, ohne dass Sie den Journalistenausweis erhalten haben.« Ich zahlte eine Jahresgebühr von 100 US-Dollar an die Syrische Journalisten-union und einen US-Dollar für Kopien. Einige Tage später hielt ich den Ausweis tatsächlich in der Hand.

Warum mein Antrag nach fünf Jahren positiv entschieden wurde, weiß ich nicht. »Du hast sie genervt mit Deiner Hartnäckigkeit«, meinen die einen. »Deine Medien sind nicht wichtig genug«, sagen die anderen. Syrische Oppositionelle in Deutschland und einige ihrer Freunde behaupten, ich hätte einen Freund beim Geheimdienst, sei eine gute Bekannte des Präsidenten oder habe vielleicht auch Schmier-geld bezahlt. Andere meinen, ich würde »vom Regime bezahlt« für meine Berichterstattung oder »mit Diktatoren kann sie sowieso gut«, wie man ja schon bei Saddam Hussein gesehen habe. Vor dem völ-kerrechtswidrigen Krieg der von den USA geführten Allianz gegen den Irak 2003 wünschte mir der langjährige Leiter einer deutschen Hilfsorganisation gar, dass ich an der Seite von Saddam Hussein im Führungsbunker in Bagdad verrecken möge.

Dem Elend entkommen

»Unabhängige Berichterstattung aus Syrien gibt es nicht«, erfahre ich eines Abends, als ich im Internet das Interview mit einem Kollegen anhöre. Er spricht aus dem Studio des Senders, für den er arbeitet, nicht aus Syrien. Selbst als er in Syrien war und bei einer gemeinsa-men Tour – vielleicht war es Homs, Hama oder Derra – das gleiche sah wie ich und mit den gleichen Menschen sprach, berichtete er an-ders, als ich es tat. Woran liegt es, vielleicht an den Erwartungen des Senders? Der Satz eines anderen Kollegen aus Deutschland fällt mir ein, der vor etlichen Monaten einmal zu mir sagte: »Merkwürdig. Wir berichten so schlecht über sie, und sie lassen uns doch immer wieder einreisen.«

Es fällt mir schwer, unberührt zu bleiben von dem, was ich in Syrien höre und sehe. Fotos mache ich nur, wenn die Menschen zustimmen, fotografiert zu werden. Viele möchten das nicht. Andere fordern mich auf, Fotos zu machen und denken, ich könnte ihnen helfen, ihrem Elend zu entkommen. »Nehmen Sie meine Kinder mit, wenn Sie mir schon nicht helfen können«, fleht eine Sudanesin, die ich in einer provisorischen Unterkunft in einer Schule treffe. »Können Sie uns helfen nach Deutschland zu kommen«, fragt ein junges Ehepaar. »Sagen Sie Ihrer Regierung, sie solle kein Geld an die UNO geben, sondern an uns«, meint eine Frau, die sich als Vorsitzende einer illegalen Hilfsorganisation vorstellt und mich mit Flüchtlingsfrauen aus Homs zusammenbringt. Auf die Frage, warum kein Geld an die UN-Organisationen gehen solle, meint sie: »Weil die UNO korrupt ist.« Das Interview mit den Flüchtlingsfrauen nimmt sie selbst mit einer kleinen Kamera auf, die sie von der BBC erhalten hat. »Um Beweise für den Internationalen Strafgerichtshof zu sammeln«, wie sie meint.

Immer wieder sage ich mir: keine Emotionen, keine Sympathie, keine Ablehnung zeigen. Jedem gegenüber muss ich interessiert bleiben, zuhören, nachfragen und hinsehen. Jeder, der mit mir, der ausländischen Journalistin, spricht, verdient Respekt.

Ein Mann verhöhnt mich und fragt, ob ich schon dort oder da an der Front gewesen sei, um die Wahrheit zu berichten. Ich sei keine Kriegsberichterstatterin, antworte ich, ich interessiere mich für seine Ansichten, für seine Erfahrung. Die Schiiten seien »dreckig«, schimpft er daraufhin, »keine Gläubigen«. Iran habe in den letzten zehn Jahren die Führung in Syrien übernommen, der Präsident sei ein Esel. »Die Armee treibt die sunnitischen Soldaten zusammen und hält sie gefangen«, meint er dann. Und: »Es kämpfen nur noch Iraner.« Woher weiß er das, frage ich. Hat er sie gesehen, die Iraner? Kennt er Soldaten, die von der eigenen Armee gefangen gehalten werden? Nein, meint der Mann, und als ich frage, woher er das wisse, was er mir erzählt hat, antwortet er: »Aus dem Internet und von *Al-Dschasira*. Die anderen lügen doch sowieso nur.«

Fast wortgleich sagt das ein anderer Gesprächspartner wenige Stunden später. »Die lügen doch sowieso nur«, meint er, als er über die westliche Berichterstattung zum Einsatz chemischer Substanzen östlich von Damaskus spricht. »Seit 40 Jahren haben wir die chemischen Waffen, und niemals wurden sie eingesetzt«, fügt seine Frau hinzu. »Aber sollen die Amerikaner sie doch haben. Sollen sie sie doch zerstören, wir haben dafür kein Geld.« Ich mache Notizen, frage nach und will auch hier wissen, wie die Leute sich informieren. Libanesische Zeitungen im Internet, sagt der Mann und nennt *As-Safir*. »Wir sehen *Al-Mayadeen*, *BBC*, *Al-Dschasira*, *France 24*, *Russia Today* und hören Radio«, ergänzt seine Frau. »Und natürlich verfolgen wir das syrische Fernsehen. Da hören wir Sachen, die die anderen nicht bringen.«

Während des Gespräches gehen mehrmals krachend Mörsergranaten in nicht allzu großer Entfernung nieder. Dann dröhnen die Granaten, die von den Armeestellungen auf dem Berg Qasyun abgefeuert werden. Man lernt zu unterscheiden, ob ein Geschoss ein- oder abgeht. Manche Syrer können sogar die Waffensysteme unterscheiden, die zum Einsatz kommen. Ich konzentriere mich darauf herauszufinden, wie weit entfernt ein Geschoss abgefeuert wird oder niedergegangen ist. Meist sind es zwei, vier oder mehr Kilometer. Als etwa 100 Meter Luftlinie entfernt eine Granate auf dem Dach eines Gebäudes einschlägt, höre ich einen besonders lauten Knall und die Fenster wackeln.

Am nächsten Morgen gehe ich wieder los, um neue Eindrücke, neue Bilder einzufangen. Das Licht ist gut zum Fotografieren, wieder stecke ich den Fotoapparat in meine Tasche. Als ich über die Brücke des Präsidenten gehe, will ich den Verkehrsstau fotografieren. Doch dann wird meine Aufmerksamkeit von etwas abgelenkt, das auf dem Gehweg liegt. Ein Bündel? Ein Sack? Langsam gehe ich darauf zu. Es ist ein Mann, der da auf einem Stück Pappe liegt. Halb liegt er auf dem Bauch, den Kopf hat er auf seinen Arm gebettet, sein Gesicht ist friedlich. Dünn ist er und klein. Die Kleidung ist ärmlich. Andere eilen an ihm vorbei, niemand zögert bei seinem Anblick. Ist er gefallen? Ohnmächtig, tot? Mein Blick fällt auf seine nackten Füße und seine

Schuhe, die ordentlich neben ihm stehen. Erleichtert denke ich, dass er sie ausgezogen haben muss, bevor er sich hinlegte. Müde muss er gewesen sein. So müde, dass er nicht die wenigen Meter in den Park gegangen ist, um sich dort in den Schatten eines Baumes zu legen. Zu müde, um den morgendlichen Verkehr um sich herum wahrzunehmen. Bald wird er sicher aufwachen, die Schuhe anziehen und weitergehen. Langsam steige ich die Treppe von der Brücke hinunter und sehe mich noch einmal um. »Schicken Sie Fotos«, höre ich die Stimme des Redakteurs. Ich gehe weiter.

Nachwort

Damaskus, Januar 2016:
In Syrien beginnt ein neues Kriegsjahr

Die so genannte »Internationale Unterstützungsgruppe für Syrien« (ISSG) – in der kein Syrer vertreten ist – versucht, ihre »diametral entgegengesetzten Interessen«, wie der russische Außenminister Sergej Lawrow sagte, auf einen Nenner zu bringen. Unter dem Vorsitz der UNO soll Ende Januar 2016 in Genf eine dritte Gesprächsrunde zwischen der syrischen Regierung und der syrischen Opposition beginnen. Doch können sich die 17 ISSG-Staaten nicht auf eine gemeinsame Delegation der Opposition einigen.

Es gehe gar nicht mehr um Inhalte oder politische Visionen für Syrien, sagt Anas Joudeh von der »Nationalen Aufbaubewegung«, als ich ihn an einem kalten Januartag in dem kürzlich eröffneten Büro dieser neuen Gruppe in Damaskus treffe. Für jeden Syrer, der mit der Protestbewegung 2011 Veränderungen erhofft hatte, sei es »entwürdigend«, zu erleben, wie einzelne Personen darum stritten, »auf einer der Listen, die von Riad, Moskau oder Washington aufgestellt wurden, genannt zu werden.« Er erwarte für Syrien keine Änderung zum Besseren, »mit Syrien hat das nichts mehr zu tun.« Einzelne Staaten trügen ihre Interessen auf dem Rücken der Syrer aus.

»Zeitverschwendung«, meint Hussam Mako, der ein kleines Familienhotel führt. Jeder komme »mit eigenen Interessen und eigenen Oppositionellen« nach Genf. Letztendlich würden »Russland und der Westen entscheiden, was aus Syrien wird«. Die Gäste in dem kleinen Hotel kommen aus Deir Ezzor und Rakka, aus Hasaka und Aleppo. Es sind ältere Menschen, die in Damaskus Ärzte besuchen, Familienväter, die behördliche Dinge zu erledigen haben, Anwälte, die Gerichtstermine wahrnehmen, oder junge Männer, die an der Universität von Damaskus studieren, weil ihnen das in ihren Heimatstädten nicht mehr möglich ist.

Mattes Abadi, der vor dem Krieg in der Lubia-Straße im palästinensischen Flüchtlingslager Yarmuk ein gut gehendes Textilunternehmen mit 25 Angestellten in drei Niederlassungen hatte, antwortet auf die Frage, ob er sich von den Genfer Gesprächen eine Verbesserung der Lage in Syrien erhoffe, ohne nur ein Wort zu sagen: Er zieht die Augenbrauen hoch und wirft den Kopf kurz nach hinten, was eine deutliche Ablehnung symbolisiert. »Nichts wird das bringen, weil die Saudis und Katar bestimmen, wer die syrische Opposition sein soll«, sagt er dann. Außerdem sei es schwierig, diesen Kämpfern ihre Waffen wieder abzunehmen.

Abu Ahmed, dessen Kinder bis auf den Jüngsten alle im Ausland leben, hat keine Erwartungen an die Gespräche. »Das ist doch nur Gerede, das nichts ändert«, sagt er verbittert. »Denen sind die Syrer egal, so wie ihnen die Menschen in der ganzen Region egal sind«, meint der Palästinenser, der mehr als 20 Jahre in Saudi-Arabien gearbeitet hat. »Ich sehe tiefe Dunkelheit vor uns.« Er zeigt von seinem kleinen Geschäft auf die andere Straßenseite: »Immer mehr Geschäfte schließen hier. Wie sollen wir etwas einnehmen, wenn wir nur zwei Stunden Strom haben und dann vier Stunden keinen!« Die Menschen hätten kaum noch Geld und das syrische Pfund verliere immer mehr an Wert, alles sei teuer geworden. Eine ältere Frau, deren Gesicht mit einem schwarzen Kopftuch eingerahmt ist, öffnet die Tür zum Geschäft einen Spalt weit und fragt Abu Ahmad, ob er ihr helfen könne. Der greift in eine Schublade und reicht der Frau ein paar Geldscheine. »Früher haben hier vielleicht drei Leute auf der Straße gelebt, heute sind es 50!«

Es ist spät geworden über unser Gespräch. Draußen wird es dunkel und ich greife in meine Tasche, um mich zu vergewissern, dass ich die Taschenlampe eingesteckt habe. Sie gehört zu den Dingen, die man heute wie Taschentücher und ein Handy immer dabei haben sollte. Ein kalter stürmischer Wind fegt durch die Straßen und treibt Plastiktüten, Sand und Blätter vor sich her. Als spielten sie mit den Dingen, die der Wind durch die Luft treibt, um die Wette, rennen und laufen ein paar Kinder vor mir den Gehweg entlang. Sie sind vielleicht zehn Jahre alt, tragen Pullover, aber weder Jacken noch Mützen. Ihre Füße stecken in Plastikschlappen, Strümpfe haben sie nicht an. Eltern sind nicht in Sicht, scheinbar sind die Jungen allein unterwegs. Sie verlangsamen ihre Schritte, als sie an einer Mauer einen Jungen sitzen sehen, der ungefähr in ihrem Alter sein könnte. Weil es dunkel ist, ist sein Gesicht schlecht zu erkennen, aber gut ist zu hören, dass er bitterlich weint. Die Jungen bleiben in einiger Entfernung stehen und sehen auf das Kind herunter. Ob sie ihn ansprechen und vielleicht mitnehmen werden? Ich gehe an ihnen vorbei. Den ganzen Tag schon haben die Leute von dem Sturm gesprochen, der über Syrien in dieser Nacht hinwegfegt. In den Bergen soll er Schnee bringen und in den Städten Regen. Eine neue kalte Nacht senkt sich über das Land.

Früh am nächsten Morgen fahre ich nach Homs, wo nach monatelangen Verhandlungen eine Art Versöhnung zwischen dem Gouverneur und bewaffneten Gruppen eingetreten ist, die sich in dem Vorort Al Waer verschanzt hatten.

Die Straße von Homs nach Al Waer liegt verlassen und führt an den Häuserruinen von Kharabis vorbei. Dann folgen Felder und schilfumrandete Seen, an denen kleine verlassene Restaurants stehen, ein Schwimmbad und ein Vergnügungszentrum. Der Orontes, den die Syrer Atassi nennen, fließt hier entlang, und früher vergnügten sich die »Homsis« an seinen Ufern.

Eine Nebenstraße führt uns über das weitläufige Gelände des Militärkrankenhauses von Al Waer. Ich erinnere mich, dass ich mit einem ganzen Bus voller Journalisten – ARD, BBC, CNN, RT inklusive – im Februar 2012 schon einmal hier war. Damals sprachen wir im Krankenhaus mit Verletzten einer Autobombenexplosion, bei der Soldaten und zivile Mitarbeiter der Armee auf dem Weg zur Arbeit getötet worden waren. In einem Nebenraum des Leichenschauhauses lagen vier Plastiksäcke, mit den verbrannten Überresten von vier Menschen.

Als wir das Militärgelände wieder verlassen, liegt vor uns eine Kreuzung mit einem Kontrollpunkt. Hier ist ein Zugang für die Menschen aus Al Waer, die nach Homs wollen oder von dort zurückkommen. Orangen und Kartoffeln, Zucker und Gaszylinder werden von einem Lastwagen auf kleinere Lieferwagen umgeladen, die dann ihre Güter nach Al Waer hineintransportieren. Eine Frau mittleren Alters überwacht das Umladen von Schulbüchern in ein Privatfahrzeug. Maysa Khorfa leitet die Cordoba-Grundschule in Al Waer, die jetzt mit den Schulbüchern für das nächste Quartal ausgestattet wird. »Diese Vereinbarung ist das Beste, was uns in den letzten Jahren passiert ist«, sagt sie und hebt ihre Hände gen Himmel. »Dank Allah! Wir haben so lange darauf gewartet.«

Früher hatten in Al Waer mehr als eine halbe Million Menschen gelebt. Doch als Kämpfer aus anderen zuvor umkämpften Gebieten (Baba Amr 2012, Altstadt von Homs 2012/2014) einzogen, verließen die meisten Zivilisten den Ort. Die folgende Entwicklung ist exemplarisch für viele Orte in Syrien. Die syrische Armee forderte den Abzug der Kämpfer, die sich weigerten. Daraufhin zog die Armee einen Belagerungsring um Al Waer, immer wieder kam es zu Gefechten. Lebensnotwendige Güter, Nahrungsmittel und Medikamente wurden knapp und konnten nur nach Verhandlungen beider Seiten die Sperren passieren. Mit 38 verschiedene Kampfgruppen habe man verhandelt, so Talal Barazi, der Gouverneur von Homs. In einem ersten Schritt zogen Anfang des Jahres 200 Kämpfer mit rund 700 Familienangehörigen nach Idlib ab. Die noch verbliebenen Kämpfer sollen ihnen bis Ende Januar folgen.

Ob das geschieht, bleibt abzuwarten. Ließe man die Syrer unter sich, würden sie innerhalb von Monaten die Kämpfe einstellen können, meinte im September 2015 ein arabischer Diplomat, den ich in Damaskus traf. Es sei das Ausland, das mit seinen Interessen und seinen Stellvertretertruppen die Syrer daran hindere, Frieden zu schaffen. Daran muss ich denken, als ich nach der Rückkehr von Homs im Internet die Nachricht finde, dass die NATO nun offenbar nach dem Willen der USA in den Krieg in Irak und Syrien eingreifen soll. Ziel soll die Zerschlagung des »Islamischen Staates« sein. Das aber ist der US-geführten Anti-IS-Allianz seit September 2014 nicht gelungen. Vor dieser Kulisse wirken die Genfer Gespräche wie ein schlechtes Theaterstück.

Dokumente

Die folgenden Dokumente beinhalten:
- Abschlusskommuniqué der Syrien-Aktionsgruppe, Genf 30.6.2012
- Stellungnahme der Internationalen Unterstützungsgruppe für Syrien (ISSG), Wien 14.11.2015
- Bericht des US-Militärgeheimdienstes DIA von 2012

Übersetzung aller Dokumente: Karin Leukefeld.

Dokument 1

Abschlusskommuniqué der Syrien-Aktionsgruppe, Genf 30.6.2012[*]

Der Text basiert auf dem 6-Punkte-Plan von Kofi Annan, der als Anhang der UN-Sicherheitsratsresolution 2042 (14.4.2012) veröffentlicht wurde. Kofi Annan war der Syrien-Sonderbeauftragte für die Vereinten Nationen und die Arabische Liga.

Das auf dem 6-Punkte-Plan erstellte Abschlusskommuniqué wurde am 30.6.2012 von den Außenministern der Vetomächte im UN-Sicherheitsrat (UNSR) unterzeichnet. Darin verpflichten die Unterzeichner sich,

1. mit dem UN-Sondervermittler für Syrien in einem ausschließlich von den Syrern geführten politischen Prozess zu kooperieren, der auf die legitimen Hoffnungen und Sorgen des syrischen Volkes eingeht. Sie verpflichten sich, dafür einen Vermittler zu ermächtigen, wenn der UN-Sondervermittler sie dazu einlädt.

---

[*] www.un.org/News/dh/infocus/Syria/FinalCommuniqueActionGroupforSyria.pdf

2. die Kämpfe zu beenden und ein von den Vereinten Nationen über-
    wachtes Ende der bewaffneten Gewalt in allen ihren Formen von allen
    Seiten zu erreichen, um die Zivilisten zu schützen und das Land zu
    stabilisieren. Dafür soll die syrische Regierung sofort alle Truppenbe-
    wegungen einstellen, keine schweren Waffen mehr in Wohngebieten
    einsetzen und militärische Konzentrationen in und um Wohnviertel
    auflösen. Während diese Maßnahmen ergriffen werden, soll die sy-
    rische Regierung mit dem UN-Sondervermittler zusammenarbeiten,
    um die bewaffnete Gewalt in allen ihren Formen von allen Parteien
    grundlegend einzustellen. Das soll nach einem Mechanismus gesche-
    hen, der von den Vereinten Nationen überwacht wird. Ähnliche Ver-
    pflichtungen sollen von dem UN-Sondervermittler von der Opposition
    und allen relevanten Elementen eingeholt werden, um die Kämpfe zu
    stoppen. So soll eine nachhaltige Einstellung der bewaffneten Gewalt
    in allen Formen von allen Parteien erreicht werden, nach einem Me-
    chanismus, der von den Vereinten Nationen überwacht wird.
3. eine rechtzeitige Versorgung mit humanitärer Hilfe in allen Gebieten
    sicherzustellen, die von den Kämpfen betroffen sind. Dafür soll als so-
    fortiger erster Schritt eine tägliche, zweistündige Feuerpause akzeptiert
    und umgesetzt werden. Die genauen Zeiten und Modalitäten einer
    täglichen Feuerpause sollen durch einen effizienten Mechanismus ko-
    ordiniert werden, auch auf lokaler Ebene.
4. die Freilassung willkürlich festgenommener Personen zu beschleuni-
    gen und sicherzustellen. Das betrifft besonders gefährdete Personen
    sowie Personen, die sich an friedlichen politischen Aktivitäten betei-
    ligt haben. Dafür soll – mit Hilfe angemessener Kanäle und ohne Zö-
    gern – eine Liste aller Orte zur Verfügung gestellt werden, wo diese
    Menschen festgehalten werden. Dann soll sofort der Zugang zu diesen
    Orten ermöglicht und Informationen erstattet werden. Diese Personen
    müssen besucht werden können oder freigelassen werden.
5. die Bewegungsfreiheit für Journalisten im ganzen Land zu gewähr-
    leisten. Visa müssen ungeachtet der Zugehörigkeit von Journalisten
    erteilt werden.
6. die Versammlungsfreiheit und das Recht auf friedliche Demonstratio-
    nen zu respektieren

*Anmerkung: Unmittelbar nach der Unterzeichnung erklärte US-Außenministerin
Hilllary Clinton vor Journalisten, die Vereinbarung könne nur umgesetzt werden,
wenn der syrische Präsident Bashar al-Assad zuvor abtrete. Der russische Außenminister Sergej Lawrow warnte vor unterschiedlichen Interpretationen der Vereinbarung. Kofi Annan gab Ende Juli 2012 sein Amt als Syrien-Vermittler auf.*

Dokument 2

Stellungnahme der Internationalen Unterstützungsgruppe für Syrien (ISSG), Wien 14.11.2015

Bei ihrem Treffen in Wien am 14. November 2015 diskutierte die Internationale Unterstützungsgruppe für Syrien (ISSG), bestehend aus der Arabischen Liga, China, Ägypten, der EU, Frankreich, Deutschland, Iran, Irak, Italien, Jordanien, dem Libanon, Oman, Katar, Russland, Saudi-Arabien, der Türkei, den Vereinigten Arabischen Emiraten, dem Vereinigten Königreich, den Vereinten Nationen und den Vereinigten Staaten, darüber, wie ein Ende des Konflikts in Syrien beschleunigt herbeigeführt werden kann.

Die Teilnehmer begannen (ihr Treffen, K.L.) mit einem Moment des Schweigens für die Opfer der schrecklichen terroristischen Anschläge in Paris am 13. November und die kürzlich geschehenen Anschläge in Beirut, im Irak, in Ankara und Ägypten. Die Mitglieder verurteilten einmütig mit scharfen Worten diese brutalen Angriffe auf unschuldige Zivilisten und erklärten ihre Solidarität mit dem französischen Volk.

Dann begannen die Teilnehmer einen konstruktiven Dialog, der an den Fortschritt anknüpfte, der bei dem Treffen am 30. Oktober erreicht worden war. Die ISSG-Mitglieder waren sich einig in der Dringlichkeit, das Leid des syrischen Volkes, die materielle Zerstörung in Syrien, die Destabilisierung der Region und die daraus resultierende Zunahme von Terroristen, die in Syrien in den Kampf ziehen, zu beenden. Die ISSG bestätigte die unmittelbare Verbindung zwischen einem Waffenstillstand und einem parallelen politischen Prozess, wie es die Genfer Vereinbarung von 2012 vorsieht. Beide Initiativen sollen sofort beginnen. Sie erklärten ihre Verpflichtung, eine politische Veränderung, die von den Syrern geführt und ausschließlich von Syrern bestimmt werden soll, zu gewährleisten, wie es die Genfer Vereinbarung im Ganzen vorsieht. Die Gruppe einigte sich auf einige zentrale Punkte.

Die Gruppe einigte sich darauf, die Arbeit für die Umsetzung eines landesweiten Waffenstillstandes in Syrien zu unterstützen, damit dieser in Kraft treten kann, sobald die Vertreter der syrischen Regierung und der Opposition die ersten Schritte für einen (politischen, K.L.) Übergang unternommen haben, der unter der Schirmherrschaft der Vereinten Nationen auf Basis der Genfer Vereinbarung stattfinden soll. Die fünf ständigen Mitglieder des UN-Sicherheitsrates haben sich verpflichtet, eine UN-Sicherheitsratsresolution zu unterstützen, die eine UN-Mission zur Beobachtung des Waffenstillstandes berufen soll. Diese soll in den Teilen des Landes arbeiten, in denen die Beobachter nicht Gefahr laufen, von Terroristen angegriffen zu werden. Sie haben sich zudem verpflichtet, einen politischen Übergangsprozess gemäß der Genfer Vereinbarung zu unterstützen.

Alle ISSG-Mitglieder sagten als einzelne Staaten und Unterstützer verschiedener Kriegsteilnehmer zu, alles zu unternehmen, damit diese Gruppen oder Individuen, die sie unterstützen, ausrüsten oder beeinflussen, sich an den Waffenstillstand halten werden. Der Waffenstillstand gilt nicht für offensive oder defensive Aktionen gegen Da'esch* oder die Nusra-Front oder andere Gruppen, die von der ISSG übereinstimmend als terroristisch eingestuft werden.

Die Teilnehmer begrüßten die Erklärung von UN-Generalsekretär Ban Ki-Moon, in der er die UNO auffordert, die Planungen für die Unterstützung und Umsetzung eines landesweiten Waffenstillstandes zu beschleunigen. Die Gruppe stimmte darin überein, dass die UNO – in Absprache mit interessierten Parteien – den Vorgang leiten soll, um die Erfordernisse und Modalitäten eines Waffenstillstandes festzulegen.

Die ISSG erklärte sich bereit, sofortige Schritte für vertrauensbildende Maßnahmen einzuleiten, die die Durchführbarkeit des politischen Prozesses befördern und den Weg für einen landesweiten Waffenstillstand vorbereiten sollen. In diesem Zusammenhang und in Übereinstimmung mit Absatz 5 des Wiener Kommuniqués, sprach die ISSG über die Notwendigkeit, dass umfassender humanitärer Zugang in allen Gebieten Syriens gewährleistet werden muss, wie es auch die UN-Sicherheitsratsresolution 2165 vorsieht. Es wurde gefordert, dass alle anhängigen Anfragen für humanitäre Hilfslieferungen genehmigt werden.

Die ISSG zeigte sich besorgt über das Leid der Flüchtlinge und der innerhalb des Landes vertriebenen Personen und über die Notwendigkeit, Bedingungen herzustellen, um deren sichere Rückkehr vorzubereiten, in Übereinstimmung mit den Regeln des internationalen humanitären Rechts und unter Berücksichtigung der Interessen der Gastländer. Die Lösung der Flüchtlingskrise ist wichtig, um den Syrienkonflikt zu beenden. Die ISSG bestätigte zudem erneut die schrecklichen Folgen des willkürlichen Einsatzes von Waffen gegen die Zivilbevölkerung sowie den humanitären Zugang, gemäß der UN-Sicherheitsratsresolution 2139. Die ISSG war sich einig, die Parteien unter Druck zu setzen und den Einsatz solcher Waffen sofort zu stoppen. Die ISSG bestätigte zudem, wie wichtig es sei, alle relevanten UN-Sicherheitsratsresolutionen einzu-

---

* Da'esh: Abkürzung des arabischen Namens des »Islamischen Staat im Irak und in der Levante«.

halten. Dazu gehört auch die UN-Sicherheitsratsresolution 2199, die den Stopp des illegalen Ölhandels sowie des Handels mit Antiquitäten und Geiseln fordert, von dem die Terroristen profitieren.

Entsprechend dem Genfer Abkommen von 2012, das durch die Wiener Vereinbarung vom 30. Oktober ergänzt wird, sowie der UN-Sicherheitsratsresolution 2118, einigte die ISSG sich auf die Notwendigkeit, dass die syrische Regierung und Vertreter der Opposition in ordentliche Verhandlungen unter der Schirmherrschaft der UNO eintreten sollen und zwar so bald wie möglich. Als mögliches Datum wurde der 1. Januar genannt. Die Gruppe begrüßte diesbezügliche Bemühungen des UN-Sondervermittlers für Syrien, Staffan de Mistura, und anderer, um ein breitest mögliches Spektrum der Opposition zusammenzubringen, das von den Syrern bestimmt wird, die selber darüber entscheiden, wer sie bei den Verhandlungen vertreten soll und mit welchen Verhandlungspositionen. So soll der politische Prozess in Gang gesetzt werden.

Alle Parteien, die an dem politischen Prozess beteiligt sind, müssen sich an die Prinzipien halten, die bei dem Treffen am 30. Oktober festgelegt wurden. Dazu gehört auch die Verpflichtung für die Einheit Syriens, seine Unabhängigkeit, territoriale Integrität und den laizistischen Charakter. Die staatlichen Institutionen müssen zudem intakt bleiben, die Rechte aller Syrer müssen geschützt werden, ungeachtet, welcher Nationalität oder Religion sie angehören. Die ISSG-Mitglieder einigten sich darauf, dass diese Prinzipien von fundamentaler Bedeutung sind.

Die ISSG-Mitglieder bekräftigten ihre Unterstützung für den Veränderungsprozess, wie er im Genfer Abkommen (2012) vereinbart worden war. In diesem Zusammenhang bekräftigten sie auch ihre Unterstützung für einen Waffenstillstand, wie zuvor beschrieben, sowie für einen Prozess, der von den Syrern angeführt wird und der, innerhalb von sechs Monaten, so das Ziel, eine glaubwürdige, umfassende und nicht-religiöse Regierung bilden wird sowie einen Zeitplan und einen Prozess, in dem eine neue Verfassung entworfen werden soll. Freie und faire Wahlen sollen im Anschluss an die neue Verfassung innerhalb von 18 Monaten durchgeführt werden. Diese Wahlen sollen unter der Schirmherrschaft der UNO gemäß den höchsten internationalen Standards von Transparenz und Verantwortlichkeit stattfinden. Alle Syrer, auch die in der Diaspora (Vertriebene) müssen sich daran beteiligen können.

Hinsichtlich des Kampfes gegen den Terrorismus und entsprechend Absatz 6 des Wiener Abkommens wiederholte die ISSG, dass Da'esh, Nusra und andere vom UN-Sicherheitsrat als terroristische Organisationen gekennzeichnete Gruppen besiegt werden müssen. Das betrifft auch

weitere, von den Teilnehmern und dem UN-Sicherheitsrat zu kennzeich-
nende Gruppen.

Das Haschemitische Königreich von Jordanien hat zugestimmt dabei
zu helfen, ein gemeinsames Verständnis zwischen Geheimdiensten und
Militärs darüber zu erreichen, welche Gruppen und Einzelpersonen möglicherweise als Terroristen bestimmt werden müssen. Das soll bis zum
Beginn des politischen Prozesses unter der Schirmherrschaft der UNO
abgeschlossen werden.

Die Teilnehmer einigen sich darauf, in ungefähr einem Monat erneut
zusammenzutreffen. Dann sollen Fortschritte hinsichtlich einer Umsetzung des Waffenstillstandes und des Beginns eines politischen Prozesses
überprüft werden.

* * *

Dokument 3

Bericht des US-Militärgeheimdienstes DIA von 2012[*]

**Westliche Unterstützung für Aufständische in Syrien
befördert Entstehen eines »Islamischen Staats«**

Unter dem Slogan »Niemand steht über dem Gesetz« veröffentlicht die
US-Organisation »Judicial Watch« (www.judicialwatch.org/press-room)
regelmäßig geheime US-Regierungsdokumente, deren Herausgabe juris-
tisch erstritten wurde. Am 18. Mai 2015 machte sie eine Reihe von Unterlagen publik, die sich mit der Lage in Libyen, dem Anschlag auf das US-
Konsulat in Bengasi 2012 und dem Erstarken des »Islamischen Staats im
Irak und in der Levante« (ursprünglich »Islamischer Staat im Irak« ISI,
dann ISIL, mittlerweile IS) befassen. Daraus geht hervor, dass der US-
Militärgeheimdienst Defense Intelligence Agency (DIA) bereits 2012 von
Waffenlieferungen aus Libyen nach Syrien wusste und für die Region die
mögliche Bildung eines »salafistischen Fürstentums« voraussah. Das, so
die DIA-Autoren, sei von den Unterstützern der syrischen Opposition –
dem Westen, den Golfstaaten und der Türkei – gewollt, um die syrische
Regierung zu isolieren (vgl. jW, 26.5.2015). Das freigegebene Dokument
ist in weiten Teilen geschwärzt.

---

[*] Erstveröffentlichung in: junge Welt, 28.5.2015, S. 3 (»Salafistisches Fürsten-
    tum«)

R 050839Z Aug 12
Department of Homeland Security Washington DC
Department of State Washington DC
FBI Washington DC
Joint Staff Washington DC
Navy Yard Washington DC
Secretary of Defense Washington DC

**Verteidigungsministerium, Informationsbericht,
nicht abschließend bewertete Aufklärung**
Land: Irak (IRQ) [... geschwärzt]

Die allgemeine Lage

A. Im Land nimmt die Entwicklung eine deutlich konfessionelle Richtung.
B. Salafisten, die Muslimbruderschaft und AQI [Al-Qaida im Irak – jW]
   sind die wichtigsten Kräfte, die den Aufstand in Syrien vorantreiben.
C. Der Westen, die Golfstaaten und die Türkei unterstützen die Opposition;
   während Russland, China und Iran das Regime unterstützen.
   [... geschwärzt]
E. Priorität für das Regime ist es, seine Präsenz in den Küstengebieten
   (Tartus und Latakia) zu konzentrieren; dennoch hat es Homs nicht aufgegeben, weil es die wichtigsten Verkehrswege in Syrien kontrolliert.
   Das Regime hat seine Konzentration in Gebieten entlang der Grenzen
   zum Irak verringert (Al-Hasaka und Deir Zor).

3. Al-Qaida im Irak (AQI)

A. AQI kennt sich in Syrien aus. AQI trainierte in Syrien und sickerte dann
   in den Irak ein.
B. AQI hat die syrische Opposition von Anfang an unterstützt, sowohl
   ideologisch als auch durch die Medien. AQI erklärte sich zur Opposition gegen die Regierung von Assad, weil sie diese als konfessionelles
   Regime betrachtet, das die Sunniten angreift.
C. AQI hat unter dem Namen Jaisch Al-Nusra (Siegreiche Armee) – einem
   ihrer Partner – eine Reihe von Operationen in verschiedenen syrischen Städten durchgeführt.
D. Durch den Sprecher des Islamischen Staats im Irak (ISI), Abu Mohammed Al-Adnani, hat AQI das syrische Regime zur Speerspitze der
   – wie er sich ausdrückte – Dschibha Al-Ruwafdh (Vorfront der Schiiten) erklärt, weil es (das syrische Regime) den Sunniten den Krieg
   erklärt hat. Zusätzlich ruft er die Sunniten im Irak auf, insbesondere
   die Stämme in den Grenzgebieten (zwischen Irak und Syrien), gegen

das syrische Regime in den Krieg zu ziehen. Syrien wird als Regime der Ungläubigen bewertet, weil es die ungläubige Partei Hisbollah und andere Regime unterstützt, die als Abtrünnige angesehen werden, wie Iran und Irak. [… geschwärzt]

E. AQI erachtet die sunnitische Frage im Irak als schicksalhaft verbunden mit den sunnitischen Arabern und Muslimen.

4. Die Grenzen

A. Die Grenzen zwischen Syrien und Irak erstrecken sich über ungefähr 600 Kilometer und stellen ein komplexes Terrain dar. Es besteht aus ausgedehnter Wüste, Gebirgszügen (Sindschar-Berge), gemeinsamen Flüssen (die auf beiden Seiten fließen) und landwirtschaftlich genutzten Gebieten.

B. Irak grenzt direkt an die syrischen Provinzen Hasaka und Deir Zor, das gleiche gilt für (syrische) Städte nahe der irakischen Grenze.

C. Das Land auf beiden Seiten sowohl im Irak als auch in Syrien ist eine weite Wüste, die von Tälern unterbrochen wird. Es gibt wenige Transportwege mit Ausnahme der internationalen Schnellstraßen und einiger großer Städte.

5. Die Bevölkerung, die an der Grenze lebt

A. Die Bevölkerung an der Grenze lebt gemäß den sozialen Stammesstrukturen, sie ist stark durch die Stämme und familiäre Beziehungen verbunden.

B. Die konfessionelle Zugehörigkeit vereint beide Seiten, wenn in der Region etwas geschieht.

C. AQI hatte wichtige Stützpunkte und Basen auf beiden Seiten der Grenze, um den Transport von Material und Rekruten zu gewährleisten.

D. In den Jahren 2009 und 2010 wurde AQI in den westlichen Provinzen des Irak kleiner. Mit dem Anwachsen des Aufstandes in Syrien allerdings begannen die religiösen und Stammesführer in den Gebieten, mit der konfessionellen Erhebung zu sympathisieren. Das (die Sympathie) war in den Freitagsgebeten zu bemerken, die Freiwillige aufriefen, die Sunniten in Syrien zu unterstützen.

6. Die Lage an der syrisch-irakischen Grenze

A. Drei Grenzposten (border bdes) reichen aus, um die Grenzen in Friedenszeiten zu kontrollieren, zu beobachten und Schmuggel und illegale Grenzübertritte zu verhindern. [… geschwärzt]

C. Früher haben die meisten AQI-Kämpfer den Irak vor allem über die syrische Grenze erreicht.

7. Annahmen, wie die Krise sich in Zukunft entwickeln kann

A. Das Regime wird überleben und die Kontrolle über das syrische Territorium behalten.

B. Das aktuelle Geschehen entwickelt sich zu einen Stellvertreterkrieg: Mit der Unterstützung von Russland, China und Iran kontrolliert das Regime die Gebiete entlang der Küste (Tartus und Latakia), die unter seinem Einfluss stehen. Es wird Homs vehement verteidigen, das als zentrale (wichtigste) Verkehrsroute in Syrien gilt. Andererseits werden die Oppositionskräfte versuchen, die östlichen Gebiete (Hasaka und Deir Zor) unter ihre Kontrolle zu bringen, nahe bei den westirakischen Provinzen (Mosul und Anbar) und zusätzlich nahe der Grenzen zur Türkei. Westliche Staaten, die Golfstaaten und die Türkei unterstützen diese Bemühungen. Diese Hypothese stimmt weitgehend mit den Daten von jüngsten Ereignissen überein. Es wird helfen, sichere Häfen unter internationalem Schutz vorzubereiten, ähnlich wie damals in Libyen, als man Bengasi als Kommandozentrale der Übergangsregierung auswählte.

8. Die Auswirkungen auf den Irak

A. [... geschwärzt] Syrische Regierungskräfte zogen sich von der Grenze zurück, und die Truppen der Opposition (Freie Syrische Armee) übernahmen die Posten und hissten ihre Fahne. Die irakischen Grenztruppen sehen sich jetzt einer Grenze mit Syrien gegenüber, die von den offiziellen Stellen nicht bewacht wird und dadurch eine Gefahr und ernsthafte Bedrohung darstellt.

B. Die Oppositionstruppen werden versuchen, das irakische Territorium als sicheren Hafen für die eigenen Kämpfer zu nutzen. Dabei nutzt ihnen die Sympathie der Bevölkerung an der irakischen Grenze. In der Zwischenzeit werden sie auf der irakischen Seite versuchen, Kämpfer zu rekrutieren und auszubilden. Außerdem werden dort Flüchtlinge (aus Syrien) untergebracht.

C. Wenn die Lage sich entwirrt, gibt es die Möglichkeit, dass – erklärt oder nicht erklärt – ein salafistisches Fürstentum im Osten Syriens (Hasaka und Deir Zor) etabliert wird. Und das ist genau das, was die Mächte, die die Opposition unterstützen, wollen, um das syrische Regime zu isolieren, das im Sinn des Konzepts der »strategischen Tiefe« (im Original: is considered the strategic depth) der schiitischen Expansion (Irak und Iran) betrachtet wird.

D. Die Verschlechterung der Lage hat schwere Konsequenzen für die Situation im Irak. Sie lauten wie folgt:

1. Dies bildet die ideale Atmosphäre für AQI, in ihre alten Stützpunkte in Mosul und Ramadi zurückzukehren. Es wird neuen Schwung

geben – in der Annahme, dass der Dschihad der Sunniten im Irak
und in Syrien und aller Sunniten in der arabischen Welt vereint
wird, gegen die Abtrünnigen, die als Feind angesehen werden. ISI
könnte auch einen Islamischen Staat ausrufen, wenn es sich mit anderen terroristischen Organisationen im Irak und in Syrien zusam-
menschließt. Das wird eine große Gefahr hinsichtlich der Einheit
des Irak und dem Schutz seines Territoriums bedeuten.

[… geschwärzt]

3. Die erneute Förderung terroristischer Elemente aus der ganzen arabischen Welt betritt die irakische Arena.

[… Rest geschwärzt]